“十二五”普通高等教育本科国家级规划教材
普通高等学校体育教育专业主干课配套教材

U1019175

运动生物化学题解

Yundong Shengwu Huaxue Tijie

（第二版）

主编 张蕴琨 丁树哲

高等教育出版社·北京

内容提要

本书是教育部首批“十二五”普通高等教育本科国家级规划教材，也是《运动生物化学》（第二版）的配套教材。全书参照普通高等学校体育教育专业主干课教材《运动生物化学》（第二版）的目录体系，在原有习题集的基础上，进一步优化题目，以便学生巩固和提高专业知识。

全书共分12章，每章有“学习要点”“学习难点”“习题”和“参考答案”4个部分。题目难易程度分配得当，循序渐进地再现学习中的重点、难点知识。

本书可供普通高等学校体育院（系）任课教师命题制卷时参考使用，也可供体育专业本专科学生和报考体育院（系）的考研人员复习备考时使用。

图书在版编目（CIP）数据

运动生物化学题解/张蕴琨，丁树哲主编. --2版. --北京：高等教育出版社，2016.7

ISBN 978-7-04-045773-5

Ⅰ. ①运… Ⅱ. ①张… ②丁… Ⅲ. ①运动生物化学-高等学校-题解 Ⅳ. ①G804.7-44

中国版本图书馆CIP数据核字(2016)第147064号

策划编辑　赵文良　　责任编辑　赵文良　　封面设计　姜　磊　　版式设计　马　云

责任校对　刘丽娴　　责任印制　毛斯璐

出版发行　高等教育出版社
社　　址　北京市西城区德外大街4号
邮政编码　100120
印　　刷　北京北苑印刷有限责任公司
开　　本　787mm×960mm　1/16
印　　张　14.25
字　　数　250千字
购书热线　010-58581118
咨询电话　400-810-0598
网　　址　http://www.hep.edu.cn
　　　　　http://www.hep.com.cn
网上订购　http://www.hepmall.com.cn
　　　　　http://www.hepmall.com
　　　　　http://www.hepmall.cn
版　　次　2007年7月第1版
　　　　　2016年7月第2版
印　　次　2016年7月第1次印刷
定　　价　21.30元

本书如有缺页、倒页、脱页等质量问题，请到所购图书销售部门联系调换

版权所有　侵权必究

物 料 号　45773-00

本书编委会

主　　编　张蕴琨（南京体育学院）

丁树哲（华东师范大学）

编写成员（以姓氏笔画为序）

刘丽萍（河北体育学院）

张　林（苏州大学）

张　缨（北京体育大学）

林文弢（广州体育学院）

金其贯（扬州大学）

徐　明（成都体育学院）

徐晓阳（华南师范大学）

阎守扶（首都体育学院）

常　波（沈阳体育学院）

熊正英（陕西师范大学）

编委会秘书

漆正堂（华东师范大学）

王　斌（南京体育学院）

前　言

为更好地适应新时期高等院校体育教学改革和运动生物化学学科的发展以及运动生物化学课程的教学要求，我们以普通高等学校体育教育专业主干课教材《运动生物化学》（第二版）为依据，对原习题集进行了修订。本次修订，进一步体现内容准确详细、层次清晰分明、重点难点突出、实用性强等特点，力求系统地反映运动生物化学的学科理论和知识，帮助学生更深刻地理解、复习与巩固已学的理论和知识，启发学生联系运动实际深入思考，提高学生综合应用理论知识解决体育锻炼与运动训练中实际问题的能力。

本教材是教育部首批“十二五”普通高等教育本科国家级规划教材，也是《运动生物化学》（第二版）的配套教材。可供普通高校体育院（系）任课教师命题制卷时使用，也可供体育专业本专科学生和报考体育院（系）研究生的人员复习迎考时使用。

本教材分12章，每章有“学习要点”“学习难点”“习题”和“参考答案”4个部分。“学习要点”和“学习难点”是对教材每章知识的小结。各章习题题型有：名词解释、填空题、判断题、单选题、多选题、简述题、论述题以及综合分析题，要求学生通过各种题型掌握本章各知识点，凡属重要知识点均以不同题型多次出现，以便于学生记忆、理解和掌握。“参考答案”为学生复习和解题时提供相关习题的正确答案或解答思路，供自我测评时参考。

本教材由《运动生物化学》（第二版）编写人员完成修订，全书最后由张蕴琨教授修改、定稿。各章编写分工如下：绪论（张蕴琨，南京体育学院），第一章（张蕴琨、王斌，南京体育学院），第二章（张林，苏州大学），第三章（熊正英，陕西师范大学），第四章（阎守扶，首都体育学院），第五章（徐明，成都体育学院），第六章（徐晓阳，华南师范大学），第七章（林文弢，广州体育学院），第八章（金其贯，扬州大学），第九章（刘丽萍，河北体育学院），第十章（张缨，北京体育大学），第十一章（常波，沈阳体育学院），第十二章（丁树哲，华东师范大学）。

限于编者的业务水平和专业能力，错误疏漏之处在所难免，恳请同仁和读者指正。

张蕴琨

2016年5月

目　录

绪　论

0

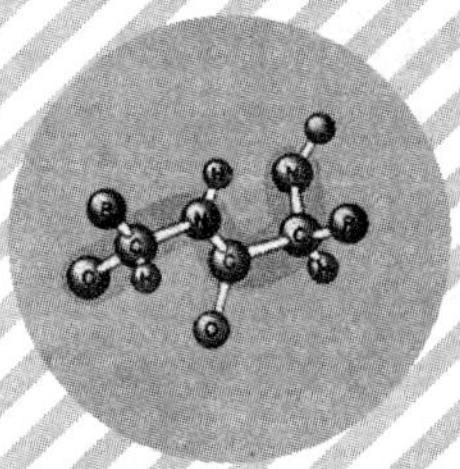

一、学习要点

本章主要介绍了运动生物化学的概念与任务，运动生物化学的历史与现状，阐述了学习运动生物化学的意义与方法。

（一）运动生物化学的概念

运动生物化学是生物化学的一个分支学科，是研究运动人体物质代谢及其调节的特点与规律，研究运动应激引起机体的适应性变化及其分子机理的一门学科。运动生物化学的研究对象主要是运动的人体，既涉及从事竞技体育的专业运动员，又更多地涉及进行体育锻炼的不同人群。

运动生物化学的研究内容：从研究时空看，运动生物化学的研究贯穿整个人体运动的过程，包括运动前、运动中和运动后恢复期；从研究层面看，运动生物化学既研究一次急性运动机体代谢的变化，也研究长期系统的运动，即慢性运动对机体化学组成和代谢的影响；从研究对象看，既涉及从事竞技体育的专业运动员，也涉及进行体育锻炼的不同人群；从研究效应来看，运动生物化学的研究成果既体现了基础性，具有理论上的突破和原创意义，也更多地体现了实用性，在体育科学研究和运动实践领域有着广泛的应用价值。

（二）运动生物化学的任务

1. 揭示运动人体变化的本质。运动生物化学从分子水平更微观、更透彻地揭示了急性运动与慢性运动体内物质代谢及其调节的特点与规律，探讨人体化学组成与代谢能力对运动的适应性反应，分析改善和发展运动能力的分子机理，从而阐明长期、系统的运动对于改善人体健康水平、提高竞技能力的机制。

2. 评定和监控运动人体的机能。应用运动生化理论和相应的生化指标对运动人体机能进行评价与监控，已广泛应用于体育实践中，作为监控运动负荷、合理掌握运动强度和运动量、了解疲劳与恢复程度、评定训练和锻炼效果等多层面、多视角评定运动人体机能状态的高效手段与工具，逐渐成为体育教师、健身指导员和教练员的科学助手。

3. 科学地指导体育锻炼和运动训练。以运动时机体物质代谢及其调节的特点、规律作为运动训练健身方法和恢复手段的理论基础及依据，指导人们科学安排运动负荷和方式使机体的化学组成与代谢能力产生最佳的适应性变化，进而提高训练效果；指导人们采取合理的运动节奏和营养措施等来加速运动疲劳的消除和机能的恢复；指导人们进行适宜的锻炼，防止慢性疾病的发生与发展。

（三）运动生物化学的学科地位

运动生物化学是新兴的边缘学科，也是运动人体科学的重要组成部分。运动生物化学是了解运动时生命现象的重要环节，在体育科学领域的重要地位越来越凸显，与运动生理学、体育保健学、运动营养学、运动训练学、康复医学等的交叉渗透也越来越多，当今已成为运动人体科学的前沿学科之一。在体育锻炼和竞技体育中，运动生物化学的理论和方法也已被广泛应用，因此，运动生物化学是体育专业一门重要的专业基础课。

（四）学习运动生物化学的意义

1. 学习运动生物化学是体育专业的学生完善知识结构和能力结构的需要。体育专业的学生需要从不同的角度全方位地去认识、了解运动人体，如形态结构、生理机能、代谢变化及调节等，真正掌握运动人体变化的生物学本质。

2. 学习运动生物化学是今后服务于体育实践，合理科学地组织体育教学、指导体育锻炼和运动训练的需要。

3. 学习运动生物化学为进一步学习运动营养学、运动训练学、学校体育学等后续课程打下良好的基础。

二、学习难点

运动生物化学的研究内容与任务。

三、习题

（一）名词解释

1. 生物化学

2. 分子生物学

（二）填空题

1. 运动生物化学是研究运动人体________及其调节的特点与规律、研究________引起机体适应性变化及其分子机理的一门学科，其主要研究对象是________。

2. 学习运动生物化学的意义有________________________、________________________、________________________。

3. 运动生物化学的学习方法有________________________、________________、________________、________________。

4. 运动生物化学的任务主要体现在________________________、________________________、________________________。

5. 生物化学的理论都来源于________。先进的________与________的突破大大推进了生物化学的研究向纵深发展。

（三）简述题

1. 什么是运动生物化学？

2. 简述运动生物化学的研究内容。

四、参考答案

（一）名词解释

1. 生物化学：研究生命化学的科学，它从分子水平探讨生命的本质，即研究生物体的分子结构与功能、物质代谢与调节及其在生命活动中的作用。

2. 分子生物学：通常将研究蛋白质、核酸、多聚糖等生物大分子的结构、功能及其代谢调控的学科称为分子生物学。

（二）填空题

1. 物质代谢，运动应激，运动的人体。

2. 它是体育专业的学生知识结构和能力结构的需要，它为进一步学习运动营养学、运动训练学、学校体育学等后续课程打下良好的基础，它是今后服务于体育实践，合理科学地组织体育教学、指导体育锻炼和运动训练的需要。

3. 树立整体观和动态观，注重掌握基本原理，加强实验环节，紧密结合运动实际。

4. 揭示运动人体变化的本质，评定和监控运动人体的机能，科学地指导体育锻炼和运动训练。

5. 科学实验，实验方法，技术。

（三）简述题

1. 运动生物化学是生物化学的一个分支学科，是研究运动人体即物质代谢及其调节的特点与规律，研究运动应激引起机体适应性变化及其机理的一门学科。运动生物化学的研究对象主要是运动的人体，既涉及从事竞技体育的专业运动员，也更多地涉及进行体育锻炼的不同人群。

2. 从研究时空看，运动生物化学的研究贯穿整个人体运动的过程，包括运动前、运动中和运动后恢复期；从研究层面看，运动生物化学既研究一次急性运动机体代谢的变化，也研究长期系统的运动，即慢性运动对机体化学组成和代谢的影响；从研究对象看，既涉及从事竞技体育的专业运动员，也涉及进行体育锻炼的不同人群；从研究效应来看，运动生物化学的研究成果既体现了基础性，具有理论上的突破和原创意义，也更多地体现了实用性，在体育科学研究和运动实践有着广泛的应用价值。

（南京体育学院　张蕴琨）

第一章　物质代谢与运动概述

1

一、学习要点

本章主要阐述运动人体的物质组成；物质代谢的催化剂——酶的概念、化学组成和特点；运动中机体物质代谢的概况；生物氧化过程及能量的生成。同时介绍了运动过程中人体物质组成及代谢的适应性反应。

（一）运动人体的物质组成

运动人体由糖类、脂类、蛋白质、维生素、核酸、水和无机盐等7大类物质组成，其中糖类、脂类、蛋白质、核酸和维生素是有机分子；水和无机盐是无机分子。运动时人体内的生物化学反应加快，组成人体的化学物质的含量及比例也会发生相应的变化。合理科学的体育锻炼和运动训练可以引起人体的物质组成发生适应性的变化。

（二）物质代谢的催化剂——酶

酶是具有催化功能的蛋白质，酶具有蛋白质的所有属性，但蛋白质不都具有催化功能。按化学组成来分，酶可分为单纯酶和结合酶。单纯酶结构中不含其他物质，是完全由氨基酸组成的蛋白质构成；结合酶结构中除了蛋白质成分外，还有其他的非蛋白质组分，称为辅助因子。这类酶只有酶蛋白和辅助因子结合时，才具有催化活性。辅助因子又可以分为两类：一类是金属离子；另一类是有机化合物，又称辅酶，它们的前体多是维生素。

酶催化反应的能力又称为酶活性。酶催化的反应具有高效性、高度专一性和可调控性等特点。影响酶促反应速度的因素主要有底物浓度、酶浓度、pH、温度、激活剂及抑制剂等。

有效的运动训练可引起组织细胞尤其是肌肉细胞的酶催化能力和酶含量适应性增加，停止训练后，酶的这些适应性变化会逐渐消退。血清非功能性酶主要来自血液以外的其他组织，其活性相对稳定。运动对血清酶活性的影响因素有：运动强度、运动时间、训练水平、运动环境和运动方式等。运动使血清酶活性升高的机理主要是运动引起细胞膜通透性增加。运动实践中常测定血清酶活性用以评定运动员的机能状态对训练的适应。

（三）运动时的物质代谢

运动时物质代谢的特点有：① 物质代谢相互联系的整体性；② 严格精细的代谢调控性；③ 运动过程不同阶段物质代谢的侧重性；④ 能量生成形式的同一性。

人体内的糖主要有血糖、肝糖原和肌糖原等存在形式。人体肝脏可以将体内的一些非糖类物质如乳酸、丙氨酸、甘油等物质合成葡萄糖，这一过程又称为糖异生作用。体内的糖原和葡萄糖的分解代谢途径主要有糖酵解过程、有氧氧化过程、磷酸戊糖途径、乙醛酸途径等。糖有氧氧化的终产物是二氧化碳和水。糖酵解的终产物是乳酸。

人体摄入的脂肪（甘油三酯）主要来自动物脂肪和植物油。人体的脂肪主要分布在脂肪组织中，如皮下、大网膜等处储存，肌肉细胞中也有少量的脂肪储存。机体的脂肪还可以合成磷脂，成为细胞膜组成成分，合成糖脂成为细胞膜和神经髓鞘的组成成分，合成脂蛋白存在于血液中。脂肪的分解代谢首先是脂肪分解成甘油和脂肪酸，甘油和脂肪酸再进一步分解成乙酰辅酶 A，最终生成二氧化碳和水。脂肪分解代谢是长时间低强度运动的重要供能形式。

植物性和动物性食物中含有的蛋白质经消化分解为氨基酸被吸收，氨基酸可以在体内不同的组织中合成蛋白质。人体可自身合成非必需氨基酸，必需氨基酸通过外源性途径补充。蛋白质分解代谢时，首先分解成其基本的结构单位——氨基酸，氨基酸再经脱氨基作用等一系列过程，最终生成氨、二氧化碳和水，少部分氨可以被人体再利用，大部分生成尿素排出体外。

水是人体主要的组成成分。水和无机盐虽然不能直接产生能量，但它们与能源物质的代谢有紧密的关系。体内的水主要以游离形式形成细胞内液和细胞外液，另有少量水以结合形式存在。人体内可以通过许多代谢过程，特别是一些缩合反应如同时脱氢和脱羟基作用生成水，细胞的线粒体可以利用质子和氧结合生成水。人体不能将水分子进一步裂解，人体内的水是进行生物化学反应的场所。水的作用有：参与体温调节、润滑、调节体内电解质平衡等。运动时，人的出汗量迅速增多，水的丢失也随之增加。

构成人体的元素除用于组成糖、脂肪、蛋白质等有机分子的碳、氢、氧、氮元素外，其余的元素称为无机盐。根据元素在人体内的含量多少，又可分为常（宏）量元素和微（恒）量元素两大类。细胞中无机盐的含量很少，约占细胞总重的1%。无机盐在体液中解离为离子，称为电解质，具有调节渗透压和维持酸碱平衡等重要作用。

维生素是维持人体生长发育和代谢所必需的一类小分子有机物。其特点有：① 体内不能合成；② 需要量极少，但必须由食物供给；③ 不是组织细胞的结构成分；④ 不能直接提供能量，但在能量代谢及其调节中起重要作用。维生素根据其溶解性质分为水溶性维生素和脂溶性维生素两类。大多数水溶性维生素参与辅酶的构成。因此，维生素的缺乏会影响酶的催化速率、引起代谢失调，降低运动能力。

（四）运动时机体的能量代谢

ATP 是体内各种生命活动的直接能量供应者，糖、脂肪、蛋白质都要经过逐步分解生成大量的 ATP 后才能被机体利用。ATP 分子是由 1 个腺嘌呤、1

个核糖和3个磷酸基团组成的核苷酸，在ATP分子中的2个磷酸间以酸酐键相结合的键称为高能磷酸键。ATP的生物学功能：① 生命活动的直接能源；② 合成磷酸肌酸和其他高能磷酸化合物。ATP再合成途径有：① 高能磷酸化合物快速合成ATP；② 糖无氧酵解再合成ATP；③ 有氧代谢再合成ATP。

生物氧化指物质在体内氧化生成二氧化碳和水，并释放出能量的过程，又称为细胞呼吸。生物氧化一般可分为三个阶段：首先是糖、脂肪和蛋白质经过分解代谢生成乙酰辅酶A；第二阶段是乙酰辅酶A进入三羧酸循环脱氢，生成CO_2并使NAD^+和FAD还原成$NADH+H^+$、$FADH_2$；第三阶段是$NADH+H^+$和$FADH_2$中的氢经呼吸链将电子传递给氧生成水，氧化过程中释放出来的能量合成ATP。狭义的生物氧化是指第三阶段，是在线粒体的内膜上进行的。

人体内合成ATP有两种形式：① 底物水平磷酸化，直接由代谢物分子的高能键能量转移给ADP生成ATP的方式；② 氧化磷酸化，代谢物脱下的氢，经呼吸链传递最终生成水，同时伴有ADP磷酸化成ATP的过程。氧化磷酸化的进行必需满足以下条件：① 必须要有$NADH+H^+$或者是$FADH_2$提供氢；② 必须要有ADP和磷酸根离子存在；③ 必须有氧；④ 必须保证正常的线粒体内膜完整性。

生物氧化的意义：① 逐级的放能过程，使机体保持连续的代谢和利用，也有利于机体对能量释放的调节；② 合成人体的直接能源——ATP；③ 产生热量维持正常的体温，保证人体代谢的酶处于合适的温度，保持正常的催化活性，保证代谢的正常进行。

人体运动中及运动后，均需要生物氧化保证机体的能量供应。运动中能量供应不足，往往引起运动能力的下降；运动后能量供应不足，会导致机体的恢复过程减慢。

二、学习难点

1. 酶催化反应的特点及影响因素。
2. 生物氧化过程及ATP的合成。

三、习题

（一）名词解释

1. 新陈代谢
2. 生物氧化
3. 呼吸链
4. 氧化磷酸化

5. 底物水平磷酸化
6. 必需脂肪酸
7. 酶
8. 限速酶
9. 酶活性
10. 维生素
11. 物质代谢
12. 无机盐
13. 同工酶
14. 最适温度
15. 血清酶

（二）填空题

1. 运动人体的物质由________、________、________、________、________、________、________7类组成，根据分子结构特点又可分为________和________两大类。

2. 酶是具有催化功能的________，酶主要是由________、________、________、氧等元素组成；根据酶的组成，可以将酶分为________和结合酶，结合酶包括________和辅助因子两部分，辅助因子又可以分为________和________；酶催化的反应具有________、________、________等特点；影响酶促反应速度的因素主要有________、________、________、________、________、________。

3. 人体中的糖类最终来源主要是________。血糖可以合成糖原，在肝脏中合成并储存的糖原称为________，在肌肉中合成的糖原称为________。

4. 水在人体有两种存在形式，即________和________；人体内的水是进行生物化学反应的场所，水可以参与________，起到________作用，并与体内的________平衡有关。

5. 运动时血清酶活性的影响因素有________、________、________、________、________等。

6. ATP 分子是由________、________和________磷酸基团组成的核苷酸，ATP 再合成的供能系统有________、________和________；ATP 合成方式可分为________和________，其中________合成方式的合成效率约为40%，另外的60%以________形式散失。正常人体活动的 ATP 有90%左右来自________方式合成。

7. 无机盐根据元素在人体的含量多少，可分为________和________两类。

维生素根据溶解性可将其分为________和________两类，运动员比一般人需要更多的维生素，维生素缺乏会________运动能力。

8. 新陈代谢包括合成代谢和分解代谢，合成代谢过程需要________能量，分解代谢________能量，物质代谢和能量代谢统一于生物化学过程。

9. 生物氧化主要的发生部位在________。生物氧化中 ATP 的生成主要伴随________的生成而合成，二氧化碳由________生成，这一过程________合成 ATP。

10. 氧化磷酸化反应中，根据磷氧比（P/O）可以确定 ATP 的生成数量，经 NADH 氧化呼吸链测得的 P/O 为________；琥珀酸呼吸链的 P/O 为________；也即是常说的合成的 ATP 的量。

（三）判断题

1. 酶是具有催化功能的蛋白质，酶具有蛋白质的所有属性，所有的蛋白质都具有催化功能。（　　）

2. 通常将酶催化活性最大时的环境 pH 称为该酶的最适 pH。（　　）

3. 水是人体主要的组成成分，水和无机盐不能直接供能，与能源物质代谢无关。（　　）

4. 低氧、寒冷、低压环境下运动时，血清酶活性升高比正常环境小。（　　）

5. 维生素是组织细胞的结构成分，但不能直接提供能量。（　　）

6. 生物氧化是糖、脂肪、蛋白质等能源物质在体内分解时逐渐释放能量并最终生成二氧化碳、水和氧气的过程。（　　）

7. 生物体内化学反应的速度随温度的增高而加快，温度越高，催化反应的速度越快。（　　）

8. 运动过程中，新陈代谢急剧加快，酶促反应速度影响新陈代谢速度，影响人体的运动能力。（　　）

9. 过高的温度会使酶失去催化能力，但温度降低后仍可恢复。（　　）

10. 酶促反应的反应物称为产物，生成物称为底物。（　　）

11. 蛋白质分子在消化液作用下分解为氨基酸后，被小肠主动吸收。（　　）

12. 高度专一性是指酶对底物有严格的选择性。（　　）

13. 果糖和葡萄糖可以被人体直接吸收。（　　）

14. 脂肪的吸收和转运过程比糖复杂，其主要原因是脂肪具有疏水性。（　　）

15. 酶可分为单纯酶，结合酶和酶的辅助因子三种。（　　）

16. 当身体的机能状态急剧改变时，如损伤、运动或疾病等，血清酶活性降低。（　　）

17. 人体所利用的 ATP 都是来自氧化磷酸化的合成。(　　)

18. 蛋白质分子的一级结构决定蛋白质的特定空间结构，进而影响蛋白质的生物活性。(　　)

19. 水果、蔬菜等食物含有有机酸及盐，如柠檬酸及其钾盐和钠盐，属于酸性食物。(　　)

20. 训练引起的酶催化能力的适应性变化，可因停训而消退。(　　)

21. 一种酶通常可以催化几种或几类反应。(　　)

22. 生物氧化过程中，二氧化碳的生成，是通过脱羟基的代谢过程产生同时伴有 ATP 生成。(　　)

23. 运动训练可促进蛋白质合成，使酶含量适应性降低。(　　)

24. 几种不同的酶经非共价键相互嵌合而形成多酶复合体。(　　)

25. 生物体内物质代谢与能量代谢既可同时存在也可独立存在。(　　)

26. 酶蛋白和辅助因子结合形成全酶，才具有催化活性。(　　)

27. 无机盐既可作为结构物质又可与蛋白质相结合，形成具有特殊功能的蛋白质。(　　)

28. 凡是提高酶活性的物质为抑制剂，凡能降低酶活性或使酶活性丧失的物质为激活剂。(　　)

29. 氧化磷酸化的效率大约为 40%左右，另外 60%以热量形式散发出来。(　　)

30. 并不是每一种酶都有一个最适 pH。(　　)

31. 肝脏可以将体内的一些非糖物质合成葡萄糖或糖原。(　　)

32. 运动强度大，血清酶活性随之降低。(　　)

33. 随着细胞的生长和衰老，细胞的含水量逐渐下降。(　　)

34. 酶蛋白和辅助因子都具有催化活性。(　　)

35. 在无氧代谢供能为主的运动中，肌肉收缩所需的 ATP 主要是以底物磷酸化的方式合成的。(　　)

36. 肌肉向心收缩比离心收缩引起的血清酶活性升高更明显。(　　)

37. 物质代谢过程中没有酶的参与，生命活动就不能正常进行。(　　)

38. 在体内不缺乏维生素时，过量摄入维生素没有提高运动能力的作用。(　　)

39. 生物氧化中，大多数脱氢酶是以 NAD^+ 为辅酶的。(　　)

40. 细胞对葡萄糖的摄取是通过细胞膜上的葡萄糖转运蛋白来完成的。(　　)

（四）单选题

1. 各种生命活动的直接能量供应者是（　　）。

A. ATP　　B. 糖　　C. 脂肪　　D. 蛋白质

2. 生物氧化发生的主要部位是（　　）。

A. 内质网　　B. 线粒体　　C. 基质　　D. 叶绿体

3. 生物氧化的第三阶段是在线粒体的（　　）中进行的。

A. 内膜　　B. 基质　　C. 外膜　　D. 基粒

4. 正常人安静状态所利用的 ATP 约有（　　）来自氧化磷酸化的合成。

A. 80%　　B. 85%　　C. 70%　　D. 90%

5. 下列关于蛋白质功能的叙述，错误的是（　　）。

A. 人体一切基本生命活动都与蛋白质有关

B. 蛋白质分解释放氨，氨对人体有害，所以人体不能利用蛋白质供能

C. 是人体主要的结构和功能物质

D. 占人体干重的 54%

6. 下列关于影响酶促反应速度的因素，叙述错误的是（　　）。

A. 酶有一个最适 pH

B. 人体内酶的最适温度为 37 ℃

C. 随温度的升高，催化反应的速度也会加快，所以温度越高越好

D. 激活剂是指能够提高酶活性的物质

7. 下列哪个辅酶的作用不是传递氢原子（　　）。

A. FMN　　B. 辅酶Ⅰ　　C. 辅酶Ⅱ　　D. 辅酶 A

8. 下列哪个酶不属于糖酵解酶类（　　）。

A. 磷酸化酶　　B. 肌酸激酶

C. 磷酸果糖激酶　　D. 乳酸脱氢酶

9. 在以无氧代谢供能为主的运动中，肌肉收缩需要的 ATP 主要以（　　）方式合成的。

A. 底物水平磷酸化　　B. 氧化磷酸化

C. 生物氧化　　D. 丙酮酸氧化

10. 运动强度（　　）血清酶活性（　　）。

A. 大，降低　　B. 不变，降低

C. 大，增加　　D. 小，增加

11. 下列各类酶中，只能催化麦芽糖水解的是（　　）。

A. 蛋白质酶　　B. 脂肪酶　　C. 辅酶　　D. 麦芽糖酶

12. 下列各类物质结构中不含其他物质，完全由氨基酸组成的是（　　）。

A. 结合酶　B. 脂肪酶　C. 单纯酶　D. 维生素

13. 复合体（　　）组成一条呼吸链，催化琥珀酸的脱氢氧化。

A. Ⅰ、Ⅲ、Ⅳ　B. Ⅰ、Ⅱ、Ⅳ

C. Ⅱ、Ⅲ、Ⅳ　D. Ⅰ、Ⅱ、Ⅲ、Ⅳ

14. 下列不属于生物氧化意义的是（　　）。

A. 能量逐渐释放，持续利用　B. 合成人体的直接能源 ATP

C. 产生热量，维持体温　D. 加速新陈代谢

15. 下列不属于糖的物质是（　　）。

A. 肌糖原　B. 纤维素　C. 肝糖原　D. 酶

16. 下列各类维生素中，属于水溶性维生素的是（　　）。

A. 维生素 B　B. 维生素 A　C. 维生素 D　D. 维生素 E

17. 线粒体内膜上的一系列递氢、递电子体按一定顺序排列，形成一个连续反应的生物氧化体系结构称为（　　）。

A. 呼吸链　B. 复合体　C. 多酶体系　D. 电解质

18. 完全在细胞质中进行生物氧化过程的是（　　）。

A. 三羧酸循环　B. 脂肪酸氧化

C. 丙酮酸氧化　D. 糖酵解

19. 下列各物质是组成人体的化学物质，其中含量最多的是（　　）。

A. 糖　B. 脂肪　C. 水　D. 蛋白质

20. 下列元素属于微量元素的是（　　）。

A. 碳　B. 氢　C. 氧　D. 铁

21. 蛋白质的基本单位是（　　）。

A. 氨基酸　B. 核酸　C. 乳酸　D. 甘油

22. 糖酵解产生的终产物是（　　）。

A. 乳酸　B. 氨基酸　C. 核酸　D. 柠檬酸

23. 剧烈运动可引起肌细胞膜通透性（　　）。

A. 增高　B. 降低　C. 不变　D. 无影响

24. 体内氨基酸可以在不同的组织中合成（　　）。

A. 糖原　B. 乳酸　C. 脂肪　D. 蛋白质

25. 当身体机能状态急剧改变时，如损伤、运动或者其他疾病等，血清酶活性（　　）。

A. 升高　B. 降低　C. 不变　D. 稳定

26. 大多数维生素参与（　　）的组成，因此维生素缺乏会影响酶的催化能力，引起代谢失调，降低机体运动能力。

A. 辅酶　　B. 辅基　　C. 金属离子　　D. 单纯酶

27. 下列关于酶的说法错误的是（　　）。

A. 它主要有碳、氢、磷、氧组成，共同特点元素是磷

B. 按分子组成来分，可以为单纯酶和结合酶

C. 没有酶的参与，生命活动就不能正常进行

D. 酶是物质代谢的催化剂

28. 一个正常的成年人每日需要经尿液排出的代谢废物约为（　　），至少需要 500 mL 的水作为溶剂，这一数值为最低值。

A. 35 g　　B. 40 g　　C. 30 g　　D. 45 g

29. 下列哪个物质属于非能源物质（　　）。

A. 糖　　B. 脂　　C. 维生素　　D. 蛋白质

30. 下列说法中错误的是（　　）。

A. 酶是具有催化功能的蛋白质

B. 酶具有蛋白质的所有属性

C. 蛋白质都不具有催化功能

D. 人体内的生物化学反应都需要酶来催化才能进行

31. 根据分子结构特点将人体物质分为有机分子和无机分子，下列属于无机分子的是（　　）。

A. 糖　　B. 水　　C. 核酸　　D. 维生素

32. 人体内有一类酶，它们可以催化同一化学反应，但催化特性及生物学性质均有不同。这一类酶称为（　　）。

A. 单纯酶　　B. 结合酶　　C. 多酶复合体　　D. 同工酶

33. 不需要消化即可直接被人体吸收的糖是（　　）。

A. 蔗糖　　B. 淀粉　　C. 果糖　　D. 纤维素

34. 下列维生素中属于脂溶性维生素的是（　　）。

A. 维生素 B_1　　B. 维生素 B_2　　C. 维生素 C　　D. 维生素 D

35. 运动训练可以引起体内的物质产生适应性变化，细胞内的酶也随之变化。主要体现为酶催化功能的（　　）和酶含量的（　　）。

A. 提高，减少　　B. 提高，增加

C. 降低，增加　　D. 降低，减少

36. 电解质的作用是（　　）。

A. 调节体温

B. 间接提供能量

C. 调节渗透压和维持酸碱平衡

D. 直接提供能量

37. 关于运动适应，下列说法正确的是（　　）。

A. 经过短时间获得的适应效果消退较慢

B. 经过长时间获得的适应效果消退较慢

C. 经过长时间获得的适应效果消退较快

D. 以上说法都不对

38. 适宜运动可使蛋白质合成（　　）。

A. 增加　　B. 减少　　C. 不变　　D. 以上均有可能

39. 运动时人体内的水和糖储备量的变化特点是（　　）。

A. 水分含量增加，糖储备增加

B. 水分含量增加，糖储备减少

C. 水分含量减少，糖储备增加

D. 水分含量减少，糖储备减少

40. 对整个代谢过程的反应速度起控制作用的酶称为（　　）。

A. 限速酶　　B. 辅酶　　C. 同工酶　　D. 结合酶

（五）多选题

1. 下列关于温度对酶促反应的影响，正确的是（　　）。

A. 随温度升高，催化反应的速度也会加快，温度越高越好

B. 随温度升高，催化反应的速度也会加快，但温度过高酶会失活

C. 随温度降低，催化反应的速度不会改变

D. 随温度降低，催化反应速度变慢，温度过低，酶将失活

2. 人体的能源物质包括（　　）。

A. 糖　　B. 脂肪　　C. 蛋白质　　D. 核酸

3. 人体内的糖存在形式有（　　）。

A. 核糖核酸　　B. 肝糖原　　C. 肌糖原　　D. 血糖

4. 氧化磷酸化进行的必需条件有（　　）。

A. 必须要有 $NADH+H^+$ 或者是 $FADH_2$ 提供 H

B. 必须要有 ADP 和磷酸根离子

C. 必须要有氧

D. 必须保证线粒体内膜的完整性

5. 运动导致肌细胞膜通透性增加或肌细胞微细损伤，可使酶溢出增多，引起血清酶活性增高。其主要原因是（　　）。

A. 运动时肌肉收缩的机械性牵引

B. 剧烈运动引起的组织内环境的变化

C. 细胞膜 ATP 亏缺，自由基损伤细胞膜等

D. 肌细胞的炎性反应

6. 水在人体内的功能有（　　）。

A. 体温调节　　B. 润滑

C. 电解质平衡　　D. 进行生化反应

7. 自然界糖的种类繁多，根据其水解的特点，可分为三类，分别是（　　）。

A. 单糖　B. 多糖　C. 寡糖　D. 糖蛋白

8. 下列是高能磷酸化合物的有（　　）。

A. ADP　B. GTP　C. UTP　D. ATP

9. 下列各类物质中，属于有机分子的是（　　）。

A. 糖类　B. 脂类　C. 蛋白质　D. 维生素

10. 酶是一类具有催化功能的蛋白质，其主要组成元素有（　　）。

A. 碳　B. 氢　C. 氧　D. 氮

11. ATP 水解所释放的能量可用来供应合成代谢和其他所有需要能量的生理活动如（　　）

A. 肌肉收缩　　B. 激素分泌

C. 葡萄糖吸收　　D. 神经传导

12. 运动人体物质代谢的特点有（　　）。

A. 物质代谢相互联系的整体性

B. 严格精细的代谢调控性

C. 运动过程不同阶段物质代谢的侧重性

D. 能量生成形式的同一性

13. 根据溶解性质可将维生素分为水溶性维生素和脂溶性维生素，下列属于水溶性维生素的是（　　）。

A. 维生素 A　B. 叶酸　C. 维生素 C　D. 维生素 D

14. ATP 的再合成途径有（　　）。

A. 高能磷酸化合物快速合成　　B. 糖无氧酵解

C. 有氧代谢　　D. 核酸分解

15. 糖、脂肪和蛋白质这三种能源物质，它们共有的元素是（　　）。

A. 碳　B. 氢　C. 氧　D. 氮

16. 生物氧化中，ATP 的合成方式主要包括（　　）。

A. 底物水平磷酸化　　B. 有氧代谢

C. 氧化磷酸化　　D. 糖无氧酵解

17. 下列属于能源物质的是（　　）。

A. 糖类　　B. 脂类　　C. 蛋白质　　D. 维生素

18. 维生素缺乏可能会（　　）。

A. 影响酶的催化能力　　B. 引起代谢失调

C. 引起机体运动能力下降　　D. 贫血、无力

19. 运动时血清酶活性的影响因素有（　　）。

A. 运动强度　　B. 运动时间

C. 训练水平　　D. 运动环境

20. 下列含维生素的辅酶具有传递氢原子作用的有（　　）。

A. 辅酶 A　　B. 辅酶Ⅰ

C. 辅酶Ⅱ　　D. 硫胺素焦磷酸

（六）简答题

1. 酶催化反应的特征是什么？影响酶催化反应的因素有哪些？
2. 生物氧化合成 ATP 有几种形式？它们有什么异同？
3. 酶对运动适应表现在哪些方面？
4. 运动引起血清酶活性增高的影响因素和主要原因有哪些？
5. 简述水代谢与运动能力的关系。
6. 简述无机盐代谢的特点。
7. 简述维生素与运动能力的关系。

（七）论述题

1. 试述运动人体物质代谢的特点。
2. 试述 ATP 的结构、功能及其再合成途径。
3. 论述生物氧化的一般过程、特点及其意义。
4. 人体的化学组成对运动会产生适应吗？请举一例加以说明。

（八）综合分析题

表 1-1 是某运动员训练前及训练 1 个月后肌肉和血清肌酸激酶的测试数据，力量训练和有氧训练取样时间均为训练后 24 h，试分析训练对肌肉及血清酶影响的原因及意义。

表 1-1　不同方式的运动训练后肌肉和血清 CK 的变化

	训练前	力量训练后	有氧训练后
肌肉 CK/($U \cdot L^{-1}$)	609.0	702.0*	589.0
血清 CK/($U \cdot L^{-1}$)	149.3	312.3*	205.9

* 表明力量训练后肌肉 CK、血清 CK 与训练前差异具有显著性。

四、参考答案

（一）名词解释

1. 新陈代谢：生物体内物质不断进行着的化学变化称为新陈代谢。新陈代谢包括合成代谢和分解代谢两部分。

2. 生物氧化：物质在生物体内进行的氧化过程称为生物氧化，主要是糖、脂肪、蛋白质等在体内分解时逐步释放能量，最终生成二氧化碳和水的过程。

3. 呼吸链：线粒体内膜上一系列递氢、递电子体按照一定顺序排列，形成一个连续反应的生物氧化体系结构，称为呼吸链。

4. 氧化磷酸化：代谢物脱下的氢，经呼吸链传递，最终与氧结合生成水，同时伴有 ADP 磷酸化合成 ATP 的过程。

5. 底物水平磷酸化：代谢物分子的高能磷酸基直接转移给 ADP 生成 ATP 的方式。

6. 必需脂肪酸：维持人体正常生长所需，而体内又不能合成，必须从食物中摄取的脂肪酸。

7. 酶：一般来说，酶是具有催化功能的蛋白质。

8. 限速酶：催化能力较弱，对整个代谢过程的反应速度起控制作用的酶。

9. 酶活性：是指酶催化化学反应的能力，其衡量标准是酶促反应速度的大小。

10. 维生素：维持人体生长发育和代谢所必需的一类小分子有机物。

11. 物质代谢：人体可通过分解代谢将自身贮存的或外界摄取的营养物质分解为小分子物质，又可通过合成代谢将小分子物质合成自身的大分子物质以及所需的其他分子。这两种代谢途径所进行的物质转化过程称为物质代谢。

12. 无机盐：除用于组成糖、脂肪、蛋白质等有机分子的碳、氢、氧和氮元素以外，其余的元素构成无机盐。

13. 同工酶：可以催化同一化学反应，但催化特性、理化性质及生物学性质均有所不同的一类酶。

14. 最适温度：酶促反应速度最快时的环境温度。

15. 血清酶：血清中含有功能性酶和非功能性酶，通常情况下血清酶是指血清中的非功能性酶类。

（二）填空题

1. 糖类，脂类，蛋白质，核酸，维生素，水，无机盐，有机分子，无机分子

2. 蛋白质，碳，氢，氮，单纯酶，酶蛋白，辅酶，辅基，高效性，高度专一性，可调控性，酶浓度，底物浓度，温度，pH 值，激活剂，抑制剂

3. 绿色植物，肝糖原，肌糖原

4. 游离水，结合水，体温调节，润滑，电解质

5. 运动强度，运动时间，训练水平，运动环境，运动方式

6. 腺嘌呤，核糖，3 个；磷酸原供能系统，糖酵解供能系统，有氧氧化供能系统；底物水平磷酸化，氧化磷酸化，氧化磷酸化，热能，氧化磷酸化

7. 常量元素，微量元素，水溶性维生素，脂溶性维生素，降低

8. 消耗，释放

9. 线粒体，水，脱羧过程，不能

10. 2.5，1.5

（三）判断题

1. × 2. √ 3. × 4. × 5. × 6. × 7. × 8. √ 9. × 10. ×
11. √ 12. √ 13. √ 14. √ 15. × 16. × 17. × 18. √ 19. × 20. √
21. × 22. × 23. × 24. √ 25. × 26. √ 27. √ 28. × 29. √ 30. ×
31. √ 32. × 33. √ 34. × 35. √ 36. × 37. √ 38. √ 39. √ 40. √

（四）单选题

1. A 2. B 3. A 4. D 5. B 6. C 7. D 8. B 9. A 10. C
11. D 12. C 13. C 14. D 15. D 16. A 17. A 18. D 19. C 20. D
21. A 22. A 23. A 24. D 25. A 26. A 27. A 28. C 29. C 30. C
31. B 32. D 33. C 34. D 35. B 36. C 37. B 38. A 39. D 40. A

（五）多选题

1. BD 2. ABC 3. BCD 4. ABCD 5. ABCD 6. ABCD 7. ABC
8. ABCD 9. ABCD 10. ABCD 11. ABCD 12. ABCD 13. BC
14. ABC 15. ABC 16. AC 17. ABC 18. ABCD 19. ABCD 20. BC

（六）简答题

1. 答：特征：高效性、高度专一性、可调控性

影响因素：底物浓度与酶浓度、pH、温度、激活剂和抑制剂。

2. 答：生物氧化合成 ATP 有两种形式，分别是底物水平磷酸化和氧化磷酸化。底物水平磷酸化是代谢物分子的高能磷酸基直接转移给 ADP 生成 ATP 的方式。氧化磷酸化是代谢物脱下的氢，经呼吸链传递，最终生成水，同时伴有 ADP 磷酸化生成 ATP 的过程。它们的异同点见表 1-2。

表 1-2　底物水平磷酸化和氧化磷酸化的异同点

	相同点	不同点
底物水平磷酸化	合成 ATP	不直接消耗氧气，生成的能量较少，主要为无氧代谢运动中的肌肉收缩提供能源
氧化磷酸化	合成 ATP	需要消耗氧气，生成的能量多，是正常人体利用 ATP 的主要来源

3. 答：运动训练可以引起体内的物质产生适应性变化。细胞内的酶也随之发生变化。主要体现为酶催化能力的提高和酶含量的增加。

（1）酶催化能力的适应：有效的运动训练可使机体对酶的调控能力增强，酶更容易被激活。这种适应可在极短的时间内完成，但维持时间较短。训练引起的适应可因停训而消退。

（2）酶含量的适应：运动训练可促进蛋白质合成，使酶含量适应性增多。长期运动训练造成的酶含量的适应性变化，维持时间较长，消退较慢。

4. 答：运动时血清酶活性的影响因素有：

（1）运动强度：运动强度大，血清酶活性增加明显。

（2）运动时间：相同的运动时间，运动时间越长，血清酶活性增加越明显。

（3）训练水平：在定量负荷运动后，训练水平较高的运动员血清酶活性增高的幅度要显著低于训练水平较低的运动员或无训练的一般人。

（4）运动环境：在低氧、寒冷、低压环境下运动时，血清酶活性升高比正常环境下明显。

（5）运动方式：肌肉离心收缩比向心收缩引起血清酶活性升高明显。

运动导致肌细胞膜通透性增加或细胞微细损伤，可使酶溢出增多，引起血清酶活性增高。其主要原因有：① 运动时肌肉收缩的机械性牵拉，自由基生成增加导致肌细胞微损伤；② 剧烈运动引起的组织内环境的变化，如血糖降低、pH 降低、离子强度改变等。

5. 答：人体内的水是进行生物化学反应的场所，水还具有参与体温调节、起到润滑作用，并与体内的电解质平衡有关。运动时，人的出汗量迅速增多，水的丢失加剧。一次性高强度大运动量训练可以导致人体失水 2 000—7 000 mL，水丢失严重时即形成脱水，会不同程度地引起机体生理功能改变，降低运动能力。

6. 答：除用于组成糖、脂肪、蛋白质等有机分子的碳、氢、氧和氮元素以外，其余的元素构成无机盐。根据元素在人体内的含量多少，可分为常量元素和微量元素两大类。

无机盐在体液中解离为离子，称为电解质，具有调节渗透压和维持酸碱平衡等重要功能。体液中主要的阳离子有 Na^+、K^+、Ca^{2+}、Mg^{2+}；主要的阴离子有 Cl^-、HPO_4^{2-}和 HCO_3^-，其中 HPO_4^{2-}在细胞代谢活动中最为重要：① 在各类细胞的能量代谢中起着关键作用；② 是核苷酸、磷脂、磷蛋白和磷酸化糖的组成成分；③ 调节酸碱平衡，对血液和组织的 pH 变化起着缓冲作用。

7. 答：维生素是维持人体生长发育和代谢所必需的一类小分子有机物。由于大多数维生素参与辅酶的组成，因此，维生素缺乏会影响酶的催化速率，引起代谢失调，降低机体运动能力。但是，在体内不缺乏维生素时，过量摄入维生素没有提高运动能力的作用。

（七）论述题

1. 答：（1）物质代谢相互联系的整体性：人体内各种物质的代谢不是孤立存在的，而是同时进行，并且相互联系，或相互转变，或相互依存，共同构成统一的有机整体。

（2）严格精细的代谢调控性：正常情况下，机体存在着严格精细的调节机制，从而使得各种物质代谢能适应体内、外环境的不断变化、有条不紊地进行。

（3）运动过程不同阶段物质代谢的侧重性：运动中，物质的分解代谢增加，表现为人体物质的减少，尤其是能源物质的减少；运动后，物质的合成代谢增加，表现为人体物质的增多，如肌肉增长、能源物质储量的增加等，同时促进了生理机能和运动能力的恢复。

（4）能量生成形式的同一性：运动时，糖、脂肪、蛋白质等在体内氧化分解释放的能量均被储存于 ATP 的高能磷酸键中。因此，ATP 是机体能量生成与利用的共同形式。

2. 答：ATP 的结构：ATP 分子是由腺嘌呤、核糖和 3 个磷酸基团组成的核苷酸。

ATP 的生物学功能：

（1）生命活动的直接能源：ATP 水解所释放的能量可用来供应合成代谢和其他所有需要能量的生理活动，如肌肉收缩、分泌、吸收、神经传导等。

（2）合成磷酸肌酸和其他高能磷酸化合物：当 ATP 的数量较多时，ATP 分子中的一个高能磷酸键在肌酸激酶的催化下转移给肌酸，合成磷酸肌酸。

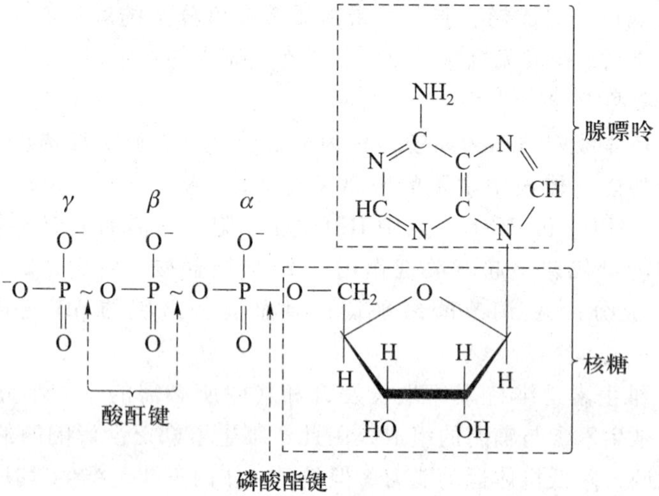

ATP 再合成途径：肌细胞内 ATP 的含量很少，但人体每天利用 ATP 的总量却非常大。这是由于 ATP 在消耗的同时，又不断地再合成。ATP 再合成途径有以下 3 条：

① 高能磷酸化合物快速合成 ATP：磷酸肌酸是肌肉组织中的高能磷酸化合物。当体内 ATP 不足时，肌酸磷酸可快速分解释放能量，使 ADP 磷酸化生成 ATP，为人体活动提供能量。在机体运动急需情况下，肌细胞中还可发生肌激酶（MK）反应。MK 可催化两分子 ADP 中 1 分子 ADP 上的 1 分子高能磷酸基团转移到另 1 分子 ADP 上形成 1 分子 ATP 和 1 分子 AMP。

② 糖无氧酵解再合成 ATP：1 分子糖原或葡萄糖在不需氧气情况下分解为乳酸，同时生成 3 或 2 分子 ATP。

③ 有氧代谢再合成 ATP：糖、脂肪、蛋白质氧化分解为二氧化碳和水，同时生成大量 ATP。

3. 答：生物氧化实际上是能源物质在体质分解成二氧化碳和水并逐渐放能的过程。一般可分为三个阶段：首先是糖、脂肪和蛋白质经过分解代谢生成乙酰辅酶 A；第二阶段是乙酰辅酶 A 进入三羧酸循环脱氢，生成 CO_2 并使 NAD^+ 和 FAD 还原成 $NADH+H^+$、$FADH_2$；第三阶段是 $NADH+H^+$ 和 $FADH_2$ 中的氢经呼吸链将电子传递给氧生成水，氧化过程中释放出来的能量用于 ATP 合成。第二阶段和第三阶段都是在线粒体中进行的。

特点：（1）物质的氧化方式主要为脱氢。

（2）在细胞内 37 ℃及近中性的水环境中，通过酶的催化作用逐步进行。

（3）物质中的能量逐步释放，ATP 生成效率高。

（4）生物氧化中生成的水由物质脱下的氢与氧结合产生；二氧化碳由有机酸脱羧产生。

意义：（1）生物氧化在生命活动中的意义。① 能量逐渐释放，持续利用：生物体内能源物质糖、脂肪、蛋白质中贮存的能量的释放与体外不同，是通过生物氧化过程逐步释放出来的。这种逐级的放能过程，使得机体保持连续的代谢和利用，也有利于机体对能量释放的调节。② 合成人体的直接能源——ATP：人体生命活动所需的能量只能由 ATP 直接提供，生物氧化提供人体生命活动 90%的能量需求。③ 产生热量维持正常的体温：生物氧化的效率约 40%，其余 60%的能量以热能的形式释放，可以维持人体的正常体温，保证人体代谢的酶处于合适的温度下，保持正常的催化活性，保证代谢的正常进行。

（2）运动中生物氧化的意义。① 运动时肌肉收缩需要消耗更多的 ATP，这些能量都来自生物氧化。生物氧化与有氧代谢运动能力关系更为密切。② 运动后、运动中消耗的物质需要进一步合成，产生的代谢产物需消除或排出体外，因此有氧代谢是生理机能恢复的主要供能途径，都需要通过生物氧化合成 ATP 提供能量，以促进机体的恢复。

4. 答：会。运动时人体内的生物化学反应加快，组成人体的化学物质的含量及比例也会发生相应的变化。比如，运动时人体出汗量增加，相应地，体内的水分就会有所下降；长时间的运动会消耗体内较多的糖，体内的糖贮备出现减少等。另一方面，经常性的锻炼或训练可使人体的物质组成发生适应性变化，出现肌肉收缩蛋白质含量增加，脂肪减少等良性效果。这些都表明运动可影响人体的物质组成。

运动还影响体内的调节物质。代谢的变化是在一整套严密的调节系统的调控下进行的。不管是神经调节还是体液调节，都是体内的化学物质在起作用，比如，体液调节是激素分子通过一系列作用机制调节相应的生理机能，神经调节过程中神经递质的释放及其与受体的结合，包含了物质空间结构、分子化学组成等一系列复杂的变化。这些调节物质在运动过程中的变化往往是与机体需要相适应的。

（八）综合分析题

分析思路：

（1）肌肉 CK 活性反映 CK 催化反应的能力；力量训练后引起肌肉 CK 显著性升高，而有氧训练后未升高，说明力量训练可以有效提高肌肉 CK 活性，其原因在于肌肉酶含量对训练产生了适应性增加。力量训练比有氧训练更易引起磷酸原供能系统的适应，其意义在于提高肌肉磷酸原供能能力。

（2）血清 CK 属血清非功能性酶，反映 CK 从组织中渗漏入血和/或血中

CK 清除状况的平衡。力量训练引起血清 CK 显著性升高，有氧训练升高没有显著性，说明力量训练比有氧训练更容易引起血清酶活性的升高。其原因在于力量训练比有氧训练及近中性的水环境中更容易引起组织（尤其是肌肉）细胞通透性增加，通过酶的催化作用逐步进行。

（南京体育学院　张蕴琨　王　斌）

第二章　糖代谢与运动

2

一、学习要点

本章以糖及糖代谢的生物化学为主线，对糖代谢在运动中的供能作用等问题进行了系统介绍。

（一）糖概述

糖是一类含有多羟基的醛类或酮类化合物的总称。由碳（C）、氢（H）、氧（O）三种元素组成。自然界存在的糖，根据其结构特点，可分成三类：单糖（葡萄糖、果糖）、寡糖（麦芽糖、蔗糖、乳糖）和多糖（淀粉、纤维素、糖原）。按糖的作用主要可分为两类：一类是结合糖，一类是自由型糖（游离态葡萄糖的和化合态的肌糖原和肝糖原）。运动时糖的生物学功能主要包括：供能作用、调节脂肪和蛋白质代谢，以及在运动性疲劳恢复中发挥作用等。

（二）糖的分解代谢

糖代谢是人体获得能量的重要途径之一，其代谢底物主要是糖原和血糖。根据代谢时有无氧的参与可分为有氧氧化和无氧酵解两个过程。

1. 糖的有氧氧化

葡萄糖或糖原在正常生理条件下（氧供应充足）氧化分解，生成二氧化碳和水，同时释放出大量能量的过程称为糖的有氧氧化。ATP 的生成：1 分子葡萄糖彻底氧化成 CO_2和 H_2O，可净生成 30（或 32）分子 ATP；若以糖原为底物开始计算，则净生成 31（或 33）分子 ATP。

生理意义：① 产生的能量多，是机体利用糖作为能源的主要途径。② 三羧酸循环是体内糖、脂和蛋白质三大代谢途径的中心环节。

2. 糖的无氧酵解

糖在氧气供应不足情况下，经一系列酶催化，最后生成乳酸的过程称为糖酵解。己糖激酶、磷酸果糖激酶和丙酮酸激酶这三种酶可以调节糖酵解过程的快慢，称为糖酵解过程的限速酶。

生理意义：① 剧烈运动时能量的主要来源。② 生成的能量较少，不能坚持较长的运动时间。③ 是部分组织细胞的糖的唯一分解代谢方式。

（三）糖原合成和糖异生作用

运动训练可使体内糖储量增加，而糖储量的多少对人体运动能力又有着不同的影响。

1. 糖原合成

由葡萄糖、果糖和半乳糖等单糖在体内合成糖原的过程叫做糖原合成。

生理意义：① 糖原合成的过程是运动补糖的生化基础。② 运动使糖原合成增加的机制，主要是由运动时糖原储量下降和运动后的超量恢复引起的。

2. 糖异生作用

在体内，由非糖物质转变为葡萄糖或糖原的过程称为糖异生作用。由非糖物质异生为糖的过程，基本上是糖酵解的逆过程，但由于已糖激酶、磷酸果糖激酶和丙酮酸激酶所催化的三个反应是耗能反应，因此，逆行需吸入大量能量，所以很难进行。故糖异生作用要绕过这些“能障”，这也就是糖异生作用和糖酵解逆过程不同的主要原因。

糖异生作用在运动中的意义：① 弥补体内糖量不足，维持血糖相对稳定。② 乳酸循环对于回收乳酸分子中的能量、更新肝糖原，以及防止乳酸中毒有重要意义。

（四）糖代谢对人体运动能力的影响

体内肌糖原与运动能力密切相关。在长时间、大强度运动中，运动前肌糖原储量决定了达到运动力竭的时间。

肝糖原与运动能力的关系，体现在运动时肝中葡萄糖的生成和释放两个方面。① 运动时，为补偿工作肌吸收血糖增加造成的血糖消耗，肝葡萄糖释放速率随着运动负荷增大和运动时间延长而加快。肝葡萄糖的生成包括糖原的分解和糖异生作用两个代谢途径。② 肝糖原释放速率随运动强度增大而加快。在长时间中低强度运动时，肝释放葡萄糖的速率经历先加快，随后逐渐减慢的变化过程。

血糖是中枢神经系统的主要供能物质和红细胞的唯一能源，也是长时间运动中骨骼肌的肌外燃料，不同时间全力运动中血糖呈现不同的变化特点，是长时间运动的重要限力因素。

骨骼肌细胞代谢产生的乳酸通过扩散进入血液，血乳酸浓度主要取决于乳酸在血液中的出现速率和从血液中消除速率之间的动态平衡。运动中肌乳酸可在不同类型的肌纤维中重新分配，产生“乳酸穿梭”现象。运动中所能达到的血乳酸最大值，一般可以反映运动员无氧酵解的极限水平。

乳酸阈是指在进行运动时，血乳酸浓度上升到 4 mmol/L 所对应的运动强度。乳酸阈常常被用作评定运动员有氧能力状态的重要指标和心脏病人心血管机能储备状态的指标。

运动训练、体育锻炼后，体内糖代谢出现不同的适应性变化。糖酵解的运动适应性变化，主要体现在运动中最大乳酸能力的提高和乳酸耐受能力的提高等无氧耐力素质方面；糖有氧代谢的运动适应性变化，主要体现在糖有氧氧化酶活性的提高、血糖调节能力的改善和运动中糖节省化作用等方面。

二、学习难点

1. 糖酵解代谢过程与糖的有氧代谢过程。

2. 糖分解代谢的戊糖磷酸途径与生理意义。

3. 糖异生作用及其在运动中的意义。

4. 运动时血糖浓度的变化与调节。

5. 运动时乳酸生成的特点与运动能力的关系。

6. 机体糖代谢的运动适应特点。

三、习题

（一）名词解释

1. 糖
2. 单糖
3. 多糖
4. 血糖
5. 肾糖阈
6. 糖酵解
7. 限速酶
8. 乳酸循环
9. 糖有氧氧化
10. 三羧酸循环
11. 戊糖磷酸途径
12. 糖原合成
13. 糖异生作用
14. 乳酸穿梭
15. 乳酸阈

（二）填空题

1. 葡萄糖由________、________、________三种元素组成。

2. 葡萄糖的链式结构为________________，环状结构为________________。

3. 葡萄糖在晶体状态或水溶液中，可通过________失水缩合成________状结构。

4. 多糖主要包括________、________和________。

5. 糖的分解代谢包括：________、________和________三种代谢方式。

6. 糖酵解是葡萄糖或糖原在________条件下，在细胞的________进行的分解反应，终产物是________。

7. 糖酵解过程的三个限速酶是________、________和________。

8. 乳酸是体内________和________的无氧代谢产物。

9. 糖的有氧氧化是在________条件下，在细胞的________和________进行的糖的氧化过程，终产物是________。

10. 三羧酸循环在细胞________内进行，从________与________合成________开始至________再生成结束，每循环一次消耗一个________基，生成两分子________，脱下四对________，释放大量能量，同时形成________分子 ATP。

11. ____________________是糖、脂、蛋白质三大代谢的中心环节。

12. 一分子葡萄糖经糖酵解过程可生成________分子 ATP，经有氧氧化过程生成________分子 ATP。

13. 戊糖磷酸途径在运动训练中的意义不是表现在提供能量，而是体现在产生两种重要的物质，即________和________。前者为体内核酸的合成提供了________，而后者主要是提供细胞代谢所需的________。

14. 糖酵解和有氧氧化的主要不同在于甘油醛-3-磷酸脱氢反应生成的________代谢去路不同，缺氧时此化合物还原________生成________，有氧时穿梭进入线粒体内氧化。

15. 体内血乳酸浓度主要取决于乳酸在血液中的________速率和________速率之间的动态平衡。

16. 安静时血乳酸浓度约为________ mmol/L，有氧阈是指血乳酸浓度达________ mmol/L，无氧阈是指血乳酸浓度达________ mmol/L。

17. 人体内糖含量约占人体干重的________，肌糖原约为肌肉重量的________，肝糖原约为肝重量的________。

18. 血糖在人体内的储量约为________ g，肌糖原约为________ g，肝糖原约为________ g。

19. 人体血糖浓度正常值为________，肾糖阈是指体内血糖浓度达到________。

20. 长时间运动当血糖浓度下降时，________可动员加速葡萄糖释放进入血液，用于补充体内血糖不足。

21. ________和________是糖在体内的储存形式。

22. 运动员体内糖原的储量取决于个体的________、________和饮食中________。

23. 安静时，肌肉摄取和利用血糖的量不多。运动时血糖浓度的变化取决于肝________及组织对它的摄取量，尤其是工作肌的________来决定的。

24. 运动中________分解的葡萄糖是维持血糖浓度相对稳定的重要机制，________是长时间运动时血糖的重要来源。

25. 运动时肝葡萄糖释放速率是随运动强度________而________的。

26. 运动时血糖浓度的调节主要有________、________和________。

27. 运动中所能达到的血乳酸最大值，一般可以反映运动员的________能力的________。

28. 运动时的乳酸穿梭现象主要有________和________。

29. 运动后乳酸消除的主要途径有________、________和________。

30. 运动时乳酸的生成主要在________肌纤维，氧化利用主要在________肌纤维。

31. 发展糖酵解供能系统，对提高________运动能力至关重要。

32. 乳酸阈是指在进行递增强度运动时，血乳酸浓度达________ mmol/L时对应的运动强度。

（三）判断题

1. 葡萄糖是由 C、H、O、N 四种元素组成的。(　　)

2. 糖代谢底物主要有两个，一个是存在于各组织中的糖原，另一个是循环至该部位的血糖。(　　)

3. 糖酵解是不需氧的代谢过程，故缺氧是糖酵解产生乳酸的必要前提。(　　)

4. 己糖激酶、磷酸果糖激酶和丙酮酸激酶是糖酵解代谢过程的限速酶。(　　)

5. 乳酸脱氢酶是糖有氧氧化代谢过程的限速酶。(　　)

6. 1 分子血液中的葡萄糖经糖酵解过程最终生成 2 分子丙酮酸。(　　)

7. 1 分子血液中的葡萄糖经糖酵解过程可生成 30（或 32）分子 ATP。(　　)

8. 1 分子血液中的葡萄糖经糖酵解过程可生成 3 分子 ATP。(　　)

9. 糖代谢的戊糖磷酸途径主要作用是生成能量。(　　)

10. 乳酸是糖酵解代谢的产物，在正常生理条件下体内没有乳酸生成。(　　)

11. 乳酸的糖异生过程是通过乳酸循环来完成的。(　　)

12. 葡萄糖分解代谢三条主要途径的分歧点是丙酮酸。(　　)

13. 三羧酸循环是糖、脂、蛋白质三大代谢的中心环节。(　　)

14. 肌肉中储存糖原的主要作用是调节血糖浓度。(　　)

15. 安静状态下体内没有乳酸的生成，随运动强度的增加乳酸浓度增加。(　　)

16. 肝糖原既可在运动时直接分解供能，又可调节血糖浓度。(　　)

17. 剧烈运动时产生的乳酸，可经鸟氨酸循环由血液运送至肝生成其他物质。(　　)

18. 延迟性肌肉酸痛主要与运动中的乳酸堆积有关。(　　)

19. 运动时肝脏释放入血的葡萄糖有两个代谢来源，一个是肝糖原分解，另一个是糖异生作用。(　　)

20. 人体内各种能量物质都能以有氧分解和无氧分解两种代谢方式氧化供能。(　　)

21. 在短时间激烈运动中，糖酵解的代谢底物主要是肌糖原。(　　)

22. 长时间运动时人体内糖异生的主要原料是乳酸。(　　)

23. 运动时骨骼肌主要靠糖酵解提供能量。(　　)

24. 乳酸无氧阈一般是指体内的血乳酸浓度达 2 mmol/L。(　　)

25. 运动中乳酸的生成对人体运动能力既有利，又有弊。(　　)

26. 运动时人体内氧化乳酸的主要部位是心肌。(　　)

27. 以最大速度进行短跑至力竭时，体内肌糖原接近耗尽。(　　)

28. 糖异生过程是运动后乳酸消除的主要代谢去路。(　　)

29. 亚极量运动时，运动肌不但是乳酸生成部位，也是乳酸的消除部位。(　　)

30. 有氧代谢能力训练的适应性变化，主要体现在提高运动员无氧耐力素质方面。(　　)

(四) 单选题

1. 糖的化学结构均含有（　　）。

A. 多羧基　　B. 多羟基　　C. 氨基　　D. 羧基

2. 成人体内肌糖原储量为（　　）。

A. 4~5 g　　B. 75~100 g

C. 100~200 g　　D. 350~400 g

3. 不能储存糖原的组织是（　　）。

A. 肝　　B. 脑　　C. 肾　　D. 肌肉

4. 人体空腹血糖浓度正常值为（　　）。

A. 80~120 mg/dL　　B. 50~100 mg/dL

C. 70~100 mg/dL　　D. 4~5 mg/dL

5. 肾糖阈是指体内血糖浓度达到（　　）。

A. 80 mg/dL　　B. 100 mg/dL

C. 120 mg/dL　　D. 180 mg/dL

6. 调节人体血糖水平的主要器官是（　　）。

A. 脑　　B. 肾　　C. 肝　　D. 骨骼肌

7. （　　）途径不参与肝维持血糖浓度的相对恒定。

A. 糖的有氧氧化　　B. 糖原分解

C. 糖原合成　　D. 糖异生

8. 乳酸浓度是乳酸的（　　）平衡的结果。

A. 生成　　B. 生成和消除　　C. 消除　　D. 氧化

9. 糖酵解进行的部位是（　　）。

A. 组织液　　B. 线粒体　　C. 细胞液　　D. 线粒体与细胞液

10. 下列有关糖酵解叙述错误的是（　　）。

A. 活化葡萄糖需要消耗 ATP

B. 糖酵解过程是在胞浆和线粒体中进行的连续反应

C. 糖酵解过程中的辅酶 I 可反复使用，起运氢的作用

D. 1 分子葡萄糖经酵解作用可生成 2 分子丙酮酸

11. 糖酵解过程中唯一脱氢的物质是（　　）。

A. 甘油醛-3-磷酸　　B. 丙酮酸

C. 葡萄糖-1-磷酸　　D. 葡萄糖-6-磷酸

12. 糖酵解的最重要的限速酶是（　　）。

A. 醛缩酶　　B. 磷酸化酶

C. 磷酸果糖激酶　　D. 乳酸脱氢酶

13. 下列各种酶中，不是糖酵解限速酶的是（　　）。

A. 己糖激酶　　B. 磷酸甘油酸激酶

C. 磷酸果糖激酶　　D. 丙酮酸激酶

14. 糖原的一分子葡萄糖单位经糖酵解途径可合成（　　）ATP。

A. 4 分子　　B. 6 分子　　C. 3 分子　　D. 2 分子

15. 糖的有氧氧化过程是在哪一结构中进行的（　　）。

A. 细胞质和线粒体　　B. 细胞质

C. 线粒体　　D. 中心体

16. 糖酵解、糖有氧氧化和戊糖磷酸途径的分歧点是（　　）。

A. 葡萄糖-1-磷酸　　B. 乳酸

C. 甘油醛-3-磷酸　　D. 丙酮酸

17. 三羧酸循环得以顺利进行的关键物质是（　　）。

A. 草酰乙酸　　B. 柠檬酸

C. α-酮戊二酸　　D. 琥珀酰辅酶 A

18. 下列关于三羧酸循环的叙述不正确的是（　　）。

A. 产生 $NADH+H^+$ 和 $FADH_2$　　B. 有 GTP 生成
C. 氧化乙酰基为 CO_2 和 H_2O　　D. 能净合成草酰乙酸

19. 一次三羧酸循环过程，可生成 ATP 的数量是（　　）。
A. 2　　B. 3　　C. 10　　D. 30（或 32）

20. 一分子丙酮酸经彻底氧化净生成 ATP 分子数为（　　）。
A. 10　　B. 12.5　　C. 24　　D. 30（或 32）

21. 在肌细胞中，1 mol 葡萄糖经有氧释放的能量可净生成 ATP 的数量是（　　）。
A. 37 mol　　B. 36 mol　　C. 35 mol　　D. 30（或 32）mol

22. 糖原的 1 mol 葡萄糖单位分解为 2 mol 丙酮酸过程可净生成（　　）ATP。
A. 2 mol　　B. 3 mol　　C. 5 mol　　D. 6（或 8）mol

23. 在肌细胞中，糖原的 1 mol 葡萄糖单位经有氧代谢可净生成（　　）ATP。
A. 3 mol　　B. 10 mol
C. 30（或 32）mol　　D. 31（或 33）mol

24. 下列物质中既能在有氧又能在无氧条件下分解供能的是（　　）。
A. 蛋白质　　B. 糖　　C. 脂肪　　D. 维生素

25. 糖、脂、蛋白质三大代谢的中心环节是（　　）。
A. 乳酸循环　　B. 三羧酸循环
C. 鸟氨酸循环　　D. 葡萄糖—丙氨酸循环

26. 下列物质中，不是糖异生的原料的是（　　）。
A. 甘油　　B. 乙酰辅酶 A
C. 乳酸　　D. 生糖氨基酸

27. 糖异生作用主要在哪两个部位之间进行（　　）。
A. 心肌-骨骼肌　　B. 肾脏-骨骼肌
C. 肝脏-骨骼肌　　D. 脾脏-骨骼肌

28. 糖异生的主要器官是（　　）。
A. 肝　　B. 心　　C. 肾　　D. 骨骼肌

29. 糖酵解的终产物要转化成糖须经（　　）。
A. 乳酸循环　　B. 三羧酸循环
C. 鸟氨酸循环　　D. 磷酸戊糖途径

30. 磷酸戊糖途径的重要产物是（　　）。
A. $NADH+H^+$　　B. ATP

C. $NADPH+H^+$　　D. H_2O

31. 正常安静时体内血乳酸浓度为（　　）。

A. 0 mmol/L　　B. 1 mmol/L

C. 2 mmol/L　　D. 4 mmol/L

32. 运动时乳酸生成量取决于（　　）。

A. 丙酮酸和 NAD^+的数量

B. 丙酮酸和 $NADH+H^+$的数量

C. 丙酮酸和 $NADPH+H^+$的数量

D. 丙酮酸和 $NADP^+$的数量

33. 剧烈运动时产生的乳酸，可经哪一过程由血液运送至肝生成其他物质（　　）。

A. 乳酸循环　　B. 三羧酸循环

C. 鸟氨酸循环　　D. 葡萄糖—丙氨酸循环

34. 发展糖酵解供能系统，对提高哪一运动能力最重要（　　）。

A. 速度　　B. 速度耐力　　C. 耐力　　D. 力量

35. 乳酸阈（乳酸无氧阈）强度训练，主要是发展（　　）供能能力的训练。

A. 磷酸原系统　　B. 无氧代谢

C. 有氧代谢　　D. 神经系统

36. 长时间运动血糖下降时首先受影响的是（　　）。

A. 肺　　B. 肝　　C. 脑　　D. 心

37. 随着耐力运动的进行和肝糖原储备下降，维持血糖水平恒定主要靠（　　）。

A. 肌糖原分解为葡萄糖

B. 乳酸、丙氨酸、甘油在肝内的糖异生

C. 脂肪酸转变为糖

D. 生糖氨基酸转变成糖

38. 长时间耐力运动时，血糖浓度变化总趋势是（　　）。

A. 变化不大　　B. 上升　　C. 下降　　D. 不变

39. 短时间剧烈运动后，血糖浓度变化的趋势是（　　）。

A. 上升　　B. 不变后上升

C. 下降　　D. 无明显变化

40. 有氧代谢能力训练与糖代谢的适应性变化，主要体现在（　　）。

A. 改善糖有氧代谢能力方面

B. 提高糖无氧酵解能力方面

C. 提高戊糖磷酸代谢途径方面

D. 提高磷酸原系统供能能力方面

（五）多选题

1. 糖在体内的储存形式是（　　　　）。

A. 血糖　　B. 肝糖原　　C. 糖蛋白　　D. 肌糖原

2. 糖的分解代谢包括（　　　　）。

A. 糖的无氧酵解　　B. 糖的有氧氧化

C. 磷酸戊糖途径　　D. 糖原的分解

3. 乳酸是体内哪一物质的无氧代谢产物（　　　　）。

A. 血糖　　B. 肝糖原　　C. 糖蛋白　　D. 肌糖原

4. 糖酵解中生成 ATP 的反应有（　　　　）。

A. 丙酮酸→乳酸

B. 甘油酸-1，3-二磷酸→甘油酸-3-磷酸

C. 葡萄糖→1，6-二磷酸果糖

D. 烯醇式丙酮酸磷酸→丙酮酸

5. 糖酵解过程中的限速酶有（　　　　）。

A. 磷酸化酶　　B. 磷酸果糖激酶

C. 丙酮酸激酶　　D. 己糖激酶

6. 糖酵解过程的代谢产物有（　　　　）。

A. 乳酸　　B. H_2O　　C. ATP　　D. 丙酮酸

7. 糖有氧氧化过程的最终代谢产物是（　　　　）。

A. CO_2　　B. H_2O　　C. ATP　　D. 草酰乙酸

8. 下列代谢物脱氢经 NADH 氧化呼吸链传递的是（　　　　）。

A. 乳酸　　B. 琥珀酸　　C. 苹果酸　　D. 丙酮酸

9. 体内糖原的贮量取决于个体的（　　　　）。

A. 运动水平　　B. 训练状况　　C. 肌纤维类型　　D. 饮食中糖的含量

10. 影响运动时血糖浓度变化的因素有（　　　　）。

A. 运动强度　　B. 训练水平　　C. 持续时间　　D. 营养状况

11. 下列有关长时间运动时肝糖原分解成葡萄糖的作用，正确的是（　　　　）。

A. 用于维持中枢神经的正常机能

B. 提供肌肉氧化供能的底物

C. 维持血糖浓度的相对稳定

D. 合成肌糖原

12. 运动后乳酸消除的途径有（　　　　）。

A. 彻底氧化成 CO_2和 H_2O

B. 转化为甘油

C. 经乳酸循环合成葡萄糖或糖原

D. 转化成氨基酸

13. 维持血糖浓度恒定起重要作用的两条代谢途径是（　　　　）。

A. 肝糖原合成与分解　　B. 糖的有氧氧化

C. 糖酵解　　D. 糖异生

14. 长时间运动时，既是葡萄糖分解的产物，又是异生为葡萄糖的原料的中间产物是（　　　　）。

A. 甘油　　B. 乳酸　　C. 丙酮酸　　D. 丙酮

15. 马拉松运动中，肌肉消耗的能量主要来自（　　　　）。

A. 磷酸原系统　　B. 糖酵解

C. 糖有氧氧化　　D. 脂肪氧化

16. 从葡萄糖合成糖原需要哪一核苷酸参与（　　　　）。

A. ATP　　B. GTP　　C. UTP　　D. CTP

17. 磷酸戊糖途径的重要生理功能是生成（　　　　）。

A. 6-磷酸葡萄糖　　B. $NADH+H^+$

C. $NADPH+H^+$　　D. 5'-磷酸核糖

18. 糖异生途径的关键酶是（　　　　）。

A. 丙酮酸羧化酶　　B. 磷酸烯醇式丙酮酸羧激酶

C. 磷酸甘油激酶　　D. 磷酸二磷酸酶

19. 糖无氧酵解和有氧氧化途径都需要（　　　　）。

A. 乳酸脱氢酶　　B. 3-磷酸甘油醛脱氢酶

C. 磷酸果糖激酶　　D. 丙酮酸脱氢酶系

20. 葡萄糖进入肌肉细胞后可以进行的代谢是（　　　　）。

A. 糖异生　　B. 糖原合成　　C. 有氧氧化　　D. 糖酵解

（六）简述题

1. 简述存在于自然界的糖可分为几大类，并举例说明。
2. 简述糖在体内的存在形式与储量。
3. 简述运动时糖的生物学功能。
4. 简述糖酵解的代谢过程及其生理意义。
5. 简述糖酵解过程的三个限速酶及其作用。

6. 运动后乳酸消除的去路有哪些，分别加以叙述。

7. 简述糖有氧氧化的基本过程，1摩尔糖原的葡萄糖单位彻底氧化时可生成多少摩尔 ATP？

8. 简述糖有氧氧化过程在运动中的生理意义。

9. 简述戊糖磷酸途径及其生理意义。

10. 简述糖原合成在运动中的生理意义。

11. 简述糖异生作用及其在运动中的生理意义。

12. 简述安静状态肌乳酸与血乳酸的关系。

13. 简述运动中的“乳酸穿梭”现象。

14. 简述运动中肌乳酸与血乳酸浓度变化特点。

（七）论述题

1. 试述乳酸循环及其在体育运动中的意义。

2. 试述肌糖原储量与运动能力的关系。

3. 试述不同方式运动时血糖水平的变化特点。

4. 试述运动时血糖浓度的调节机制。

5. 试述安静和运动时乳酸生成的特点。

6. 比较分析运动中糖代谢的适应性变化特点。

（八）综合分析题

1. 比较分析糖的无氧酵解与有氧氧化过程（代谢底物、反应部位、限速酶、ATP 净生成数量、代谢产物、生理意义）特点。

2. 比较分析体内糖能源的存在形式与储量，论述运动时糖的作用及其对运动能力的影响。

四、参考答案

（一）名词解释

1. 糖：糖是一类含有多羟基的醛类或酮类化合物的总称。

2. 单糖：凡是不能用水解方法再降解的最简单形式的糖，称为单糖。

3. 多糖：是一类由多个单糖分子缩合而成的高分子有机物，其分子式为 $(C_6H_{10}O_5)_n$。

4. 血糖：以游离态存在于血液中的糖，主要是葡萄糖。

5. 肾糖阈：血糖浓度在 8.8 mmol/L（160 mg/dL）时被称为肾糖阈，超过该阈值，则会出现糖尿现象。

6. 糖酵解：糖在氧气供应不足的情况下，经细胞液中一系列酶催化，最后生成乳酸的过程称为糖酵解。

7. 限速酶：在物质代谢过程中，一些酶的活性大小可以调节代谢过程的化学反应速度，这些酶称为限速酶。

8. 乳酸循环：剧烈运动时肌肉中产生大量乳酸，扩散入血液后形成血乳酸，血乳酸经血液循环运送至肝，通过糖异生作用可合成肝糖原和葡萄糖，再进入血液补充血糖的消耗或被肌肉摄取合成肌糖原，这个过程称乳酸循环（或称 Cori 氏循环）。

9. 糖有氧氧化：葡萄糖或糖原在氧气供应充足的条件下氧化分解，生成二氧化碳和水，同时释放出大量能量的过程。

10. 三羧酸循环：在线粒体中，以乙酰辅酶 A 的乙酰基与草酰乙酸缩合成柠檬酸开始，再经过一系列酶促反应，最后生成草酰乙酸，再重复上述过程，形成一个连续的，不可逆的循环反应。由于循环的起始物是具有三个羧基的柠檬酸，故称三羧酸循环，又称柠檬酸循环。

11. 戊糖磷酸途径：该途径可不经三羧酸循环而使葡萄糖或糖原氧化分解，并生成 $NADPH+H^+$ 和核糖（戊糖）磷酸，故称戊糖磷酸途径。

12. 糖原合成：由葡萄糖、果糖和半乳糖等单糖在体内合成糖原的过程叫糖原合成。

13. 糖异生作用：体内由非糖物质转变为葡萄糖或糖原的过程，称为糖异生作用。

14. 乳酸穿梭：运动过程中，某些组织中存在一种“乳酸相对量生成”状态，使得乳酸在体内分布不均匀，这就产生了“乳酸穿梭”（Lactate Shuttle）现象。这种现象在运动时主要有两种形式：运动肌乳酸穿梭和血管间乳酸穿梭。

15. 乳酸阈：指在进行递增强度运动时，血乳酸浓度上升到 4 mmol/L 所对应的运动强度。

（二）填空题

1. C，H，O

2. 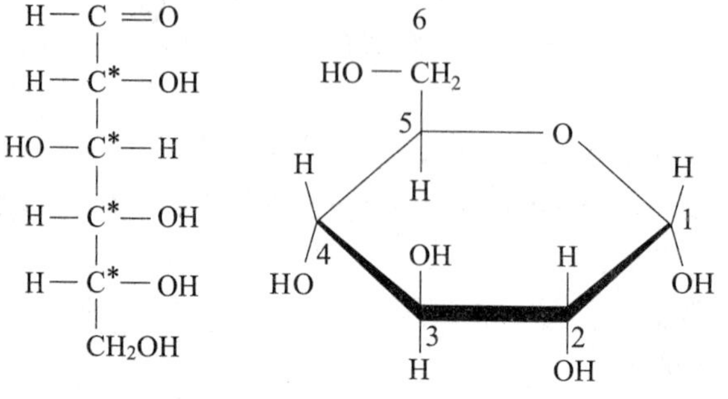

3. 分子内，环
4. 淀粉，糖原，纤维素
5. 有氧氧化，无氧酵解，戊糖磷酸途径
6. 氧气供应不足，细胞液，乳酸
7. 己糖激酶，磷酸果糖激酶，丙酮酸激酶
8. 血糖，肌糖原
9. 氧气供应充足，细胞液，线粒体，CO_2和H_2O
10. 线粒体，乙酰辅酶A，草酰乙酸，柠檬酸，草酰乙酸，乙酰，CO_2，氢，10
11. 三羧酸循环
12. 2，30（或32）
13. 戊糖磷酸，$NADPH+H^+$，原料，供氢体
14. $NADH+H^+$，丙酮酸，乳酸
15. 生成，消除
16. 1~2，2，4
17. 2%，1%~2%，5%
18. 6 g，350~400 g，75~100 g
19. 4.4~6.6 mmol/L（80~120 mg/dL），8.8 mmol/L（160 mg/dL）
20. 肝糖原
21. 肝糖原，肌糖原
22. 运动水平，训练状况，糖的含量
23. 输出葡萄糖的速率，摄取利用量
24. 肝糖原，糖异生作用
25. 增大，加快
26. 组织器官的调节，激素调节，神经系统的调节
27. 无氧酵解，极限水平
28. 运动肌“乳酸穿梭”，血管间“乳酸穿梭”
29. 乳酸的氧化，乳酸的糖异生，在肝合成其他物质
30. 快，慢
31. 无氧代谢
32. 4

（三）判断题

1. ×　2. √　3. √　4. √　5. ×　6. ×　7. ×　8. ×　9. ×　10. ×

11. √ 12. × 13. √ 14. × 15. × 16. × 17. × 18. × 19. √ 20. ×
21. √ 22. × 23. × 24. × 25. √ 26. × 27. × 28. × 29. √ 30. ×

（四）单选题

1. B 2. D 3. C 4. A 5. D 6. C 7. A 8. B 9. C 10. B
11. A 12. C 13. B 14. C 15. A 16. C 17. A 18. D 19. C 20. B
21. D 22. D 23. D 24. B 25. B 26. B 27. C 28. A 29. A 30. C
31. B 32. B 33. A 34. B 35. C 36. C 37. B 38. C 39. D 40. A

（五）多选题

1. BD 2. ABC 3. AD 4. BD 5. BCD 6. ACD 7. AB 8. AC
9. ABD 10. ABCD 11. ABC 12. ACD 13. AD 14. BC 15. CD
16. AC 17. CD 18. ABD 19. BC 20. BCD

（六）简述题

1. 自然界存在的糖类根据其结构特点，可分成三类：单糖、寡糖和多糖。单糖是不能用水解方法再降解的形式最简单的糖，如果糖、半乳糖、葡萄糖；寡糖是由 2~10 个单糖分子经糖苷键缩合而成的低聚物，寡糖中以双糖存在最为广泛，与人体有密切关系的双糖主要是麦芽糖、乳糖和蔗糖；多糖是一类由多个单糖分子缩合而成的高分子有机物，其分子式为（$C_6H_{10}O_5$）$_n$，n 值为数百至上万，重要的多糖有淀粉、糖原和纤维素。

2. 体内糖的含量约占人体干重的 2%，按其作用主要可分为两类：一类是结合糖，另一类是自由型以游离态和化合态存在于体内的糖。

结合糖的主要生理作用，是与其他物质结合参与人体成分的组成，所占体内总糖量的比例很微小。

自由型存在于体内的糖，以游离态和化合态两种形式存在：游离态的糖主要是血液中的葡萄糖，人体血糖浓度在空腹状态为 4.4~6.6 mmol/L，总量约为 6 g；而化合态的糖是肌糖原和肝糖原，是糖在体内的储存形式；人体骨骼肌中糖原为肌肉重量的 1%~2%，肌糖原含量在 1~1.5 g/100 g 湿肌，总量为 350~400 g，肌糖原约占体内贮藏糖原总量的 75%；肝糖原可达肝重的 5%，约占体内贮藏糖原总量的 20%，总量为 75~100 g。

3. 运动时糖的生物学功能主要包括以下几个方面。

（1）糖可提供机体所需的能量。不同组织对糖的依存性有所不同，大脑有赖于血糖氧化来提供能量，每天需要氧化约 120 g 葡萄糖，以维持其正常生理机能。在体内的能源物质中，糖可在无氧和有氧的条件下进行氧化，为肌肉在不同运动状态下提供能量。

（2）糖在脂肪代谢中的调节作用。脂肪在体内的完全氧化，必须有一定量的糖类参与才能完成，糖类具有调节脂肪代谢和抗生酮的作用。

（3）糖具有节约蛋白质的作用。糖类在体内的贮量下降，不能满足人体的能量需要时，将由蛋白质的分解来进行部分弥补。因此，保持体内足够的糖类贮备，可以节省蛋白质在运动时的消耗。

（4）糖具有促进运动性疲劳恢复的作用。运动后恢复期服用含糖丰富的食品，恢复速度明显加快，但高蛋白、低糖膳食，体力恢复较慢。

4. 糖酵解是糖在氧气供应不足的情况下，经细胞液中一系列酶的催化，最后生成乳酸的过程。

糖的无氧酵解代谢途径可分为 4 个阶段：

第一阶段：葡萄糖转变为果糖-1，6-二磷酸。该阶段的反应主要为磷酸解及磷酸化，起始物是糖原或葡萄糖，若包括葡萄糖的磷酸化为 5 步化学反应。

第二阶段：磷酸丙糖的生成和互变。该部分的反应主要是使果糖-1，6-二磷酸分裂成两分子磷酸丙糖（3-磷酸甘油醛和磷酸二羟丙酮）。

第三阶段：丙酮酸的生成。3-磷酸甘油醛至丙酮酸的生成。

第四阶段：乳酸的生成。丙酮酸生成乳酸。

生理意义：① 剧烈运动时能量的主要来源。正常生理条件下，由于大多数组织的氧气供应充足，因而很少进行无氧酵解。但在剧烈运动时，由于心肺功能的限制，在短时间内无法满足体内糖完全氧化时所需的氧量，肌肉处于相对缺氧状态，这时能量的供应主要是依靠加强糖酵解作用来获得的。② 糖的能量生成较少，不能坚持较长的运动时间。在糖酵解过程中，由于糖的能量生成较少，1 分子葡萄糖经酵解作用只生成 2 分子 ATP，从糖原开始也只生成了 3 分子 ATP。所以，运动中依靠糖酵解供能只是适应氧供不足时的需要，而在长时间运动时则主要通过有氧代谢过程供能。③ 是部分组织细胞唯一的糖分解代谢方式。少数代谢活跃、耗能较多的组织细胞，如视网膜、肾髓质、睾丸和成熟的红细胞（没有线粒体），在氧气供应充足情况下，只能靠糖酵解过程获得能量。

5. 糖酵解过程有三个限速酶。

（1）己糖激酶：葡萄糖在己糖激酶作用下生成葡萄糖-6-磷酸。该反应需消耗 1 分子 ATP，将 ATP 上的磷酸基团分别转移到葡萄糖上，故这一反应过程是不可逆的。

（2）磷酸果糖激酶：果糖-6-磷酸在磷酸果糖激酶作用下，可生成果糖-1，6-二磷酸。该反应也需消耗 1 分子 ATP，将 ATP 上的磷酸基团分别转移到果糖-6-磷酸上，这一反应过程也是不可逆的。

（3）丙酮酸激酶：烯醇丙酮酸磷酸在丙酮酸激酶作用下生成丙酮酸。该反应的特点是释放的能量以高能磷酸键的形式贮存在 ATP 分子中。

6. 骨骼肌是乳酸生成的主要场所，亦是乳酸消除的主要场所。极量强度运动时，骨骼肌生成的乳酸主要在运动后恢复期消除，亚极量以下强度运动时，乳酸在骨骼肌内生成的同时便开始消除。乳酸消除的途径主要有如下三条。

（1）乳酸的氧化：安静状态、亚极量运动时和运动后乳酸的代谢去路主要被氧化成二氧化碳和水，主要部位在骨骼肌和心肌，尤其是骨骼肌，这与存在于肌纤维之间的“乳酸穿梭”作用有关。

（2）乳酸的糖异生：正常生理条件下，乳酸随血液循环至肝，可经糖异生途径合成葡萄糖或肝糖原。运动时血乳酸浓度升高，可以促进肝内糖异生的速度加快。从转移乳酸的数量上看，运动时经糖异生作用消除的乳酸远不及经氧化途径消除的乳酸多，经糖异生途径消除的乳酸约占乳酸总量的 1/5。

（3）在肝合成其他物质：运动中生成的乳酸，运动后在肝可经乙酰辅酶 A 合成脂肪酸、胆固醇、酮体、乙酸等其他物质；也可以经转氨作用合成丙氨酸，参与体内蛋白质合成代谢。

此外有少量的乳酸直接随汗、尿排出体外。

7. 葡萄糖或糖原在正常生理条件下（氧供应充足）氧化分解，生成二氧化碳和水，同时释放出大量能量的过程称为糖的有氧氧化。

糖的有氧氧化过程可分为三个阶段：

第一阶段：葡萄糖或糖原被氧化为丙酮酸，与糖酵解过程相同。所不同的是在氧气供应充足的情况下，生成的 $NADH+H^+$经过线粒体中的呼吸链被氧化成 H_2O，而不是使丙酮酸还原为乳酸。

第二阶段：丙酮酸氧化脱羧生成乙酰辅酶 A（乙酰 CoA）。丙酮酸由细胞液进入线粒体后，在丙酮酸脱氢酶系催化下，经脱羧、脱氢并与辅酶 A（CoA-SH）结合生成乙酰 CoA，这一反应是不可逆的。

第三阶段：乙酰辅酶 A 进入三羧酸循环。乙酰辅酶 A 是一个十分活泼的中间代谢产物，在线粒体中，先与草酰乙酸缩合成柠檬酸，再经过一系列酶促反应，最后生成草酰乙酸，再重复上述过程，形成一个连续、不可逆的循环反应，消耗的是乙酰 CoA，最终转化为 CO_2和 H_2O。由于这个循环首先生成的是具有三个羧基的柠檬酸，故称三羧酸循环，又称柠檬酸循环。1 摩尔糖原的葡萄糖单位彻底氧化时可生成 31（或 33）摩尔 ATP。

8. 糖有氧氧化过程在运动中的生理意义主要包括以下几个方面。

（1）产生的能量多，是机体利用糖能源的主要途径。

在有氧情况下，1分子葡萄糖或由糖原磷酸化裂解下来的1个葡萄糖单位，可生成2分子丙酮酸，同时在线粒体可被氧化为2分子乙酰CoA，经二次三羧酸循环最后生成6分子CO_2和6分子H_2O，由葡萄糖开始可释放能量生成30（或32）分子ATP，由糖原开始可释放能量生成31（或33）分子ATP，同一种代谢底物比糖酵解途径生成的ATP数目多得多，因此正常生理条件下，机体糖代谢以有氧氧化为主。

（2）三羧酸循环是体内糖、脂和蛋白质三大代谢的中心环节。

三羧酸循环不仅是糖代谢的重要途径，同时也是脂类和蛋白质彻底氧化为CO_2和H_2O的必经之路。它们经过各自的代谢过程可转变为三羧酸循环的中间产物，从而进入循环过程被彻底氧化，人体内大约2/3的有机物是通过三羧酸循环进行分解代谢的。同时，糖、脂和蛋白质也可通过三羧酸循环进行相互间的转变。所以三羧酸循环是一个重要的代谢枢纽。

9. 在脂肪、胆固醇和类固醇激素合成代谢较活跃的组织，如肝、脂肪和红细胞等组织的细胞液中，糖的氧化可不经三羧酸循环而使葡萄糖或糖原氧化分解，并生成$NADPH+H^+$和磷酸核糖（戊糖），故称磷酸戊糖途径。磷酸戊糖途径整个过程可在无氧条件下进行，磷酸戊糖途径起始物质是6-磷酸葡萄糖，它在以$NADP^+$（辅酶Ⅱ）为辅酶的磷酸葡萄糖脱氢酶的作用下脱氢生成6-磷酸葡萄糖酸，再经6-磷酸葡萄糖脱氢酶的催化脱氢并脱羧生成5-磷酸核酮酸，5-磷酸核酮酸在酶的催化下，可转变为5-磷酸核糖或5-磷酸木酮糖。这些5-磷酸戊糖通过相互转移酮基和醛基，最终转变为6-磷酸果糖及3-磷酸甘油醛。磷酸戊糖途径是与糖有氧、无氧分解两种途径相联系的，此途径中产生的中间产物如3-磷酸甘油醛就是糖分解代谢三种途径的枢纽点。

生理意义：（1）磷酸戊糖途径脱下的氢（$NADPH+H^+$），可经生物氧化作用释放能量合成ATP。（2）$NADPH+H^+$是某些重要物质生物合成的供氢体。如脂肪酸，胆固醇和类固醇类激素的合成。同时由于$NADPH+H^+$具有还原性，可以保护酶和蛋白质不易被氧化。（3）生成的磷酸戊糖是合成核糖、核苷酸及ATP等的原料。

10. 由葡萄糖、果糖和半乳糖等单糖在体内合成糖原的过程叫糖原合成。肝和肌肉是合成糖原的重要器官。

糖原合成在运动中的意义主要体现在：（1）长期运动训练能使机体组织中的糖原数量增多，这已为大量实验所证实。有人指出，一般成人体内糖原总贮量约500 g，而有良好训练的运动员可达700 g，由此可见运动对糖原的合成有一定的积极作用。（2）运动使糖原合成增加的机制，主要是由运动时糖原贮量下降和运动后的超量恢复引起的。运动时糖原分解速率很高，每公斤肌肉每分钟可达 43 mmol 葡萄糖单位，运动后肌糖原消耗较多，糖原合成酶在肌糖原较低时活性增高，若此时增加葡萄糖的供应量，可使糖原合成速率大大增加，因此，运动和运动后的高糖膳食是使糖原合成增加的主要因素。

11. 体内由非糖物质转变为葡萄糖或糖原的过程，称为糖异生作用。

由非糖物质异生为糖的过程，基本上是糖酵解的逆过程，但由于己糖激酶、磷酸果糖激酶和丙酮酸激酶所催化的三个反应是耗能反应，逆行需消耗大量能量，所以很难进行，故糖异生作用要绕过这些“能障”，这也就是糖异生作用和糖酵解逆过程不同的主要原因。

糖异生在运动中的生理意义：（1）可弥补体内糖量不足，维持血糖相对稳定。人体可动用的糖主要是血糖和糖原，血糖全身仅 4 ~ 5 g，就是体内贮量最多的肌糖原也不过 400 g 左右，而真正能利用的约 150 g。据计算，人脑每天约消耗糖 120 g，肾髓质、血细胞和视网膜约消耗 40 g，全身肌肉即使处于完全安静状态，每天也要消耗 30 ~ 40 g。因此，一个平静生活的人每天消耗 200 g 左右的糖，如果进行体育活动的话，消耗量当然要比这一数值大得多。因此，仅靠肝糖原分解来维持血糖浓度显然不够，糖异生作用在弥补体内糖量不足方面起着较为重要的作用。（2）乳酸异生为糖有利于运动中乳酸消除。剧烈运动时肌肉中产生大量乳酸，并不断扩散入血液。血液中的乳酸叫血乳酸。血乳酸经血液循环运送至肝，通过糖异生作用可合成肝糖原和葡萄糖，再进入血液补充血糖的消耗或被肌肉摄取合成肌糖原，这个过程称乳酸循环（或称 Cori 氏循环）。机体通过乳酸循环过程，可将对人体运动能力有影响的乳酸重新合成为糖能源，这对于回收乳酸分子之中的能量，更新肝糖原，防止乳酸中毒有重要意义。

12. 乳酸主要是骨骼肌细胞中的糖原或葡萄糖无氧代谢的产物，通过扩散进入血液。血乳酸浓度主要取决于乳酸在血液中的出现速率和它从血液中消除速率之间的动态平衡。

安静时，人体血液和肌肉中含有少量的乳酸，为 1 ~ 2 mmol/L（9 ~ 18 mg/dL），因为红细胞、皮肤、视网膜、肾髓质等即使在氧供应充足的情况下，也是通过糖的无氧酵解途径获取能量的。安静时骨骼肌供氧充足，存在低速率的乳酸生成。在这些组织中产生的乳酸能迅速进入血液，成为血乳酸的主要来源。

运动员安静时血乳酸浓度与普通人无异。但有些运动员在比赛期或赛前，安静血乳酸值可比平常训练日高 2 ~ 3 倍，这是因精神紧张，神经兴奋，致使儿茶酚胺类物质分泌增多，使糖酵解速率加快的结果。例如，摔跤运动员在赛期开始时，清晨安静血乳酸值为 1 mmol/L，在赛期比赛前安静值升至 2.96 mmol/L。

13. 运动开始时，某些组织中存在一种“乳酸相对量生成”状态，使得乳酸在体内分布不均匀，这就产生了“乳酸穿梭”（Lactate Shuttle）现象。这种现象在运动时主要有两种。

（1）运动肌“乳酸穿梭”：运动肌肉中生成的乳酸约有一半释放入静脉血，另一半则在肌肉中被氧化。由于肌纤维的类型和其代谢特点不同，从而产生肌纤维间的乳酸穿梭，如在Ⅱb 型纤维中生成的乳酸穿梭入Ⅰ型肌纤维中被氧化。

（2）血管间“乳酸穿梭”：运动时骨骼肌释放乳酸，经循环到肝中进行糖异生。但是，运动时肝血流量相对减少，故通过糖异生消除乳酸，相应降低 20%左右。同时，乳酸经血流进入心脏，一部分被心肌细胞摄取氧化，另一部分重新进入运动的骨骼肌中被摄取利用。乳酸经细胞间质和血管由生成部位穿梭到细胞呼吸部位，这一过程在数量上超过肝输出的葡萄糖，使得运动时乳酸作为氧化基质的第二途径得到加强。

14. 运动时，肌肉是生成乳酸最多的部位，肌乳酸和血乳酸可以达到平衡，但在平衡时还存在一定的浓度梯度。肌乳酸和血乳酸达到平衡的时间在 4～10 min。

不同强度的运动导致肌乳酸和血乳酸浓度的变化也不同。运动中乳酸所能达到的最大值与运动方式有关，采用 400 m 或 800 m 全力跑，即以 45～120 s 做最大强度运动后，可以获得最高血乳酸浓度 25 mmol/L，为安静时的 15～20 倍。若采用 1 min 运动、4 min 休息的间歇运动，重复运动 5 次后，血乳酸可累积上升到 32 mmol/L。运动中所能达到的血乳酸最大值，一般可以反映运动员无氧酵解的极限水平，因此采用较大强度的间歇训练，对发展运动员的糖酵解能力效果最好。

（七）论述题

1. 剧烈运动时肌肉中产生大量乳酸，扩散入血液后形成血乳酸，血乳酸经血液循环运送至肝，通过糖异生作用可合成肝糖原和葡萄糖，再进入血液补充血糖的消耗或被肌肉摄取合成肌糖原，这一过程称乳酸循环（或称 Cori 氏循环）（图 2-1）。

运动中的意义：机体通过乳酸循环过程，可将对人体运动能力有影响的乳酸重新合成为糖能源，对于回收乳酸分子之中的能量，更新肝糖原，防止乳酸中毒有重要意义。

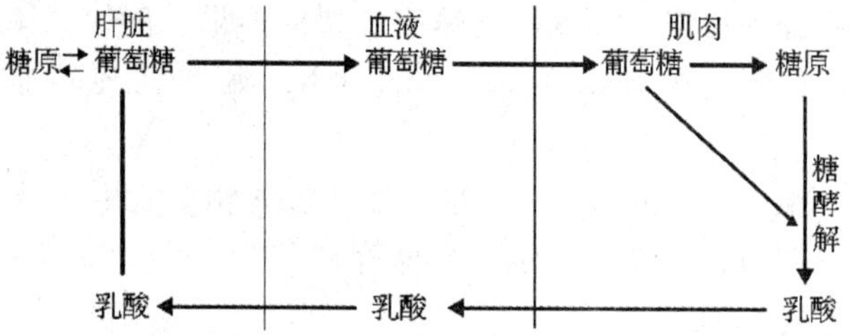

图 2-1　乳酸循环

2. 肌糖原储量与运动能力的关系主要表现在以下几个方面。

（1）肌糖原与无氧代谢运动能力。剧烈的短时间运动，肌肉中由于缺氧，糖原可经糖酵解途径转变为乳酸，释放出能量供运动之需，但一般不会引起明显的糖原耗竭或者发生低血糖症。当肌糖原贮量过低时，可抑制乳酸生成和降低无氧代谢能力。有学者研究指出，在糖原大量消耗下，最大摄氧量只有正常状态下的 85%，肌乳酸浓度仅是正常糖贮量的 25%。因此，以无氧代谢供能为主的运动项目，比赛前有足够的肌糖原贮量是必要的。简便而有效的措施是，在赛前 1~2 天采用高糖饮食，可使肌糖原贮量有效提高，不会限制运动能力。

（2）肌糖原与有氧代谢运动能力。长时间运动时，虽然其他能源物质可在肌肉活动中供给一定的能量，但在运动中糖原的分解代谢仍起主要作用。在长时间大强度运动中（45~200 min），运动前肌糖原贮量决定达到运动力竭的时间。据研究，在马拉松比赛中，身体中被氧化的脂肪和蛋白质的总贮备少于 1%，而肝糖原和肌糖原的总贮备却几乎耗尽。所以，体内糖原的贮量与人体的运动能力有密切关系。在长时间运动的最后冲刺阶段，肌糖原水平的高低可能是决定胜负的关键因素。

体内糖原的贮量取决于个体的运动水平、训练状况和饮食中糖的含量。未经训练的人，尽管其营养状况良好，但处于静息状态时，其肌糖原的含量为 70~110 mmol/kg 体重，而耐力运动员的肌糖原却能达到 140~230 mmol/kg 体重。这充分表明导致耐力运动员肌糖原水平提高的因素有长时间训练、糖原耗竭和糖的摄取。

3. 运动时血糖水平的变化特点与不同的运动方式有关

血糖浓度在正常空腹时较为恒定，为 4.4~6.6 mmol/L（80~120 mg/dL）。

安静时，肌肉吸收血糖的量不多。

运动时血糖浓度的变化取决于肝输出葡萄糖的速率（包括运动前、运动中补糖，消化系统吸收葡萄糖的速率）及相关组织对葡萄糖的摄取量，主要是由工作肌的摄取利用量来决定的。

1～2 min 短时间大强度运动时，骨骼肌主要依靠肌糖原酵解供能，此时不但不摄取血糖，还能释放少量葡萄糖到血液中；由于运动持续时间较短，肝受神经体液调节而增加肝糖原分解，引起输出葡萄糖速率加快的现象也不太明显，所以，血糖浓度基本上无明显变化。

4～10 min 全力运动，骨骼肌仍以利用肌糖原进行有氧氧化及无氧酵解为主要的能量代谢方式，摄取利用血糖很少，但这时肝输出葡萄糖的速率已明显增加，葡萄糖进入血液中的速率明显超过被组织器官摄取的速率，血糖浓度明显上升，可超过肾糖阈，达到 10～11.1 mmol/L，可出现尿糖现象。

15～30 min 全力运动，运动肌以糖有氧代谢为主要供能方式。由于肌糖原消耗增多，吸收和利用血糖供能的比率上升，消耗血糖的速率达到或超过肝释放葡萄糖的速率，血糖浓度开始回落，但仍显著高于休息状态，在 7.2～7.7 mmol/L 之间。

1～2 h 长时间运动至疲劳时，由于肌糖原大量排空，骨骼肌摄取并利用血糖的速率显著增加，肝糖原贮存量也大量排空，利用糖异生作用来生成和输出葡萄糖逐渐变得重要起来，血糖供能比例可高达总能耗的 40%，吸收、利用血糖的速率接近最大值。肝释放葡萄糖的速率低于血糖利用速率。血糖水平即使处在正常范围，也属于低限区间。

超过 2～3 h 运动至疲劳时，如果没有外源性葡萄糖的补充，利用糖异生产生和输出的葡萄糖，已很难满足运动肌的需要，可能出现低血糖，严重时还会出现低血休克。运动 3 h 以上，血浆葡萄糖水平可低达 2.5 mmol/L。

因此运动时血糖浓度的变化实际上与运动强度，持续时间、营养状态、训练水平、情绪状态及运动前或运动过程中补充糖的情况有密切的关系。

4. 在运动过程中保持人体血糖浓度在正常水平不但对维持良好的运动能力十分重要，而且对维持人体的基本生命活动也是必要的。目前已知人体内有多种机制共同调节血糖浓度。

（1）组织器官的调节。

肝：增加糖原分解和糖异生作用，使肝葡萄糖输出速率根据运动的需要而不断增加。

肾：一般认为肾对血糖浓度的调节作用不大，主要表现在血糖浓度过高，超过肾糖阈时，由尿中排出一些葡萄糖。目前人们对肾的糖异生作用发生了兴趣，当人处于长时间饥饿和酸中毒时，肾的糖异生作用大大加强，可以达到几乎与肝相等的地位。在进行长时间运动的中期及后期，肾的糖异生作用也逐渐受到人们的重视。

骨骼肌：运动时骨骼肌对血糖的摄取利用率与血糖浓度有密切的关系，也是决定运动时血糖浓度的重要因素。

运动时的非运动器官：运动时血液重新分配，流向内脏器官的血流量显著减少，对血糖的摄取量减少，以保证较充足的葡萄糖给脑、骨骼肌和红细胞等。

（2）激素调节。

调节血糖浓度的激素可以分为两大类：一类升高血糖，另一类降低血糖。

升高血糖浓度的激素主要有儿茶酚胺（其中肾上腺素的作用大于去甲肾上腺素）、胰高血糖素、糖皮质激素及生长激素。交感-肾上腺系统对于运动早期血糖浓度升高起着决定性作用；在进行长时间耐力运动的中期和后期，胰高血糖素主要是调节血糖浓度，糖皮质激素对稳定血糖水平有重要作用；生长激素的作用是抑制组织细胞利用糖，使血糖浓度不易降低。目前认为，运动时生长激素对血糖浓度的提高作用不明显。

降低血糖浓度的激素：主要是胰岛素，它的作用是促进肌肉和脂肪细胞上的葡萄糖载体转运，使葡萄糖进入细胞，进一步参与代谢。胰岛素还可以促进肝糖原和肌糖原生成，抑制肝糖异生作用，促进糖转化为脂肪。此外，胰岛素还有促进糖的分解代谢，诱导葡萄糖激酶、磷酸果糖激酶和丙酮酸激酶的合成及激活丙酮酸脱氢酶系等作用，其综合作用可使血糖浓度降低。所以人体在进行运动，特别是进行长时间的耐力运动时，血浆的胰岛素浓度几乎总是降低的，其降低幅度与运动强度大小，运动持续的时间长短成负相关。

（3）神经系统的调节。

交感神经兴奋可以促使肝糖原分解和糖异生作用加强，因此具有升高血糖浓度的作用，迷走神经的作用与交感神经相反，能促进肝糖原合成，抑制糖异生作用，使血糖浓度降低。交感及副交感神经除了具有对肝的机能进行直接调节作用外，还可以通过调节激素的分泌间接调节血糖浓度。

综合分析以上各种调节血糖浓度的机制可以发现，在进行运动的过程中，交感神经机能增强，肾上腺素、胰高血糖素、糖皮质激素和生长激素的分泌量增加，胰岛素分泌量减少，对于维持运动时血糖浓度的稳定，保持运动能力十分重要。其中起首要作用的是交感-肾上腺系统机能增强，随之而来的是胰岛素分泌量减少。胰高血糖素对调节长时间运动的中期和后期血糖浓度的稳定有十分重要的意义。

5. 乳酸主要是骨骼肌细胞中的糖原或葡萄糖无氧代谢的产物，通过扩散进入血液，血乳酸浓度主要取决于乳酸在血液中的出现速率和它从血液中消除速率之间的动态平衡。

安静状态肌乳酸与血乳酸浓度亦处于动态平衡状态。运动中，工作肌肉生成乳酸，约有半数以上在工作肌不同类型的肌纤维中重新进行分配，产生了“乳酸穿梭”现象，包括运动肌“乳酸穿梭”和血管间“乳酸穿梭”；运动时肌肉是生成乳酸最多的部位，肌乳酸和血乳酸平衡存在一定的浓度梯度，平衡时间在 4~10 min。

运动时，肌肉是生成乳酸最多的部位，肌肉乳酸和血液乳酸可以达到平衡，在平衡时还存在一定的浓度梯度。乳酸透过肌细胞膜的转运过程，不单只有扩散，还包括强化或活化转运，即同向转运或对向运输。目前，对乳酸透过肌细胞膜的机理还不清楚，但肌肉和血乳酸间平衡有一个过程，时间在 4~10 min；运动中所能达到的血乳酸最大值，一般可以反映运动员无氧酵解的极限水平；在中等强度运动中，血乳酸变化趋势与肌乳酸基本一致，表现为血乳酸保持不变或者恢复到安静水平，但是实际上血乳酸消除速率已比安静状态快 3 倍，血乳酸的进入速率与血乳酸的消除速率处于相对平衡状态，故血乳酸浓度的绝对值不变。

6. 根据运动时体内能量代谢的特点，运动中糖代谢的适应性变化分为糖酵解的运动适应和有氧代谢的运动适应。

（1）糖酵解的运动适应。

无氧代谢能力训练与糖代谢的运动适应性变化，主要体现在运动中最大乳酸能力的提高和乳酸耐受能力的提高等无氧耐力素质方面，具体体现在如下几个方面。

① 糖酵解过程的酶活性提高，尤其是糖酵解过程的三个限速酶己糖激酶（HK）、磷酸果糖激酶（PFK）、丙酮酸激酶（PK）以及肌型乳酸脱氢酶（LDH_5）明显提高。

② 促进肌糖原的合成与储存，增加运动时糖酵解代谢底物。

③ 机体缓冲乳酸能力增强，以维持人体内环境的稳定性。

④ 机体的耐酸能力提高，可在体内一定酸性条件下保持较高的运动能力。

（2）有氧氧化的运动适应。

糖有氧代谢的运动适应性变化，主要体现在糖有氧代谢能力的提高、血糖调节能力的改善和运动中糖节省化作用等方面。

① 糖有氧氧化酶活性的提高：长期有氧运动训练可以显著提高参与骨骼肌三羧酸循环的酶活性，如琥珀酸脱氢酶的活性；与此同时，心肺功能的增强、血红蛋白含量的增加、骨骼肌中线粒体数量和体积的增加、毛细血管数量的增多为骨骼肌在运动时获得充足的氧气提供了重要保证。

② 血糖调节能力的改善：长期有氧运动训练不仅能够提高肝糖原的分解代谢能力，还可以提高肝糖异生的能力，从而显著提高运动机体维持血糖稳定的能力。

③ 运动中糖节省化作用：长期的运动训练使脂肪酸氧化供能的比例提高，例如经 12 周耐力训练的人，运动中脂肪酸供能比例（53%）明显比对照者（40%）高，从而引起运动肌吸收和利用血糖的比例降低，有利于运动中保持高水平的血糖。

④ 糖原的合成增强：系统的耐力训练可显著提高肌糖原合成酶的活性，促进糖原的合成。

（八）综合分析题

1. 分析思路

糖的无氧酵解与有氧氧化过程（代谢底物、反应部位、限速酶、ATP 净生成数量、代谢产物、生理意义）特点见表 2-1。

表 2-1　糖的无氧酵解与有氧氧化过程的特点

	糖的无氧酵解	糖的有氧氧化
代谢底物	血糖、肌糖原	血糖、肌糖原
反应部位	细胞质	细胞质、线粒体
限速酶	己糖激酶、磷酸果糖激酶、丙酮酸激酶	丙酮酸脱氢酶系 柠檬酸合成酶
ATP 净生成数量	以葡萄糖为代谢底物：2 以糖原为代谢底物：3	以葡萄糖为代谢底物：30（或 32） 以糖原为代谢底物：31（或 33）
代谢产物	乳酸	CO_2 和 H_2O
生理意义	1. 剧烈运动时能量的主要来源。 2. 生成的能量较少，不能坚持较长的运动时间。 3. 是部分组织细胞唯一的糖分解代谢方式	1. 产生的能量多，是机体利用糖的主要途径。 2. 三羧酸循环是体内糖、脂和蛋白质三大代谢的中心环节

2. 分析思路

（1）体内糖能源的存在形式与储量：形式有结合糖、以自由型存在于体内的糖，包括以游离态形式存在的糖（主要是血液中的葡萄糖）和以化合形式存在的肌糖原和肝糖原。结合储量进行分析。

（2）运动时糖的作用及其对运动能力的影响：① 肌糖原与无氧代谢运动能力。② 肌糖原与有氧代谢运动能力。③ 肝糖原分解对维持血糖水平和运动能力的关系。④ 不同方式运动时血糖水平的变化特点。

（苏州大学　张　林）

3 第三章　脂质代谢与运动

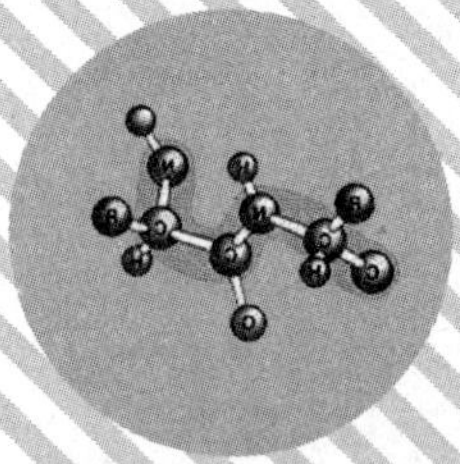

一、学习要点

本章着重阐述了脂质的概念与功能、脂肪分解代谢的过程、运动时脂肪利用的特点与规律，最后论述了运动、血脂与健康三者之间的相互关系。

（一）脂质的概念与功能

脂质可分为脂肪和类脂两大类。脂质的主要生理功能有：脂肪氧化分解可释放能量；类脂是构成生物膜的重要成分；促进脂溶性维生素吸收；具有防震和隔热保温作用；脂肪的氧化利用具有降低蛋白质和糖消耗的作用。

（二）脂肪代谢

脂肪组织中三酰甘油在一系列脂肪酶催化下分解为脂肪酸和甘油的过程，称为脂肪水解。脂肪细胞内储存的脂肪经脂肪酶催化水解释放出脂肪酸，并进入血液循环供给全身各组织摄取利用的过程，称为脂肪动员。骨骼肌、心肌等组织也有少量脂肪储存，水解生成的游离脂肪酸并不释放至血液，而是在细胞中氧化供能或合成脂肪。

甘油经过血液运输到肝中，作为糖异生作用的底物至少占 3/4。血浆甘油浓度可以作为脂肪分解代谢的强度指标。1 g 甘油可吸附 3 g 水，甘油吸附的水称为固定水或束缚水，当甘油氧化后，固定水将转化为自由水补充体液，可防止运动性缺水。

（三）运动对脂肪代谢的影响

脂肪酸的氧化主要发生在有氧运动过程中，运动时肌肉利用的脂肪酸主要来源于肌细胞内的三酰甘油和循环系统中的游离脂肪酸。脂肪酸在有充足氧供给的情况下，通过脂肪酸的 β-氧化分解、三羧酸循环可氧化分解为 CO_2 和 H_2O，释放大量能量。由于脂肪酸的 β-氧化作用通常是在线粒体的基质中进行的，而在细胞液中形成的脂酰 CoA 不能透过线粒体内膜，需依靠内膜上的载体肉碱携带，以脂酰基的形式跨越内膜而进入基质。在心肌、骨骼肌等组织中，脂肪酸通过 β-氧化生成的乙酰 CoA，部分在肝细胞转变成乙酰乙酸、β-羟丁酸和丙酮，这 3 种产物统称为酮体。

运动时在人体内贮存的脂肪分解并参与机体的供能共有三种来源：肌细胞细胞质中的脂肪滴、血浆脂蛋白中的脂肪和储存在脂肪组织（即脂库）中的脂肪。运动尤其是长时间耐力运动，脂肪成为主要的供能来源。耐力训练可以提高脂肪的分解代谢水平，脂的分解代谢加快可以促进运动员的耐力水平提高。耐力训练、脂代谢与运动适应之间相互影响。

（四）运动、脂代谢与健康

缺乏运动和膳食中脂肪含量增加导致脂蛋白代谢紊乱，成为严重影响人们健康水平的重要因素。有规律、有计划地进行体育运动对于改善脂蛋白代谢状况、预防和治疗心血管疾病有非常积极的作用，经常参加运动有利于身体健康。

二、学习难点

1. 脂质的基本结构，如脂肪、多不饱和脂肪酸、磷脂和胆固醇等。
2. 脂肪酸 β-氧化的反应过程。
3. 体育锻炼、血脂与健康的关系。

三、习题

（一）名词解释

1. 脂质
2. 磷脂
3. 糖脂
4. 脂蛋白
5. 脂肪组织
6. 脂肪动员
7. 脂肪的水解作用
8. 脂肪酸 β-氧化
9. 酮体
10. 血浆游离脂肪酸
11. 血脂
12. 高脂血症
13. 胆固醇逆向转运
14. 血浆脂蛋白
15. 脂肪肝

（二）填空题

1. 脂质可分为两大类，即________、________。

2. 1 g 脂肪在体内完全氧化时可释放出________kJ 能量。

3. 脂肪动员是将脂肪细胞中的脂肪水解成________和________，并进入血液循环，运输到其他组织器官氧化利用。

4. 长链脂酰辅酶 A 进入线粒体由________携带，限速酶是________。

5. β-氧化的氧化反应是在脂酰辅酶 A 的 β-碳原子上进行脱氢，氢的接受体是________和________。

6. 在肝中，每分子甘油经无氧代谢生成乳酸时，释放能量可合成________ATP；如果完全氧化生成CO_2和H_2O时，则释放出的能量可合成________ATP。

7. 脂肪酸的β-氧化作用是指脂肪酸在一系列酶的作用下，在________之间断裂，β-碳原子氧化成羧基，生成含2个碳原子的________和较原来少2个碳原子的脂酰CoA。

8. 细胞质中的脂酰CoA合成酶催化________脂肪酸活化；________上的脂酰CoA合成酶催化长链脂肪酸，生成脂酰CoA，然后进入内质网用于三酰甘油合成；而线粒体膜上的脂酰CoA合成酶催化的长链脂酰CoA，进入________进行β-氧化。

9. 脂酰CoA进入线粒体后，经历多次β-氧化作用而逐步降解成多个乙酰CoA。每次β-氧化作用包括________、________、________和________四个连续的反应过程。

10. 脂肪酸的β-氧化作用通常是在线粒体的基质中进行的，而在细胞液中形成的脂酰CoA不能透过线粒体内膜，需依靠内膜上的载体________携带，以________的形式跨越内膜而进入线体内膜内侧。

11. 肝细胞内脂肪酸氧化生成的乙酰CoA，有一部分转变成________、________、________，这三种产物统称为酮体。

12. 酮体在肝生成后，由________运输至________氧化利用。

13. 运动时人体内参与分解供能的脂肪有3种来源途径，分别是________、________和________。

14. 进入肝脏的脂肪酸主要有两条去路：一条是在________中与________酯化反应，合成三酰甘油或磷脂；一条是进入________氧化成________，再生成酮体。

15. 安静时，人体脂肪组织内脂肪水解所产生的脂肪酸大约________进入血液，________经再酯化作用生成三酰甘油。

16. ________是三酰甘油水解的限速酶。

17. 血浆游离脂肪酸（游离脂肪酸）在血液中的运输形式是以________作为载体的。

18. 静息状态下，血浆游离脂肪酸/清蛋白摩尔浓度比值是________，当进行长时间中等强度的耐力运动时脂肪大量水解动员，进入血浆的脂肪酸增多，血浆游离脂肪酸/清蛋白的比值可以增加到________。

19. 肌细胞摄取血浆游离脂肪酸是一种简单的________依赖过程，不消耗能量，当血液流到肌细胞时，由________和________结合脂肪酸部位对脂肪酸亲和力的大小来决定肌细胞摄取脂肪酸的速率。

20. 血脂是指人体血浆中所含的脂质，包括________、________、________和________。

21. 长时间的中低强度有氧锻炼可以降低血浆三酰甘油水平。一方面体育锻炼通过提高________酶的活性，促进血浆三酰甘油的水解；另一方面，训练引起骨骼肌毛细血管通透性、适应性增加和毛细血管________的表面积增加，加速了骨骼肌等组织对脂肪酸的利用，进而促使三酰甘油从肝中运出。

22. 研究发现，________与动脉粥样硬化（AS）、冠心病（CHD）发病率呈正相关；________与动脉粥样硬化、冠心病发病率呈负相关。

（三）判断题

1. 磷脂是构成血型物质和细胞膜抗原的组成成分，也是细胞膜和神经髓鞘的重要组成部分，与神经冲动传递以及许多遗传性疾病有关。（　　）

2. 脂肪是低强度长时间运动时的主要能源物质。在低强度长时间运动时，肌肉细胞外自由脂肪酸氧化速度是安静状态时的 4~5 倍。（　　）

3. 胆固醇代谢不同于绝大多数生物活性物质，不能降解为二氧化碳和水，它仅经过氧化转化为胆汁酸、类固醇激素等。（　　）

4. 高水平耐力运动员脂肪氧化分解的能力明显高于一般人，运动时脂肪供能的比例显著增加，糖酵解供能有所减弱。（　　）

5. α-磷酸甘油是由进入脂肪细胞的葡萄糖经过分解产生磷酸二羟丙酮后生成的。（　　）

6. 脂肪（三酰甘油）分解代谢的第一步是水解成脂肪酸和甘油。（　　）

7. 1 g 甘油可吸附 3 g 水，甘油吸附的水称为自由水。因此，大量甘油释放入血可以防止运动性缺水的发生。（　　）

8. 脂肪酸转换为脂酰 CoA 后，以肉碱作为载体运输脂酰 CoA 进入线粒体，脂酰 CoA 的 β-氧化作用包括脱氢、水合、脱氢和裂解四个连续的反应过程。（　　）

9. HMG-CoA 合成酶是酮体合成的关键酶。（　　）

10. 当体内糖储备下降时，肝糖原代谢减弱，α-甘油磷酸及 ATP 含量不足，脂肪酸酯化量减少，大多脂肪酸进入线粒体氧化，致使酮体生成量增多。（　　）

11. 耐力运动员在运动时可以消耗较多的三酰甘油，耐力训练使人体利用 IMTG 的能力增强，在运动时三酰甘油的贡献在总能量消耗中所占比重增大。（　　）

12. 运动时，人体脂肪组织内脂肪水解所产生的脂肪酸大约 1/3 进入血液，2/3 经再酯化作用生成三酰甘油。（　　）

13. 静息状态血浆游离脂肪酸/清蛋白摩尔浓度比值是 0.2，当进行长时间中等强度的耐力运动时，血浆游离脂肪酸/清蛋白的比值可以增加到 3～4 倍。(　　)

14. 交感神经系统和血液肾上腺素对激素敏感脂肪酶具有抑制作用，而乳酸、酮体、胰岛素对激素敏感性脂肪酶具有激活作用。(　　)

15. 补充外源性肉碱，可以提高运动员的耐力水平。(　　)

16. 运动训练可促进人体内激素分泌旺盛，进而激活腺苷酸环化酶，细胞内 cAMP 的含量升高，使脂肪组织中的脂肪酶的活性升高，血液中游离脂肪酸的浓度上升，脂肪酸供能比例升高。(　　)

17. 当强度达到25%最大摄氧量强度运动 30 min 时，脂肪与糖的供能比例约为 1∶1，肌肉中三酰甘油氧化产能约占 50%。(　　)

18. LDL 可分为中密度脂蛋白（IDL 和 LDL_1）和 LDL_2，其重要功能是完成胆固醇的逆向转运，把外周组织的游离胆固醇转运至肝得到清除。(　　)

19. 耐力项目的运动员其 HDL-C 水平显著高于非运动员，非运动员经耐力训练之后 HDL-C 水平比训练前有显著升高。(　　)

20. 低密度脂蛋白（LDL）与动脉粥样硬化、冠心病发病率呈负相关。高密度脂蛋白（HDL）与动脉粥样硬化、冠心病发病率呈正相关。(　　)

21. 训练使人体内血浆三酰甘油浓度降低，这可能是肝释放出的 VLDL 减少和脂肪组织、心肌、骨骼肌吸收血浆游离脂肪酸能力增强所致。(　　)

22. 骨骼肌、心肌等组织也有少量脂肪储存，水解生成的游离脂肪酸并不释放至血液，而是在细胞中氧化供能或合成脂肪。(　　)

23. 肌肉摄取血浆脂肪酸的速率，取决于脂肪组织内脂解强度、血液脂肪酸的转运能力和肌内脂肪分解和利用强度。(　　)

24. 禁食可以提高循环系统中儿茶酚胺浓度，加快脂肪动员，使血浆游离脂肪酸升高，从而降低糖利用率。(　　)

25. 血液中 LDL-C 的升高和 HDL-C 的降低，使 HDL-C/LDL-C 比值降低，增加胆固醇逆相转运能力，有利于外周胆固醇向肝中的转运和降解，减少胆固醇在血管壁上的沉积，降低动脉粥样硬化和冠心病的发生和发展。(　　)

（四）单选题

1. 脂质是指由（　　）所形成的酯类及其衍生物。

A. 脂肪酸和醇　　B. 碳、氢、氧

C. 单纯脂、复合脂　　D. 脂肪酸和醛

2. 每克脂肪完全氧化可释放（　　）千卡能量。

A. 7.3　　B. 3.8　　C. 9.3　　D. 10.3

3. 运动中，人体组织内的三酰甘油动员后，游离脂肪酸在血液中的浓度变化规律为（　　）。

A. 循环期→恢复期→代谢期　　B. 循环期→代谢期→恢复期

C. 代谢期→循环期→恢复期　　D. 恢复期→循环期→代谢期

4. 运动中，血浆中的游离脂肪酸和甘油变化规律为（　　）。

A. 浓度下降→逐渐升高→超出正常含量→上升至最高水平→恢复到正常值

B. 上升至最高水平→浓度下降→逐渐升高→超出正常含量→恢复到正常值

C. 逐渐升高→超出正常含量→浓度下降→上升至最高水平→恢复到正常值

D. 浓度下降→逐渐升高→恢复到正常值→超出正常含量→上升至最高水平

5. 血浆游离脂肪酸常在运动（　　）min 后，分解为甘油和脂肪酸的速度才达到最大。

A. 开始~10　　B. 10~40　　C. 20~50　　D. 30~60

6. 运动锻炼可增加血液中（　　）的含量，加速血中胆固醇的运输与排出，对于防止动脉硬化起着重要作用。

A. 极低密度脂蛋白　　B. 中间密度脂蛋白

C. 低密度脂蛋白　　D. 高密度脂蛋白

7. 当酮体在血液中达到一定浓度即发生酮病，引起（　　）。

A. 酸过剩　　B. 碱过剩　　C. 酸中毒　　D. 碱中毒

8. 脂肪动员的关键酶是（　　）。

A. 组织细胞中的三酰甘油酶

B. 脂蛋白脂肪酶

C. 组织细胞中的一酰甘油脂肪酶

D. 组织细胞中的激素敏感性脂肪酶

9. 脂肪酸彻底氧化的产物是（　　）。

A. 乙酰 CoA　　B. 脂酰 CoA　　C. 丙酰 CoA　　D. H_2O、CO_2

10. 脂肪酸 β-氧化的产物中不含（　　）。

A. $NADH+H^+$　　B. $NADPH+H^+$　　C. $FADH_2$　　D. 乙酰 CoA

11. 脂肪是（　　）运动时的主要能源物质。

A. 短时间大强度　　B. 短时间低强度

C. 长时间大强度　　D. 长时间低强度

12. 脂肪酸 β-氧化过程为（　　）。

A. 脱氢—硫解—加水—再脱氢　B. 脱氢—加水—再脱氢—硫解

C. 硫解—脱氢—再脱氢—加水　D. 加水—脱氢—硫解—再脱氢

13. 以乙酰辅酶 A 为底物合成的（　　）统称为酮体。

A. 乙酰乙酸、琥珀酸、丙酮　B. 乙酰 CoA、β-羟丁酸、丙酮

C. β-羟丁酸、丙酮、琥珀酸　D. 乙酰乙酸、β-羟丁酸、丙酮

14. 正常情况下肝内血酮体含量很少，浓度一般低于（　　）。

A. 0. 1 mmol/L　B. 0. 2 mmol/L

C. 0. 3 mmol/L　D. 0. 4 mmol/L

15. 关于运动时酮体代谢的生理意义，不符合的一项是（　　）。

A. 酮体是体内能源物质运输的一种形式

B. 酮体参与脑组织和肌肉的能量代谢

C. 参与脂肪酸动员的调节

D. 血、尿酮体浓度可评定体内蛋白质和脂肪的储备状况

16. 三酰甘油水解的限速酶是（　　）。

A. 蛋白激酶　B. 脂蛋白脂肪酶

C. 脂酰转移酶　D. 脂肪酸转位酶

17. 脂肪酸在血液中的运输形式是（　　）。

A. 血浆游离脂肪酸　B. 磷脂

C. 三酰甘油　D. 磷脂酸

18. 胆固醇含量最高的脂蛋白是（　　）。

A. 乳糜微粒　B. 极低密度脂蛋白

C. 高密度脂蛋白　D. 低密度脂蛋白

19. 导致脂肪肝的主要原因是（　　）。

A. 食入脂肪过多　B. 肝内脂肪运出障碍

C. 肝内脂肪合成过多　D. 肝内脂肪分解障碍

20. 动脉粥样硬化和冠心病与（　　）高度正相关。

A. 低密度脂蛋白　B. 极低密度脂蛋白

C. 高密度脂蛋白　D. 乳糜微粒

21. 耐力训练可以提高脂肪的分解代谢水平，主要是提高了（　　）。

A. HDL　B. CM　C. VLDL　D. LDL

22.（　　）是外源性脂肪的主要运输形式。

A. CM　B. LDL　C. HDL　D. VLDL

23. 运动对血脂含量的影响主要集中在血浆中的（　　）。

A. 甘油三酯和总胆固醇　　B. 血浆脂蛋白和三酰甘油
C. 总胆固醇和高密度脂蛋白　　D. 高密度脂蛋白和低密度脂蛋白

24. 关于酮体的叙述，正确的是（　　）。
A. 酮体是肝内脂肪酸大量分解产生的异常中间产物，可造成酮症酸中毒
B. 各组织细胞均可利用乙酰 CoA 合成酮体，但以肝内合成为主
C. 酮体只能在肝内生成，肝外氧化
D. 合成酮体的关键酶是 HMG CoA 裂解酶

25. 在乙酰辅酶 A 跨膜转运的同时，伴随着哪种物质的产生以供给脂肪酸合成的需要（　　）。
A. NAD^+　　B. NADPH　　C. NADH　　D. $NADP^+$

26. 下列哪种组织不能利用酮体（　　）。
A. 心脏　　B. 肝　　C. 脑　　D. 肾上腺

27. 硬脂酸彻底氧化后，可以生成（　　）分子乙酰辅酶 A。
A. 16　　B. 9　　C. 8　　D. 7

28. 耐力训练时耐力运动员比非耐力运动员（　　）。
A. 脂肪供能增加　糖供能减少　　B. 脂肪供能减少　糖供能增加
C. 脂肪供能增加　糖供能增加　　D. 脂肪供能减少　糖供能减少

29. 运动对血酮体的影响，主要发生在（　　）运动中。
A. 长时间中低强度　　B. 长时间大强度运动
C. 短时间大强度　　D. 短时间中等强度

30. 每次进行有氧锻炼的时间并不是越长越好，一般认为（　　）有氧锻炼，可以显著改善血脂水平。
A. 120 min　　B. 80 min　　C. 45 min　　D. 60 min

（五）多选题

1. 下列属于不饱和脂肪酸（UFA）的是（　　）。
A. 油酸　　B. 亚油酸　　C. 花生四烯酸　　D. 软脂酸

2. 下列属于“ω-6”系列的有（　　）。
A. 亚油酸　　B. 亚麻酸
C. 花生四烯酸　　D. 二十二碳六烯酸（DHA）

3. 下列哪些是人类膳食中的必需脂肪酸（　　）。
A. 油酸　　B. 亚麻酸　　C. 亚油酸　　D. 硬脂酸

4. 胆固醇的生理功能有（　　）。
A. 参与细胞膜的组成　　B. 是血中脂蛋白复合体的成分

C. 是类固醇激素的前体　　　　D. 是胆汁酸的前体

5. 脂肪能促进下列哪些维生素的吸收（　　　）。

A. 维生素 A　B. 维生素 C　C. 维生素 E　D. 维生素 K

6. 与脂肪酸活化相关的是（　　　）。

A. ATP　B. CoA　C. Zn^{2+}　D. 脂酰 CoA 合成酶

7. 参与脂肪酸的 β-氧化的辅助因子是（　　　）。

A. CoA　B. FAD　C. 生物素　D. NAD^+

8. 脂肪酸的 β-氧化的产物有（　　　）。

A. 乙酰 CoA　B. $FADH_2$　C. NADH　D. ATP

9. 脂酰 CoA 每次 β-氧化作用包括（　　　）。

A. 脱氢　B. 水化　C. 再脱氢　D. 再水化

10. 下列关于酮体的叙述，正确的是（　　　）。

A. 酮体包括乙酰乙酸、β-羟丁酸和丙酮

B. 酮体可以排入尿中

C. 酮体可能是由于饥饿引起

D. 在长时间耐力训练中后期，酮体产生增多

11. 不能利用乙酰 CoA 合成酮体的组织是（　　　）。

A. 红细胞　B. 肝　C. 脑　D. 骨骼肌

12. 能将酮体氧化成二氧化碳的组织是（　　　）。

A. 红细胞　B. 肝　C. 脑　D. 心

13. 能增强激素敏感性脂肪酶活性的因素是（　　　）。

A. 交感神经系统　　　　B. 血液肾上腺素

C. 乳酸　　　　D. 酮体

14. 能促进脂肪氧化并能提高运动能力的因素是（　　　）。

A. 咖啡因　B. 肉碱　C. 禁食　D. 高脂饮食

15. 耐力训练提高脂肪分解代谢水平，提高运动员运动能力的机制有（　　　）。

A. 可促进儿茶酚胺、皮质醇的释放

B. 能引起骨骼肌局部毛细血管密度增加

C. 使肌细胞内线粒体的数目增多、体积增加

D. 改善心肺功能

16. 乳糜微粒由以下哪些物质组成（　　　）。

A. 三酰甘油　B. 磷脂　C. 胆固醇　D. 蛋白质

17. 含三酰甘油较多，胆固醇很少的是（　　　）

A. CM　　B. VLDL　　C. LDL　　D. HDL

18. 将外周组织的游离胆固醇转运至肝使其得以清除的是（　　）。

A. LDL_1　　B. LDL_2　　C. HDL_2　　D. HDL_3

19. 有氧运动可以引起血液中（　　）。

A. HDL-C 的升高　　B. LDL-C 的降低

C. HDL-C/LDL-C 比值升高　　D. 胆固醇逆相转运能力增加

（六）简述题

1. 简述脂质的概念和分类。
2. 试用化学方程式表示由甘油和脂肪酸生成三酰甘油的反应过程。
3. 什么是脂肪酸的 β-氧化？在何种亚细胞器发生脂肪酸 β-氧化反应？请以软脂酸为例，计算其完全氧化后生成的 ATP 数量。
4. 简述脂肪在运动中的作用。
5. 试简述酮体的生成和利用。
6. 简述影响脂代谢的因素。
7. 简述耐力训练导致脂肪分解代谢适应的机制。
8. 简述血脂和血浆脂蛋白的定义。
9. 如何理解"胆固醇是生理必需的"这句话？

（七）论述题

1. 试述脂肪动员激素的代谢调节机理。
2. 试述影响运动时脂肪供能的因素。
3. 试述甘油作为运动补剂的可能机制。
4. 试述规律的体育运动对改善机体血脂的机制。
5. 试述运动时酮体代谢的生理意义。
6. 试述运动促进脂肪氧化的机理及其与健康的关系。
7. 试述"三碱"与脂代谢的影响。
8. 试述三种多不饱和脂肪酸与健康的关系。

（八）综合分析题

表 3-1　不同生理状态下人血浆游离脂肪酸的浓度

条件	血浆游离脂肪酸的浓度（mmol/L）
空腹状态	0.1
正常进食后	0.3~0.6
运动应激（赛艇）	1.72
饥饿	1.88

表 3-1 展示的是不同生理状态下人体血浆游离脂肪酸的浓度。用本章学习的知识试分析并阐述产生这种差异的原因及可能机制？

四、参考答案

（一）名词解释

1. 脂质（lipids）：是指由脂肪酸和醇所形成的酯类及其衍生物。

2. 磷脂（phospholipid）：是一类含磷的复合脂，包括甘油磷脂和鞘磷脂。

3. 糖脂：是糖、脂肪酸、含氮醇的复合脂，含有糖基，常与磷脂共存。

4. 脂蛋白：主要由蛋白质、脂肪、胆固醇、磷脂等组成。脂蛋白广泛存在于血浆中，因此亦称血浆脂蛋白，与血脂的转运密切相关。

5. 脂肪组织：是体内专门用于贮存脂肪的组织，当机体需要时，脂肪组织中贮存的脂肪可被动员分解供给机体能量。

6. 脂肪动员：脂肪细胞内储存的脂肪经脂肪酶催化水解释放出脂肪酸，并进入血液循环供给全身各组织摄取利用的过程。

7. 脂肪的水解作用：由脂肪酶将 1 分子脂肪分解为 1 分子甘油与 3 分子脂肪酸。

8. 脂肪酸 β-氧化：脂酰 CoA 进入线粒体后，经历多次 β-氧化作用而逐步降解成多个乙酰 CoA。每次 β-氧化作用包括脱氢、水化、再脱氢、硫解 4 个连续的反应过程。

9. 酮体：在心肌、骨骼肌等组织中，脂肪酸能 β-氧化生成大量的乙酰 CoA，然后进入三羧酸循环彻底氧化生成 CO_2 和 H_2O。然而在某些组织如肝细胞内脂肪酸氧化不完全，生成的乙酰 CoA 有一部分转变成乙酰乙酸、β-羟丁酸和丙酮，这三种产物统称为酮体。

10. 血浆游离脂肪酸：是脂肪酸在血液中的运输形式，即以清蛋白作为脂肪酸的载体。

11. 血脂：是指人体血浆中所含的脂质，包括胆固醇、三酰甘油、磷脂和游离脂肪酸。

12. 高脂血症：是指由于脂肪代谢或运转异常使血浆一种或多种脂质高于正常情况。

13. 胆固醇逆向转运：是指 HDL 将胆固醇从肝外组织转运到肝进行代谢的过程。

14. 血浆脂蛋白：是血浆中的甘油三酯、磷脂、胆固醇等与载脂蛋白结合形成的脂蛋白，如乳糜微粒、极低密度脂蛋白、低密度脂蛋白和高密度脂蛋白，血浆脂蛋白是血脂的运输形式。

15. 脂肪肝：是指由于各种原因引起的肝细胞内脂肪堆积过多的病变。

（二）填空题

1. 脂肪，类脂
2. 38
3. 甘油，脂肪酸
4. 肉碱，肉碱脂酰转移酶
5. FAD、NAD^+
6. 1，22
7. α、β-碳原子，乙酰 CoA
8. 中短链，内质网膜，线粒体
9. 脱氢，水化，再脱氢，硫解
10. 肉碱，脂酰基
11. 乙酰乙酸，β-羟丁酸，丙酮
12. 血液，肝外组织
13. 骨骼肌细胞质中脂肪滴，血浆脂蛋白中的脂肪，储存在脂肪组织（即脂库）中的脂肪
14. 细胞质，α-甘油磷酸，线粒体，乙酰辅酶 A
15. 1/3，2/3
16. LPL
17. 清蛋白
18. 0.2，3~4
19. 浓度，血浆清蛋白，肌细胞膜脂质双层结构
20. 胆固醇，三酰甘油，磷脂，游离脂肪酸
21. 脂蛋白脂肪，内皮细胞
22. 低密度脂蛋白（LDL），高密度脂蛋白（HDL）

（三）判断题

1. × 2. √ 3. √ 4. × 5. √ 6. √ 7. × 8. √ 9. √ 10. √ 11. √ 12. × 13. √ 14. × 15. √ 16. √ 17. × 18. × 19. √ 20. × 21. √ 22. √ 23. √ 24. √ 25. ×

（四）单选题

1. A 2. C 3. B 4. A 5. D 6. D 7. C 8. D 9. D 10. B 11. D 12. B 13. D 14. B 15. D 16. B 17. A 18. D 19. B 20. A 21. A 22. A 23. A 24. C 25. B 26. B 27. B 28. A 29. A 30. D

（五）多选题

1. ABC 2. AC 3. BC 4. ABCD 5. ACD 6. ABD 7. ABD 8. ABC 9. ABC 10. ABCD 11. ACD 12. CD 13. AB 14. AB 15. ABCD 16. ABCD 17. AB 18. CD 19. ABCD

（六）简述题

1. 脂质是存在于生物体内的一类主要的有机化合物，脂肪是人体三种基本能源物质之一，是以有氧代谢为主的运动中的主要能源物质。脂质是指由脂肪酸和醇所形成的酯类及其衍生物，它们是化学组成和结构不同但功能和性质相似的一类有机化合物。其中脂肪酸多是 4 碳以上的长链一元羧酸（包括饱和羧酸和非饱和羧酸），醇类有一元醇、多元醇和固醇。它们的共同特性是不溶于水而易溶于乙醚、氯仿等非极性溶剂。脂质的化学组成主要有碳、氢、氧三种元素，有些脂质物质还含氮、磷、硫等。

2. 脂肪酸与甘油反应生成三酰甘油（脂肪）

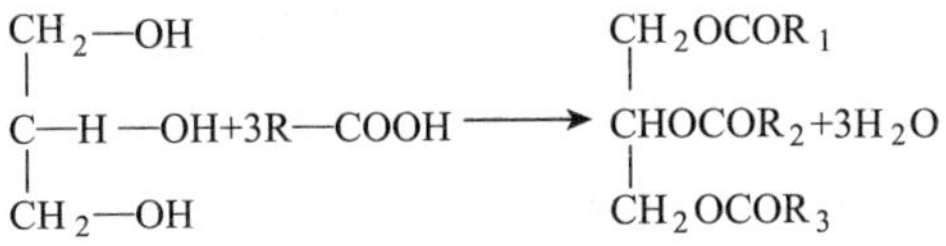

3. 脂肪酸的 β-氧化作用是指脂肪酸在一系列酶的作用下，在 α，β-碳原子之间断裂，β-碳原子氧化成羧基，生成含 2 个碳原子的乙酰-CoA 和较原来少 2 个碳原子的脂肪酸。脂肪酸的活化即在脂酰 CoA 合成酶的作用下，脂肪酸转变为脂酰 CoA 的过程，接着脂酰 CoA 被转运到线粒体进行 β-氧化。

软脂酸是含有 16 个碳原子的饱和脂酸，软脂酸共进行 7 次 β-氧化，生成 7 分子 $FADH_2$、7 分子 $NADH_2+H^+$ 及 8 分子乙酰 CoA。每分子乙酰 CoA 通过三羧酸循环产生 12 分子 ATP、每分子 $FADH_2$ 通过呼吸链产生 2 分子 ATP、每分子 $NADH_2+H^+$ 通过呼吸链产生 3 分子 ATP。若减去脂酸活化时消耗的 2 分子 ATP，所以一分子软脂酸净产生 ATP 的数目是：$(7\times2)+(7\times3)+(8\times12)-2=129$ 个。

4. 脂质是生物体的主要构成物质，是维持机体正常生命活动不可缺少的物质，在运动中具有重要的生物学功能。

（1）脂肪氧化分解释放能量。脂肪在体内完全氧化时可释放出 38 kJ（9.3 kcal）能量，是同质量糖原或蛋白质氧化所释放能量的两倍以上。

脂肪是低强度长时间运动时的主要能源物质。在低强度长时间运动时，肌肉细胞外自由脂肪酸氧化速度是安静状态时的 4～5 倍。在运动强度低于 70%

最大摄氧量强度、持续运动时间分别为 40 min、90 min、180 min、240 min 时，脂肪供能占总耗能的比例分别为 37%、37%、50%、62%。运动时间相同的情况下，强度较大的运动，脂肪的总消耗量也大。当脂肪氧化供能比例增加时，可节约糖原的消耗，从而提高运动员的耐力。

（2）脂肪防震和隔热保温作用。脂肪分布填充在各内脏器官间隙中，在一定程度上使人体避免由于跑动、跳跃、腾翻、滚动时对身体和内脏器官的震动；皮下脂肪层可维持皮肤的生长发育，并具有隔热保温的性质，防止体温过分散失，这对水上运动项目运动员具有积极意义。

（3）促进脂溶性维生素吸收。当脂质吸收不良时，脂溶性维生素的吸收大大减少，甚至会引起缺乏症。因此，摄入适量的脂质食物是必需的。体操、举重等需控制体重项目的运动员在节食期间，应注意适当补充维生素。

（4）脂肪的氧化利用具有减少蛋白质和糖消耗的作用。当脂肪氧化供能能力提高时，则与糖一样具有减少蛋白质消耗的作用。高水平耐力运动员脂肪氧化分解的能力明显高于一般人，运动时脂肪供能的比例显著增加，从而减少糖的消耗，维持血糖的稳定，从而有效地提高运动成绩。

（5）类脂是构成生物膜的重要成分。生物膜主要由磷脂、胆固醇、蛋白质和少量的糖组成，因此类脂是构成生物膜的主要成分。

5. 酮体的生成和利用可在不同的组织中进行。

酮体生成：在心肌、骨骼肌等组织中，脂肪酸 β-氧化生成大量的乙酰 CoA，然后进入三羧酸循环彻底氧化生成 CO_2 和 H_2O。然而，在某些组织（如肝细胞内）脂肪酸氧化不完全，生成的乙酰 CoA 有一部分在相关酶的作用下转变成乙酰乙酸、β-羟丁酸和丙酮，这三种产物统称为酮体（ketone bodies）。其中 β-羟丁酸约占 70%，乙酰乙酸约占 30%，而丙酮含量极微。

利用：酮体在肝合成后，透过细胞膜进入血液，成为血酮体，输送到肝外组织进一步被氧化利用。在心肌、骨骼肌、神经系统和肾等组织中 β-羟丁酸在 β-羟丁酸脱氢酶催化下转变为乙酰乙酸和 NADH，乙酰乙酸与琥珀酸 CoA 反应，生成活化的乙酰乙酰 CoA，乙酰乙酰 CoA 在 CoA-SH 硫解酶催化下，硫解生成 2 分子的乙酰 CoA，然后进入三羧酸循环彻底氧化。丙酮的代谢比较复杂，可在一系列酶的作用下转变为丙酮酸或乳酸，进而异生成葡萄糖，这是脂肪酸的碳原子转变成糖的一个可能途径。

6. 影响脂肪代谢的因素。

（1）运动员身体素质水平。人体的骨骼肌成分比例、心输出量的大小、骨骼肌毛细血管密度、运动时的供血量都是影响骨骼肌氧化利用脂肪的因素。肌细胞内线粒体中的各种氧化酶的活性，呼吸链的细胞色素含量，与脂肪氧化直接有关的特异性酶的活性等也是影响脂代谢的重要因素。

（2）运动强度和持续时间。在低强度运动中，如以25%最大摄氧量强度运动30分钟，脂肪氧化供能占总能量支出的70%～80%，运动中血浆游离脂肪酸浓度比运动前提高约5倍，转运至肌细胞线粒体中氧化的速率也加快。随着运动强度的提高，脂肪氧化供能比例下降，糖供能比例则上升。当强度达到65%最大摄氧量强度运动30 min时，脂肪与糖的供能比例约为1∶1，肌肉中三酰甘油氧化产能约占50%。当强度提高到90%最大摄氧量强度以上时，脂肪氧化供能比例继续下降，糖原成为主要的供能物质。

（3）脂肪动员和脂肪酸转运的能力。脂肪水解率主要取决于激素敏感性脂肪酶的激活。交感神经系统和血液肾上腺素是主要的刺激因子，而乳酸、酮体、胰岛素对激素敏感性脂肪酶则具有抑制作用。

在脂肪水解后离开脂肪组织进入血液时，也受到了肾上腺素的刺激和胰岛素的共同调节，另外一些因素也影响脂肪酸的动员，如血浆清蛋白浓度，脂肪酸/清蛋白比值和脂肪组织的血流量等。

（4）脂肪酸的碳链及饱和度。脂肪酸的氧化速率与脂肪酸的类型有关。脂肪酸碳链越长，饱和程度越高，氧化速率越低。

（5）膳食干预。① 咖啡因：咖啡因通过提高血液肾上腺素的水平激活激素敏感性脂肪酶，促进脂肪动员。② 肉碱：提高肉碱的供应，可以转运更多的游离脂肪酸，促进脂肪氧化，从而降低对内源糖的依赖，提高耐力运动水平。③ 禁食：研究发现，禁食可以提高循环系统中儿茶酚胺浓度，加快脂肪动员，使血浆游离脂肪酸升高，从而降低糖的利用率。④ 高脂饮食：可能导致运动能力大幅下降，同时降低机体免疫能力。

7. 耐力训练影可以提高脂肪的分解代谢水平，提高运动员的耐力运动能力，其机制主要有4点。

（1）运动训练可促进儿茶酚胺的释放，进而激活腺苷酸环化酶，细胞内cAMP的含量升高。通过cAMP的调节作用，使脂肪组织中脂肪酶的活性升高，脂肪动员的速率加快，血液中游离脂肪酸的浓度上升，脂肪酸供能比例升高。

（2）耐力训练能引起骨骼肌毛细血管密度增加，使毛细血管内皮表面积增大，骨骼肌氧气供应充足，有利于脂肪酸的分解代谢。

（3）耐力训练使肌细胞内线粒体的数目增多、体积增加，线粒体中的各种氧化酶如脂肪酸β-氧化系列酶、三羧酸循环酶、呼吸链氧化酶的活性提高，细胞色素C的含量有明显增加，使骨骼肌细胞在运动时能够更加快速高效地氧化脂肪酸，释放能量。

（4）耐力训练可以改善心肺功能，增加心输出量，促进运动时血液循环，为脂肪酸氧化所需的氧气提供保证。

8. 血脂是指人体血浆中所含的脂质，包括胆固醇、三酰甘油、磷脂和游离脂肪酸。血浆三酰甘油含量受膳食脂肪量影响。摄取高脂膳食时，血浆三酰甘油在较短时间内升高。

脂蛋白是血脂和载脂蛋白相结合的产物，血浆中的三酰甘油、磷脂、胆固醇等与载脂蛋白以不同比例结合，共同构成各种脂蛋白包括乳糜微粒（CM），CM 是外源性脂肪的主要运输形式；极低密度脂蛋白（VLDL）是内源性脂肪的主要运输形式；低密度脂蛋白（LDL）将肝合成的内源性胆固醇转运至外周组织，并调节胆固醇的合成；高密度脂蛋白（HDL）的主要功能是完成胆固醇的逆向转运，把外周组织的游离胆固醇转运至肝得到清除。

9. “胆固醇是生理必需的”主要是从胆固醇的生理功能方面来理解：① 胆固醇可以转化为维生素 D。通过阳光照射在人体皮肤可以将胆固醇转化为维生素 D，维生素 D 可以促使钙、磷吸收和骨质钙化。② 形成胆酸。胆汁产于肝而储存于胆囊内，经释放进入小肠与被消化的脂肪混合。胆酸是一种表面活性剂，其功能是将大颗粒的脂肪乳化形成微粒，使酶易于与其发生作用。③ 构成细胞膜。胆固醇是构成细胞膜的重要组成成分，细胞膜包围在人体每一细胞外，胆固醇为它的基本组成成分。若缺乏胆固醇，动物的红细胞脆性增加，容易引起细胞的破裂。④ 合成激素。人体的肾上腺皮质和性腺所释放的各种激素，如皮质醇、醛固酮、睾酮、雌二醇均属于类固醇激素，其前体物质就是胆固醇。在健康情况下，人体内的胆固醇保持正常生理量，如果胆固醇的含量长期增高，就会引起动脉硬化和胆石症等各种疾病。

（七）论述题

1. 脂肪动员激素调节脂代谢的机理

激素对脂代谢的主要作用是促进脂肪水解和脂肪酸动员。运动时交感肾上腺素能神经系统的活性提高，当运动强度在 50%～70% 最大摄氧量强度时，交感肾上腺素能神经系统的兴奋性就明显提高，血浆肾上腺素和去甲肾上腺素浓度也明显提高，通过刺激 β-肾上腺素能受体，提高激素敏感脂肪酶的活性。安静时，激素促脂肪动员的作用主要通过 α-肾上腺素能受体起作用，而在运动时则主要通过 β-肾上腺素能受体起作用。用 β_2-肾上腺素能受体阻断剂可使运动时血浆游离脂肪酸和甘油浓度上升，因此运动中脂肪动员的激素调节作用主要通过该受体实现。受体脂肪酶为激素敏感性脂肪酶，是脂肪动员的限速酶。

交感神经兴奋时，肾上腺素、去甲肾上腺素等分泌的增加，作用于脂肪细胞膜表面受体，激活腺苷酸环化酶，促进环磷酸腺苷合成，激活依赖环磷酸腺苷的蛋白激酶（cAMP），使胞液内的三酰甘油脂肪酶磷酸化而活化，脂肪酸生成速率增加。同时，血浆肾上腺素和去甲肾上腺素浓度的升高，可抑制胰岛素分泌，使血浆胰岛素浓度降低而减弱它的抗脂解作用，同时增加脂肪的动员。

2. 影响运动时脂肪供能的因素

（1）脂肪动员速度的激素调节。运动时交感肾上腺素能神经系统的活性提高，血浆肾上腺素和去甲肾上腺素浓度明显提高，通过刺激 β-肾上腺素能受体，提高激素敏感脂肪酶的活性，增加脂肪酸氧化速率。同时，血浆肾上腺素和去甲肾上腺素浓度的升高，可抑制胰岛素分泌，使血浆胰岛素浓度降低而减弱它的抗脂解作用，同时增加脂肪的动员。

（2）乳酸对脂肪动员速度的调节。运动时乳酸堆积可阻断或抑制肾上腺素加速脂肪动员的作用。运动训练可提高骨骼肌细胞有氧氧化的能力，如增加骨骼肌细胞内线粒体数量和体积，提高有氧代谢酶的活性等，减少相同运动强度下乳酸的产生数量，削弱乳酸对脂肪动员的阻断或抑制作用。同时可提高骨骼肌细胞对乳酸的耐受能力，即使在乳酸增加的情况下，也能保持较高的脂肪动员速度，因此长期有氧运动训练可提高人体脂肪动员的能力。

（3）运动中可利用糖量对脂肪利用的影响。运动中糖和脂肪是骨骼肌细胞的主要供能物质。糖有氧代谢产生大量草酰乙酸和脂肪酸氧化生成的乙酰辅酶 A 结合生成柠檬酸，进入三羧酸循环，维持长时间的运动能力。因此，机体糖储备的多少对于脂肪酸动员至关重要，为获得最大耐力，糖和脂肪必须合理利用。

（4）性别对脂肪利用率的影响。安静时，男女体内脂肪的储量不同，运动中脂肪利用的能力也有差异。研究表明，运动中女性来源于脂肪的能量明显高于男性，后者则更多利用来源于糖分解的能量，在运动后的恢复期，这种性别差异消失；男性运动时血浆中的肾上腺素和去甲肾上腺素浓度明显高于女性，但男女血浆中的游离甘油浓度并无差异，说明女性对儿茶酚胺类激素促脂肪分解的作用更为敏感。这种能源物质利用上的性别差异与机体内雌激素的浓度有密切的关系。

（5）环境对脂肪利用的影响。高原刺激对机体脂肪代谢有一定影响，而且对不同器官、组织的脂肪代谢影响不同。研究表明：一次性或长期的高原（4 300 m）刺激，心肌中的肉碱软脂酸酰基转移酶（CPT）和 β-羟酰辅酶 A 脱氢酶（β-HAD）活性均明显下降，肝和比目鱼肌中的 CPT 活性不变，肝组织中 β-HAD 活性明显下降，说明心肌脂肪酸的合成和分解代谢速度都减慢了，而肝中脂肪酸氧化分解速度没有变化，脂肪酸合成的速度在高原刺激下有所减慢。

3. 甘油作为运动补剂的生化机制主要包括以下几个方面。

（1）肝中的甘油激酶活性较高，催化甘油与 ATP 发生反应生成为 α-磷酸甘油，脱氢生成磷酸二羟丙酮，进入糖酵解途径生成丙酮酸，从而氧化供能。

（2）甘油氧化生成的二羟丙酮磷酸可转化为甘油醛-3-磷酸，再在肝组织转化为糖原和葡萄糖，可以弥补血糖和糖原的消耗。

（3）1 g 甘油可吸附 3 g 水，当甘油氧化后，固定水将转化为自由水补充体液，可防止运动性缺水。

（4）甘油可以转变为磷酸甘油酯，包括磷脂酰胆碱、磷脂酰乙醇胺、磷脂酰丝氨酸等，在体内具有重要的生理作用。

4. 规律的体育运动对改善机体血脂的机制：

（1）长期有规律的耐力训练可使血浆总胆固醇保持较低的水平。一方面体育锻炼通过提高脂蛋白脂肪酶的活性，从而促进血浆三酰甘油的水解；另一方面，训练引起骨骼肌毛细血管通透性适应性增加和毛细血管内皮细胞的表面积增加，加速了骨骼肌等组织对脂肪酸的利用，进而促使三酰甘油从肝中运出。因此，中低强度的有氧运动锻炼有利于血浆三酰甘油的降低和肝中三酰甘油的转运，对预防和治疗脂肪肝具有积极的作用。

（2）有氧耐力运动可提高 HDL-C 水平，其机制主要是：运动引起脂蛋白代谢关键酶脂蛋白脂肪酶（LPL）和卵磷脂-胆固醇酰基转移酶（LCAT）的活性提高。LPL 活性升高，加速了富含 TG 的 CM 和 VLDL 中的 TG 的降解，并使其残存的胆固醇、磷脂和 Apo 转移入肝，与新生的 HDL_3 结合形成成熟的 HDL_2。LCAT 活性的升高使得 HDL_3 不断酯化而转化为富含 CH 的 HDL_2，从而有利于 CH 的逆向转运。

5. 运动时酮体代谢的生理意义：

（1）酮体是体内能源物质运输的一种形式。脂肪酸不溶于水，在血液中的运输需要清蛋白作为载体，所以运载量非常有限。酮体是脂肪酸在肝氧化时的中间代谢产物，是一种水溶性的小分子物质，很容易自肝释放进入血液，并以游离形式通过血脑屏障及肌肉毛细血管壁，迅速被肝外组织摄取利用，是肌肉尤其是脑组织的重要能源。故酮体可视为肝输出脂肪酸类能源的一种形式。

（2）酮体参与脑组织和肌肉的能量代谢。正常情况下，脑组织依赖摄取血糖氧化供能。由于血脑屏障的存在，脑组织不能利用与清蛋白结合的脂肪酸，但能氧化利用酮体。长期饥饿时，酮体是脑组织主要的能量补充途径，供能占脑所需能量的 50%~75%。因此，运动时酮体在一定程度上可代替血糖为脑组织和肌肉供应能量，尤其对脑组织更具有重要意义，在机体糖储备减少时降低脑组织对血糖的依赖性、防止中枢疲劳、节省血糖以保持运动能力等都有积极作用。

在出现禁食、应激及患有未得到控制的糖尿病时，心肌、骨骼肌及肾等肝外组织可摄取酮体代替葡萄糖氧化供能，故可节省葡萄糖以供脑及红细胞氧化利用，同时对防止肌肉蛋白质过多消耗也有一定的意义。

（3）参与脂肪酸动员的调节。长期有氧代谢训练使机体脂肪供能增强，酮体代谢旺盛，血酮体通过对胰岛素释放的激活作用，促使血浆胰岛素浓度升高，抑制脂肪组织内脂解作用，血酮体也可直接抑制脂肪组织中的脂解作用。借助这两种代谢调节步骤，可及时中止运动后超常的脂肪酸动员速率，促进机体恢复，从而提高机体的代谢能力。酮体水平在一定程度上可反映脂肪供能能力和机体利用酮体的能力。

（4）血、尿酮体浓度可评定体内糖储备状况：肝糖原的储存对酮体的生成有着重要的影响。进入肝的脂肪酸主要有两条去路：一条是在细胞质中与α-甘油磷酸酯化反应，合成三酰甘油或磷脂；一条是进入线粒体氧化成乙酰辅酶 A，再生成酮体。当体内糖储备充足时，肝糖代谢生成的α-甘油磷酸较多，α-甘油磷酸与脂肪酸酯化生成三酰甘油或者磷脂。当体内糖储备下降时，肝糖代谢减弱，α-甘油磷酸及 ATP 含量不足，脂肪酸酯化量减少，大多脂肪酸进入线粒体氧化，致使酮体生成量增多。所以，在长时间耐力运动中、后期，血、尿酮体水平上升能间接反应体内糖储备的情况。

6. 运动对脂代谢的种种有益影响主要是通过促进脂肪氧化来实现的。

在耐力性运动中，脂肪氧化供能起着节省糖和蛋白质的作用，有助于延长运动时间和提高运动能力。长时间耐力训练有利于提高体内动用脂肪氧化供能的能力，可使运动中脂肪氧化增加，安静时脂肪氧化率增加。推测脂肪氧化的提高与骨骼肌线粒体含量提高有关。经过耐力训练，老年人和青年人均可提高肌肉利用氧的能力，线粒体体积增加有利于脂肪氧化供能。肌肉利用氧的能力升高可使骨骼肌糖原分解减少，从而有利于脂肪酸氧化。由此可见，骨骼肌糖代谢的改变影响脂肪氧化。通过控制运动强度或饮食，减少运动中糖的利用，可提高血浆长链脂肪酸氧化，这表明糖利用减少可促进长链脂肪酸进入骨骼肌线粒体。换言之，糖利用减少，来自丙酮酸的乙酰 CoA 减少，可以使得更多来自脂肪酸 β-氧化产生的乙酰 CoA 进入三羧酸循环。总之，训练所致的肌肉利用氧的能力加强是脂肪氧化水平提高的主要原因。

体育运动是消耗热量、降脂减肥、改善胰岛素抵抗的有效方法，主要是因为：① 通过肌肉运动加快血液循环，促进组织新陈代谢和体内脂肪分解，使脂肪蓄积减少，腹腔内脂肪的消退尤其明显。② 运动可以改善葡萄糖代谢，增强细胞对胰岛素的敏感性，从而降低血糖和减少患者对胰岛素的需要量。③ 体育运动还可以降低血液中的甘油三酯、低密度脂蛋白和极低密度脂蛋白的含量，并可增加高密度脂蛋白胆固醇浓度，后者可减少血脂在血管中的沉积，防止动脉粥样硬化。④ 运动不但可以减轻体重，改善机体的血凝状态，还可增强抵抗力，改善肌肉及呼吸循环功能，提高身体适应性和最大劳动能力，从而减轻日常活动时的生理和心理负担。⑤ 通过运动，肝中侵入的脂肪减少，脂肪肝也会逐渐得到消除。

7. 三碱分别是胆碱、肉碱和甜菜碱。

胆碱（Choline）是一种强有机碱，是卵磷脂的组成成分，存在于神经鞘磷脂之中，是机体可变甲基的一个来源，而作用于合成甲基的产物，是乙酰胆碱的前体。胆碱对脂肪有亲和力，可促进脂肪以磷脂形式由肝通过血液输送出去或改善脂肪酸本身在肝中的利用效率，并防止脂肪在肝里的异常积聚。如果没有胆碱，脂肪将聚积在肝中出现脂肪肝，使人体处于病态。临床上，应用胆碱治疗肝硬化、肝炎和其他肝疾病效果良好。随着年龄的增大，胆固醇在血管内沉积引起动脉硬化，最终诱发心血管疾病的出现。胆碱和磷脂具有良好的乳化特性，能阻止胆固醇在血管内壁的沉积并清除部分沉积物，同时改善脂肪的吸收与利用，因此具有预防心血管疾病的作用。

肉碱（Carnitine）或音译“卡尼丁”，是一种类氨基酸，属于季铵阳离子复合物，可以通过生物合成方法从赖氨酸及蛋氨酸两种氨基酸合成产生。肉碱存在有两个立体异构物：包括有生物活性的L-肉碱，以及无生物活性的对映异构体D-肉碱。当长链脂肪酸透过线粒体膜时是以脂酰基肉碱形态被搬运的，即长链脂肪酸在线粒体膜上的转移酶（脂酰辅酶A：肉碱脂肪酸转移酶）的作用下，从酰基辅酶A转移到肉碱生成脂酰基肉碱。脂酰基肉碱在线粒体内再次转移给辅酶A成为脂酰基辅酶A而受β-氧化。因此，肉碱可促进线粒体内的长链脂肪酸的氧化。L-肉碱作为运动补剂的作用：① 转运活化的长链脂肪酸穿过线粒体内膜，进入线粒体基质，促进脂肪酸的燃烧供能，提高耐力运动水平。② 降低乙酰辅酶A/辅酶A的比值，增强丙酮酸脱氢酶的活性，促进葡萄糖的氧化利用。③ 节约游离辅酶A，增加三羧酸循环的物质量，促进有氧代谢。④ 清除过多乳酸，提高做功能力，促进疲劳恢复。

甜菜碱（Betaine）又称甜菜素或甘氨酸三甲胺内盐。甜菜碱通过促进体内磷脂的合成，一方面降低了肝中脂肪合成酶的活性，另一方面又促进了肝中载脂蛋白的合成，促进了肝中脂肪的迁移，降低了肝中甘油三酯的含量，从而有效地防止了肝中脂肪蓄积。甜菜碱是通过促进脂肪的分解和抑制脂肪的合成这一双重作用来降低肝脂沉积的。

8. 试述“三酸”与健康的关系。

二十二碳六烯酸（Docosahexaenoic acid，DHA）、二十碳四烯酸（Arachidonic acid，ARA）和二十碳五烯酸（Eicosapntemacnioc Acid，EPA）三种多不饱和脂肪酸与人体健康的关系十分密切。

（1）DHA 是大脑不可缺少的高度不饱和脂肪酸，对大脑细胞有着极其重要的作用，DHA 在神经组织中约占其脂肪含量的 25%，突触是控制信息传递的关键部位，是由突触膜和间隙组成，DHA 有助于其结构完整和功能的正常发挥。当膳食中长期缺乏 DHA 时，突触膜中就会缺少含 DHA 的受体，结构就会遭到破坏，进而对信息传递、思维能力产生不良影响。DHA 会抑制发炎前驱物质的形成，所以具有消炎作用。DHA 可阻止胆固醇在血管壁上的沉积、预防或减轻动脉粥样硬化和冠心病的发生。DHA 对视网膜上感光细胞的光刺激传导十分重要，由于 DHA 可通过血液视网膜屏障，使视网膜细胞柔软，进而刺激感光细胞，使信息快速传递到大脑，进而提升视觉的效果。

（2）ARA 属长链多元不饱和脂肪酸，是人体大脑和视神经发育的重要物质，对提高智力和增强视敏度具有重要作用，ARA 的缺乏对于人体组织器官的发育，尤其是大脑和神经系统发育可能产生不良影响。ARA 具有酯化胆固醇、增加血管弹性、降低血液黏度，调节血细胞功能等生理活性。ARA 对预防心血管疾病、糖尿病和肿瘤等具有重要功效。ARA 还是合成前列腺素、血栓烷素和白细胞三烯等二十碳衍生物的直接前体，这些生物活性物质对人体心血管系统及免疫系统具有十分重要的作用。

（3）EPA 是鱼油的主要成分，也是人体自身不能合成但又不可缺少的重要营养素，因此称为人体必需脂肪酸。虽然亚麻酸在人体内可以转化为 EPA，但此反应在人体中的速度很慢且转化量很少，远远不能满足人体对 EPA 的需要，因此必须从食物中直接补充。EPA 能降低胆固醇和甘油三酯的含量，促进体内饱和脂肪酸代谢。从而降低血液黏稠度，增进血液循环，提高组织供氧并消除疲劳。EPA 还可促进循环系统的健康和防止胆固醇、脂肪在动脉壁上积聚，预防动脉粥样硬化的形成和发展，预防脑血栓、脑出血、高血压等心血管疾病。EPA 与 DHA 也能减少自由基对血管壁细胞膜的伤害，同时使红细胞膜变得柔软，容易使其变形顺利地通过微血管，使血液循环更为顺畅，从而帮助高血压患者降低血压。此外，EPA 能调整血小板凝集反应，减少血栓的形成，防止发生心肌梗死及缺血性心脏病，因此，EPA 能降低心血管疾病的罹患率。

（八）综合分析题

分析思路：

主要从人体对血浆脂肪酸的利用这一角度进行分析。

（1）空腹状态。此时人处于基础状态，人的血浆游离脂肪酸的浓度最低，其转运率比较快。动脉血游离脂肪酸是安静肌的基本燃料。

（2）正常进食后。当人们进食后，某些食物可以抑制脂肪组织的脂肪分解，某些食物可以促进脂肪组织的脂解作用，从而改变了相应的血浆脂肪酸的浓度，因而对肌内脂肪酸氧化起削弱或者增强作用。

（3）运动应激。在长时间的运动中，血浆游离脂肪酸在骨骼肌的供能中起着关键作用。运动时脂肪酸连续地从脂肪组织释放入血，脂肪水解充分激活而再酯化作用受到抑制，血浆游离脂肪酸浓度逐渐升高，运动肌摄取和利用量也相应增多。

（4）饥饿。饥饿时人体摄入的糖含量减少使肌糖原储量下降，脂肪酸功能被充分调动起来，脂肪酸动员速率上升。

（陕西师范大学　熊正英）

第四章　蛋白质代谢与运动

4

一、学习要点

本章简要介绍了蛋白质的概念、分子组成、空间结构、功能，以及蛋白质和氨基酸代谢的一般过程，着重阐述了运动时蛋白质和氨基酸代谢变化的一般规律和蛋白质代谢与运动适应。

（一）蛋白质概述

蛋白质是机体最重要的结构成分，在体内承担多种重要的生理功能，是机体的能源物质之一。蛋白质的基本组成单位是氨基酸，共有 20 种，其中有 8 种是机体无法合成的，必须由食物途径获得，称为必需氨基酸。

（二）蛋白质和氨基酸的分解代谢

正常的情况下，机体蛋白质处于动态平衡。联合脱氨基是氨基酸分解代谢的主要途径，最终结果是脱下氨基。氨是有毒物质，正常人体内不超过 0.1 mg/dL。氨的主要代谢途径是合成尿素，少部分氨在肾以铵盐形式由尿排出。嘌呤核苷酸循环是存在于骨骼肌和心肌内的一种参与氨基酸氧化代谢的途径。

（三）运动与蛋白质代谢

由于运动本身的强度、量、时间等因素的不同组合可以产生不同的运动效应，因此，机体在受到运动因素的作用时，蛋白质的组成和代谢会发生相应的变化。例如，耐力练习和力量练习导致人体蛋白质变化的特点是不一样的。通过检测人体各种生化指标可以进行运动效果的评价。

（四）运动与氨基酸代谢

运动与氨基酸代谢之间也遵循运动、应激和适应三者的对应关系。氨基酸参与能量供给及其代谢产物对运动能力的影响是人们关注的重点。如葡萄糖-丙氨酸循环、谷氨酰胺代谢、支链氨基酸代谢和芳香族氨基酸代谢是人们研究比较多的。

二、学习难点

1. 蛋白质的结构与功能。
2. 运动与蛋白质和氨基酸代谢之间的关系。

三、习题

（一）名词解释

1. 蛋白质
2. 氨基酸

3. 肽键
4. 氮平衡
5. 必需氨基酸
6. 氨基酸代谢库
7. 鸟氨酸循环
8. 运动适应
9. 外源性蛋白质
10. 支链氨基酸
11. 芳香族氨基酸
12. 肽
13. 葡萄糖-丙氨酸循环
14. 儿茶酚胺
15. 嘌呤核苷酸循环

（二）填空题

1. 依据功能特点，蛋白质可以分为________________、运输蛋白类、营养和贮存类蛋白、________________、保护或防御类蛋白类、激素蛋白类和结构蛋白类等。

2. 一条多肽链（一级结构）以________或________的形式形成比较复杂的空间结构（二级结构）。

3. 肌原纤维主要是由粗丝的________与细丝的________、原肌球蛋白和肌钙蛋白组成。

4. 联合脱氨基是氨基酸分解代谢的主要途径，包括 2 个步骤，分别是________和________。

5. 氨基酸脱氨后生成 α-酮酸。α-酮酸在体内可通过________和________彻底氧化成 CO_2和 H_2O，同时释放能量供生理活动所需。

6. 支链氨基酸包括________、________、________。

7. 外源性蛋白质的作用是为了补充体内________的不足和________的需求。

8. 蛋白质代谢包括蛋白质的________和________两个大的部分。

9. 蛋白质合成代谢的过程主要涉及 DNA 将遗传信息________给 mRNA，然后在细胞的核糖体上经过________，氨基酸按照一定的先后次序形成蛋白质的一级结构，进而进一步形成更为复杂的高级结构。

10. 外源性蛋白质主要是指可以通过________获得的蛋白质。

11. 合理补充支链氨基酸对________________，________________

有着积极的促进作用。

12. 苯丙氨酸的分解代谢主要发生在________中。

13. 5-羟色胺和儿茶酚胺都是从________衍生而来。

14. 支链氨基酸的代谢产物________和________都是机体可以利用的能量物质。

15. 谷氨酰胺通过________被运送到肝和肾异生为糖。

16. 骨骼肌是体内谷氨酰胺________与________的主要部位。

17. ________是 NH_3 的一个重要载体，也是 NH_3 在体内的一种安全存在形式。

18. 葡萄糖-丙氨酸循环的意义在于有利于维持血糖________，防止丙酮酸浓度升高所导致的乳酸________；将肌肉中的 NH_3 以无毒的形式运输到________，避免血氨浓度过度________，对健康及维持运动能力有利。

19. 运动适应主要是指机体在________、________的刺激下所产生的生物学方面的新的动态平衡，实现能量的________的新的动态平衡。

20. 鸟氨酸循环主要是指在肝中鸟氨酸可以接受氨基酸脱下的________形成瓜氨酸的物质，瓜氨酸在________内又可以进一步合成精氨酸，精氨酸最后水解成尿素和鸟氨酸。

21. 嘌呤核苷酸循环是存在________和________内的一种参与氨基酸氧化代谢的途径。

22. 在人体内占优势的转氨酶是________和________。

23. 当患有消耗性疾病时，或者摄入蛋白质的量不足时，排出的氮量大于摄入的氮量，这种状态称________。

24. 运动因素的变化与蛋白质代谢之间变化的认识经历了大约________年不断演进而又起伏变化的历程。

（三）判断题

1. 通过营养干预无法延缓运动性中枢疲劳。（ ）

2. 保持体内有足够数量的支链氨基酸有助于延缓中枢疲劳产生。（ ）

3. 谷氨酰胺持续上升是过渡训练的指标之一。（ ）

4. 肝内，丙氨酸合成葡萄糖的速率远远超过其他氨基酸。（ ）

5. 氨基酸代谢库的大小决定不了氨基酸参与供能程度的大小。（ ）

6. 骨骼肌代谢能力增强意味着骨骼肌的能量转换能力的提高。（ ）

7. 人体所发生的变化与施加的具体运动因素有直接关系。（ ）

8. 不同的蛋白质中必需氨基酸的种类和数量是相同的。（ ）

9. 非必需氨基酸是指在体内可以合成，并非必须从食物摄取的氨基酸。

(　　)

10. 血红蛋白的结构与肌红蛋白的结构一样。(　　)

11. 研究表明“镰刀型贫血病”是由于血红蛋白分子中，两条肽链上的2个处于正常排列顺序位置的谷氨酸被缬氨酸替代了。(　　)

12. 一级结构的确定意味着相应空间结构的确定。(　　)

13. 20种氨基酸的差别主要是由于“R”侧链基团的不同所致。(　　)

14. 蛋白质是指含氨的一类有机化合物，是由氨基酸组成的高分子有机化合物。(　　)

15. 长时间运动中，蛋白质供能的比例可较安静状态增多。(　　)

16. 组成蛋白质的α-氨基酸的排列顺序、种类、数量和其侧链基团共同决定了蛋白质的一级结构。(　　)

17. 肌肉中氨基酸并不是作为直接能源与脂肪酸、糖原和血糖竞争，而是作为三羧酸循环中间产物和谷氨酰胺合成的前体起作用。(　　)

18. 运动时，血液儿茶酚胺的升高程度与运动强度成反比关系，即运动强度越大，儿茶酚胺升高越明显。(　　)

19. 苯丙氨酸的分解代谢主要发生在肝中。(　　)

20. 苯丙氨酸的数量决定了酪氨酸的数量，尽管酪氨酸还可以通过食物途径获得。(　　)

21. 根据蛋白质的分子组成可以将蛋白质分成球形蛋白和纤维状蛋白。(　　)

22. 根据蛋白质的分子形状可以将蛋白质分成简单蛋白、结合蛋白和衍生蛋白三种类型。(　　)

23. 在自然界中，人们发现的氨基酸已有约180种，但是参与蛋白质组成的氨基酸只有20种，而这20种氨基酸都是β-氨基酸。(　　)

24. 蛋白质的营养价值一方面取决于食物含有必需氨基酸的种类和数量的多少，另一方面还取决于食物的多样化和不同食物的合理搭配与互补。(　　)

25. 谷氨酸脱氢酶非常专一，由于在骨骼肌和心肌中活性较低，致使其无法承担体内的主要脱氨基作用。(　　)

(四) 单选题

1. 游离氨基酸存于骨骼肌氨基酸代谢库中的比例是(　　)。

A. 60%　　B. 70%　　C. 80%　　D. 90%

2. 蛋白质的典型特征是含氮量比较稳定，一般在(　　)。

A. 15%　　B. 16%　　C. 17%　　D. 18%

3. 参与蛋白质组成的20种氨基酸都是(　　)。

A. γ-氨基酸　B. β-氨基酸　C. α-氨基酸　D. Ω-氨基酸

4. 蛋白质是由（　　）种基本氨基酸所组成？只是在不同的蛋白质中氨基酸的排列组合不同。

A. 10　B. 20　C. 30　D. 40

5. 一个α-氨基酸的氨基与另外一个α-氨基酸的羧基脱水缩合所形成的化合物称之为（　　）。

A. 蛋白质　B. 肽　C. 多肽　D. 肽键

6. 血红蛋白的结构比肌红蛋白复杂。它由（　　）条多肽链（亚基）组成。

A. 1　B. 2　C. 3　D. 4

7. 血液中 NH_3 浓度很低，正常人不超过（　　）。

A. 0.01 mg/dL　B. 0.1 mg/dL

C. 1 mg/dL　D. 10 mg/dL

8. 正常成人尿素占排氮总量的（　　）。

A. 40%～50%　B. 60%～70%

C. 80%～90%　D. 100%～110%

9. 谷氨酰胺是（　　）的一个重要载体，也是在体内的安全存在形式。

A. NO　B. NH_3　C. O_2　D. CO_2

10.（　）是中枢重要的抑制性神经递质。

A. 氨基酸　B. 5-羟色胺

C. 6-磷酸葡萄糖　D. 丙氨酸

11.（　　）是体内谷氨酰胺合成与分解的主要部位。

A. 骨骼肌　B. 肝　C. 肾　D. 胃

12. 机体蛋白质及其代谢的变化与所施加的（　）紧密相关。

A. 运动因素　B. 耐力因素　C. 速度因速　D. 力量因素

13. 肌红蛋白是第一个用 X-射线晶体分析法测定结构的蛋白质，由（）组成。

A. 一条多肽链　B. 二条多肽链

C. 三条多肽链　D. 四条多肽链

14. 8 种必需氨基酸是（　）。

A. 色氨酸、亮氨酸、异亮氨酸、蛋氨酸、苯丙氨酸、苏氨酸、谷氨酸和丝氨酸

B. 亮氨酸、异亮氨酸、蛋氨酸、苯丙氨酸、苏氨酸、天冬氨酸、甘氨酸和谷氨酸

C. 赖氨酸、缬氨酸、色氨酸、亮氨酸、异亮氨酸、蛋氨酸、胱氨酸和谷氨酸

D. 赖氨酸、缬氨酸、色氨酸、亮氨酸、异亮氨酸、蛋氨酸、苯丙氨酸和苏氨酸

15. 氧化脱氨基作用是通过（　　）的作用，氨基酸变成亚氨基酸，后者在水解产生 α-酮酸和 NH_3。

A. 氧化脱氢酶　　B. 氧化脱羧酶

C. 转氨酶　　D. 乳酸脱氢酶

16. （　　）的作用是为了补充体内蛋白质资源的不足和必需氨基酸的需求。

A. 内源性氨基酸　　B. 内源性蛋白质

C. 外源性蛋白质　　D. 外源性非必需氨基酸

17. （　　）是葡萄糖异生的关键氨基酸。

A. 丙氨酸　　B. 丝氨酸　　C. 组氨酸　　D. 亮氨酸

18. 色氨酸是一种（　　）。

A. 生糖兼生酮氨基酸　　B. 生糖氨基酸

C. 生酮氨基酸　　D. 以上皆不是

19. 补充一定量（　　）谷氨酰胺是可以起到增强免疫能力的作用的。

A. 外源性的　　B. 内源性的　　C. 好的　　D. 坏的

20. “氨基酸代谢库”可以反映出（　　）在体内的变化程度或趋势。

A. 氨基酸　　B. 丙氨酸　　C. 多肽　　D. 肽

21. 在非必需氨基酸中，成年人可以合成组氨酸，但（　　）必须依赖外源的组氨酸，因此组氨酸又被称之为半必需氨基酸。

A. 婴儿　　B. 老年人　　C. 男性　　D. 女性

22. 血红蛋白是由 4 条多肽链组成的。一条多肽链上血红素与 O_2 结合后，可以增加其他三条多肽链与 O_2 亲和的能力。人们把这种现象称作氧结合的（　　）。

A. 现象　　B. 协同性　　C. 反应　　D. 个体性

23. 20 种氨基酸可以根据其侧链基团在 pH =（　　）的条件下，按照其极性化分成 4 种类型，即非极性 R 侧链基团、不带电荷的极性 R 侧链基团、带负电荷的 R 侧链基团和带正电荷的 R 侧链基团。

A. 6　　B. 7　　C. 8　　D. 5

24. 在自然界中，人们发现的氨基酸已有约（　　）种。

A. 8　　B. 18　　C. 180　　D. 1 800

25. 蛋白质是构成细胞的（　　）。

A. 细胞器　　B. 能源物质　　C. 胶原纤维　　D. 基本物质

26. 人体内大约含有（　　）种蛋白质。

A. 3 万　　B. 30 万　　C. 300 万　　D. 3 000 万

27. 整个生物界有（　　）种蛋白质。

A. $10^8 \sim 10^9$　　B. $10^9 \sim 10^{11}$　　C. $10^{10} \sim 10^{12}$　　D. $10^{11} \sim 10^{13}$

28. 人们对运动和蛋白质结构与功能之间的关系，运动因素的变化与蛋白质代谢之间变化的认识经历了大约（　　）年不断演进而又起伏变化的历程。

A. 5　　B. 50　　C. 100　　D. 150

29. 大多数酶的化学本质是（　　），无论是安静时，还是运动中，机体的新陈代谢都是由各种酶催化完成的。

A. 蛋白质　　B. 催化剂　　C. 氨基酸　　D. 抑制剂

30. 组成蛋白质的α-氨基酸的排列顺序、种类、数量和其侧链基团共同决定了蛋白质的（　　）。

A. 一级结构　　B. 二级结构　　C. 三级结构　　D. 四级结构

（五）多选题

1. 肌原纤维主要是由粗丝的肌球蛋白与细丝的（　　）组成。

A. 肌动蛋白　　B. 原肌球蛋白

C. 肌钙蛋白　　D. 细丝蛋白

2. 在身体适应性方面，体内各种酶蛋白的合成速度加快，而酶含量的增加有利于（　　）。

A. 机体的恢复　　B. 物质的合成

C. 免疫力的提高　　D. 机体适应能力的提高

3. 骨骼肌代谢能力增强意味着骨骼肌的能量转换能力提高。其原因可能是与（　　）有直接的关系。

A. 线粒体的数量　　B. 酶活力的提高

C. 肌肉毛细血管数量的增加　　D. 只有 A 和 B

4. 儿茶酚胺主要对心脏、血管起作用，可使（　　），但对血管的作用不是持续性的。

A. 血管收缩　　B. 心脏活动加强

C. 血压急剧上升　　D. 血管壁增粗

5. 亮氨酸经过代谢分解成（　　），最终可以生成酮体。

A. 乙酰乙酸　　B. 丙酮酸

C. 乙酰辅酶 A　　D. 酯酰辅酶 A

6. 色氨酸除生成5-HT外，还可分解成（　　　　），所以色氨酸是一种生糖兼生酮氨基酸。

A. 丙酮酸　　B. 乙酰辅酶A
C. 酯酰辅酶A　　D. 乙酸

7. 儿茶酚胺包括（　　　　）。

A. 多巴胺　　B. 酪氨酸
C. 去甲肾上腺素　　D. 丝氨酸

8. 支链氨基酸属于必需氨基酸，它们通过（　　　　）参与到机体的供能过程。

A. 有氧代谢　　B. 氨基酸分解
C. 生成酮体的方式　　D. 糖异生的过程

9. 异亮氨酸经过代谢分解成为了（　　　　）。

A. 丙酰辅酶A　　B. 酮体
C. 酯酰辅酶A　　D. 乙酰辅酶A

10. 谷氨酰胺是核苷酸中（　　　　）。

A. 氮元素的供体　　B. 机体免疫细胞的重要能源
C. 氨的供体　　D. 碳元素的供体

11. 在分解代谢中，蛋白质中的氨基酸脱下氨基，生成的酮酸可彻底被氧化为（　　　　），并释放能量合成ATP。

A. 氨基　　B. CO_2　　C. ATP　　D. H_2O

12. 20种α-氨基酸是通过其官能团（　　　　）的共同作用组成蛋白质的。

A. 侧链基团　　B. 羟基　　C. 氨基　　D. 羧基

13. 谷氨酸脱氢酶是一种不需要O_2的脱氢酶，在（　　　　）中普遍存在。

A. 肾　　B. 胃　　C. 肝　　D. 脑组织

14. 支链氨基酸是通过（　　　　）参与到机体供能过程的。

A. 糖酵解　　B. 糖异生的过程
C. 生成酮体的方式　　D. 生成氨的方式

（六）简述题

1. 简述蛋白质的功能。
2. 简述蛋白质的分子组成与结构。
3. 举例说明蛋白质一级结构与功能的关系。
4. 简述蛋白质在体内的代谢概况。

5. 简述蛋白质的合成代谢途径。
6. 简述联合脱氨基作用。
7. 简述氨基酸脱氨基后α酮酸的去路。
8. 简述葡萄糖-丙氨酸循环的过程。
9. 简述外源性谷氨酰胺的补充对机体运动能力的影响。
10. 简述支链氨基酸的分解代谢过程。

（七）论述题

1. 试述蛋白质的结构与功能的关系。
2. 试述蛋白质代谢与运动适应的关系。
3. 试述谷氨酰胺的代谢与运动的关系。
4. 试述支链氨基酸的代谢与运动的关系。
5. 试述芳香族氨基酸代谢与运动的关系。

（八）综合分析题

不考虑机体运动状况，美国18岁以上成人蛋白质每日膳食推荐量为0.8 g/kg体重。2000年，美国运动医学院和食品联合会发表联合声明：对于特殊人群，蛋白质需要量要高于正常人，耐力运动员每天需摄入蛋白质1.2~1.4 g/kg体重；力量训练运动员每日需要摄入蛋白质1.6~1.7 g/kg体重。尽管在运动中氨基酸氧化供能比例较低（约5%），耐力运动员随运动量增加，蛋白质需要量也增加，而力量运动员体内蛋白质合成长期保持在较高水平。但实际情况是因为绝大部分运动员摄入的蛋白质均超过所有的蛋白推荐标准。部分运动员需要注意合理膳食（如素食运动员和健美运动员），但是只要运动员注意合理营养，在其他热能营养素摄取充足情况下，很少有运动员缺乏蛋白质。

假如，现在有一组运动员需要通过力量练习来提高运动成绩，在运动训练方案确定的基础上，应如何考虑通过营养的手段来保障训练的效果？

四、参考答案

（一）名词解释

1. 蛋白质是指含氮的一类有机化合物。是由氨基酸组成的高分子有机化合物。

2. 氨基酸是指含有氨基的羧酸。

3. 肽键是指在两个氨基酸连接时，由一个氨基酸的羧基（—COOH）与另一个氨基酸的氨基（$—NH_2$）相互连接所形成的化学键（—NH—CO—）。

4. 氮平衡是指人体摄入的食物中的含氮量和排泄物（主要包括粪便和尿）

中的含氮量相等的情况。

5. 必需氨基酸是指机体无法自身合成必须由食物途径获得的氨基酸。

6. 氨基酸代谢库是一个虚拟化的概念，在体内并没有一个确切的解剖位置或是解剖器官与之相对应。人们在研究蛋白质的过程中发现，蛋白质无论分解或合成时都经过一个变成氨基酸的阶段。

7. 鸟氨酸循环是指在肝中鸟氨酸可以接受氨基酸脱下的 NH_2形成瓜氨酸的物质，瓜氨酸经过线粒体又可以进一步合成精氨酸，精氨酸最后水解成尿素和鸟氨酸。

8. 运动适应主要是指机体在外界环境（自然环境、训练比赛环境）、训练负荷的刺激下所产生的生物学方面的“动态平衡”，是实现能量的补充与消耗的新的动态平衡。

9. 外源性蛋白质主要是指可以通过食物途径获得的蛋白质。

10. 支链氨基酸是 α-碳上含有分支脂肪烃链的中性氨基酸，包括亮氨酸、异亮氨酸和缬氨酸。

11. 芳香族氨基酸是对苯丙氨酸、酪氨酸和色氨酸的一种统称。

12. 肽是指 α-氨基酸的氨基与另外一个 α-氨基酸的羧基脱水缩合所形成的化合物。

13. 葡萄糖-丙氨酸循环是指机体在进行运动时，骨骼肌和心肌中糖的分解代谢过程加强，生成大量的中间代谢产物丙酮酸，其中大部分丙酮酸进入线粒体后被进一步氧化，部分丙酮酸被还原成乳酸，还有一部分丙酮酸经过转氨基作用生成丙氨酸。生成的丙氨酸会随血液循环到肝，再在肝作为糖异生的“原材料”，异生成为葡萄糖，然后输入到血液以维持血糖浓度的稳定。

14. 儿茶酚胺是多巴胺、肾上腺素和去甲肾上腺素的统称。

15. 嘌呤核苷酸循环是存在于骨骼肌和心肌内的一种参与氨基酸氧化代谢的途径。它的基本过程是氨基酸首先通过连续的转氨基作用将氨基转移给草酰乙酸，可生成天冬氨酸。天冬氨酸与次黄嘌呤核苷酸（IMP）生成腺苷酸代琥珀酸，后者经过裂解释放出延胡索酸并生成腺嘌呤核苷酸（AMP）。AMP 在腺苷酸脱氨酶催化下脱去氨基，IMP 可再参加循环。

（二）填空题

1. 酶类，收缩或运动蛋白类

2. 螺旋，折叠

3. 肌球蛋白，肌动蛋白

4. 转氨基作用，氧化脱氨基作用

5. 三羧酸循环，生物氧化

6. 亮氨酸，异亮氨酸，缬氨酸
7. 蛋白质资源，必需氨基酸
8. 分解，合成
9. 转录，翻译
10. 食物途径
11. 提高运动能力，延缓中枢疲劳
12. 肝
13. 芳香族氨基酸
14. 葡萄糖，酮体
15. 血液循环
16. 合成，分解
17. 谷氨酰胺
18. 稳定，增加，肝，升高
19. 外界环境，训练负荷，补充与消耗
20. NH_2，线粒体
21. 骨骼肌，心肌
22. 谷丙转氨酶（GPT），谷草转氨酶（GOP）
23. 负氮平衡
24. 150

（三）判断题

1. × 2. √ 3. × 4. √ 5. × 6. √ 7. √ 8. × 9. √ 10. ×
11. √ 12. √ 13. √ 14. × 15. √ 16. √ 17. √ 18. × 19. √ 20. √
21. × 22. × 23. × 24. √ 25. √

（四）单选题

1. C 2. B 3. C 4. B 5. B 6. D 7. B 8. C 9. B 10. B
11. A 12. A 13. A 14. D 15. A 16. C 17. A 18. A 19. A 20. A
21. A 22. B 23. B 24. C 25. D 26. B 27. C 28. D 29. A 30. A

（五）多选题

1. ABC 2. ABCD 3. ABC 4. ABC 5. AC 6. AB 7. AC 8. CD
9. AB 10. AB 11. BD 12. ACD 13. ACD 14. BC

（六）简述题

1. 蛋白质的功能主要包括以下几个方面。

（1）机体最重要的结构成分。蛋白质是构成细胞的基本物质，细胞膜、线粒体、内质网，以及结缔组织和骨骼中的胶原纤维等，它们的基本组成成分都是蛋白质。

（2）承担多种重要的生理功能。大多数酶的化学本质是蛋白质，无论是安静时，还是运动中，机体的新陈代谢都是由各种酶催化完成的。某些蛋白质具有运输的功能，例如，血红蛋白可以运输氧；脂蛋白可以运输脂肪，细胞色素 C 可以传递电子等；一些蛋白则具有收缩或运动的功能，如肌纤维中的肌球蛋白和肌动蛋白就是肌肉收缩系统的必要成分；还有一些蛋白质具有激素的调节功能，如胰岛素参与了血糖的代谢调节，能降低血液中葡萄糖含量；而另外一些蛋白质还具有防御功能、传递信息的功能和促进生长的功能等，如免疫球蛋白就可以排除外来物质对机体的干扰，味觉蛋白可以使我们感受美味佳肴，组蛋白可以控制细胞的生长、分化和遗传信息的表达等。

（3）机体能源物质之一。在分解代谢中，蛋白质中的氨基酸脱下氨基变成酮酸，生成的酮酸可彻底被氧化为 CO_2 和 H_2O，并释放能量合成 ATP。因此，蛋白质还具有供能的作用，长时间运动中，蛋白质供能的比例可较安静状态增多。

2. 蛋白质是由氨基酸通过肽键连接起来的，一个 α-氨基酸的氨基与另外一个 α-氨基酸的羧基脱水缩合所形成的化合物称之为肽，连接两个氨基酸的化学键称之为肽键。肽可以是 2 个氨基酸分子组合而成，也可以是多个氨基酸分子。一般人们又把有多个 α-氨基酸形成的肽称之为多肽。

组成蛋白质的 α-氨基酸的排列顺序、种类、数量和其侧链基团共同决定了蛋白质的一级结构。一条多肽链（一级结构）以螺旋或折叠的形式形成比较复杂的空间结构（二级结构）；由于参与组成蛋白质氨基酸的侧链基团的作用，多肽链会进一步扭曲形成更复杂的空间结构（三级结构）。蛋白质一般是由一条多肽链或多条具有三级结构的多肽链组成的。体内许多蛋白质分子含有二条或多条肽链才能全面执行其功能，其分子中的每一条多肽链称为亚基，它们没有生物学活性，各个亚基呈特定的三维空间排布，并以非共价键相连接，形成蛋白质的四级结构。

3. 蛋白质实现其生物功能的结构基础，主要取决于它的一级结构。因此，一级结构的确定意味着相应空间结构的确定，而空间结构的确定又意味着蛋白质功能的确定。其中最典型的事例就是“镰刀型贫血病”。研究表明“镰刀型贫血病”是由于血红蛋白分子中，两条肽链上的 2 个处于正常排列顺序的谷氨酸被缬氨酸替代了，恰恰是这种替代改变了血红蛋白的一级结构，进而导致血红蛋白空间结构的改变，因而使得血红蛋白的运氧能力下降。

4. 正常的情况下，机体的蛋白质处于动态平衡，组织蛋白质及一些含氮化合物不断分解与合成。由食物摄取的蛋白质，经过消化、吸收进入体内，在肝内有一部分进行蛋白质的合成或氨基酸的分解，另一部分随血液分布到全身各个组织器官。在组织中，氨基酸一方面合成组织蛋白、酶和激素，另一方面则分解成为α-酮酸及氨。这些合成和分解，一般都是可逆反应，并构成动态平衡，因此，血液氨基酸量能维持恒定。

5. 蛋白质的合成是蛋白质代谢中的重要组成部分，特别是机体在运动的刺激下，细胞的成长、受损细胞的修复和肌肉的壮大等都和蛋白质的合成有着直接或间接的关系。

蛋白质的合成代谢是一个非常复杂的过程。主要涉及DNA将遗传信息“转录”给mRNA，然后，在细胞的核糖体上经过“翻译”，氨基酸按照一定的先后次序形成蛋白质的一级结构，进而进一步形成更为复杂的高级结构。

6. 联合脱氨基是氨基酸分解代谢的主要途径，包括转氨基作用和氧化脱氨基作用两种方式，其最终结果是脱下氨基。

（1）转氨基作用又称氨基移换作用。大多数的氨基酸都可以在不同程度上，通过转氨基作用脱下氨基。在动物体内和人体内，占优势的转氨酶是谷丙转氨酶（GPT）和谷草转氨酶（GOT）。谷丙转氨酶主要存在于肝内，当肝细胞损伤时，酶就会释放到血液内，于是血液内酶活性大大增高。

（2）氧化脱氨基作用是脱氨基作用中的一种形式，主要发生在动物体身上。氧化脱氨基作用是通过氧化脱氢酶的作用，将氨基酸变成亚氨基酸，后者再水解产生α-酮酸和NH_3。体内催化氨基酸氧化脱氨基的酶有多种，其中以谷氨酸脱氢酶最为重要，此酶是一种不需要O_2的脱氢酶，在肝、肾和脑组织中普遍存在，同时活性也比较高。

因此，大多数的氨基酸通过转氨基作用形成谷氨酸，然后再利用谷氨酸脱氢酶的高活性完成氨基酸的脱氨基作用。

7. 氨基酸脱氨基后生成的酮酸主要有以下几种去路。

（1）氧化供能。α-酮酸在体内可通过三羧酸循环和生物氧化彻底氧化成CO_2和H_2O，同时释放能量供生理活动的需要。这是氨基酸作为能源物质产生能量的主要途径，也是运动过程中尤其是长时间耐力运动氨基酸供能的主要代谢途径。

（2）经氨基化生成非必需氨基酸。其途径即为联合脱氨基的逆反应。

（3）转变为糖和脂类及其代谢物。在体内，大部分氨基酸可转变为糖，又称生糖氨基酸。另有少部分氨基酸能转变为酮体，称生酮氨基酸，而两者兼有者则称为生糖兼生酮氨基酸。

8. 1969年弗里格和霍勒提出在骨骼肌和肝之间的葡萄糖-丙氨酸循环理

论。他们认为在进行运动时，骨骼肌和心肌中糖的分解代谢过程加强，其中大部分丙酮酸进入线粒体后被进一步氧化，部分丙酮酸被还原成乳酸，还有一部分丙酮酸经过转氨基作用生成丙氨酸。生成的丙氨酸会随血液循环到肝，再在肝作为糖异生的“原材料”，异生成为葡萄糖再输入到血液，从而维持血糖浓度的稳定。

9. 外源性谷氨酰胺主要是指通过食物途径或直接由体外摄取进入体内的谷氨酰胺。由于骨骼肌是体内谷氨酰胺合成与分解的主要部位。运动中和运动后，大量谷氨酰胺从肌肉释放，目前认为谷氨酰胺持续下降是过渡训练的指标之一。尽管还没有确切实验证明肌肉功能受损与谷氨酰胺浓度低下的必然关系，但人们依然建议在膳食中添加谷氨酰胺，以保证能量供给。

此外，谷氨酰胺还具有维持免疫的功能，以及促进蛋白质合成的作用，而在运动负荷安排不合理或是机体恢复不好时，机体的免疫力会下降。因此，通过补充一定量外源性谷氨酰胺可以起到增强免疫能力的作用。

10. 在支链氨基酸（BCAA）的分解过程中，第一步反应是在同一种转氨酶的作用下完成的，并且这个反应是可逆的。第二步反应和之后的一系列反应是在线粒体中进行的，亮氨酸、异亮氨酸和缬氨酸三者的代谢过程略有不同，但有一点还是共同的，即反应是不可逆的。因此，在脱羧酶作用下的第二步反应就成为影响支链氨基酸代谢的限速反应。

亮氨酸经过代谢分解成乙酰乙酸和乙酰辅酶 A，最终可以生成酮体；而异亮氨酸经过代谢分解成为了丙酰辅酶 A 和酮体。丙酰辅酶 A 可以通过三羧酸循环生成谷氨酰胺。由于肌肉中无法进行糖异生，谷氨酰胺通过血液循环被运送到肝和肾异生成为糖。缬氨酸经过分解代谢最终可以生成葡萄糖，因此，缬氨酸是生糖氨基酸，亮氨酸是生酮氨基酸，异亮氨酸是生糖兼生酮氨基酸。

肌肉中支链氨基酸分解代谢非常活跃。肝、肾等内脏器官中由于具有较高的、催化 BCAA 分解的酶活性，所以支链氨基酸是参与长时间持续运动的重要氨基酸。

（七）论述题

1. 蛋白质的结构与功能的关系十分密切。一方面蛋白质是构成生命体的重要物质；另一方面人工合成或者修复损伤的组织等也是以了解蛋白质结构或功能作为前提条件的。

一级结构与功能的关系。蛋白质实现其生物功能的结构基础主要取决于它的一级结构。因为一级结构的确定意味着空间结构的确定，而空间结构的确定则表示蛋白质功能的确定。例如“镰刀型贫血病”。“镰刀型贫血病”是由于血红蛋白分子中，两条肽链上的两个处于正常排列顺序的谷氨酸被缬氨酸替代了，恰恰是这种替代改变了血红蛋白的一级结构，进而导致血红蛋白空间结构的改变，因而使得血红蛋白的运氧能力下降。

体内蛋白质所特有的空间结构与其发挥特殊的生理功能有着密切的关系。肌红蛋白是第一个用X-射线晶体分析法测定结构的蛋白质，它由一条多肽链组成。通过测定，人们发现组成肌红蛋白的153个氨基酸残基中大多数处于8个α螺旋中，呈球形状，它的主要功能是储存氧气。肌红蛋白分子中含有一个血红素辅基。血红素是卟啉化合物，可以与氧气进行可逆结合。肌红蛋白分子内部有一个袋型空穴，血红素居于其中，这种结构有利于氧气的储存。而血红蛋白的结构比肌红蛋白复杂，它由4条多肽链（或4个亚基）组成，血红蛋白与肌红蛋白相比，氨基酸的排列顺序只有18%是相同的，但由于两者三级结构的安排极为相似，因而在功能上也表现出相似性，都能进行可逆的氧合作用。

血红蛋白在与O_2结合的过程中，结构发生了明显的变化。由于血红蛋白是由4条多肽链组成的，因此，比肌红蛋白多结合3个O_2。并且，一条多肽链上血红素与O_2结合后，可以增加其他三条多肽链与O_2的亲和能力。人们把这种现象称作氧结合的协同性。

此外，肌肉的分子组成与功能之间也存在密切的相关关系。例如，肌原纤维主要是由粗丝的肌球蛋白与细丝的肌动蛋白、原肌球蛋白和肌钙蛋白组成。骨骼肌蛋白质分子组成和特有的结构是肌肉收缩时粗丝与细丝相对滑行，实现肌肉收缩功能的重要基础。通过有针对性地练习可以促使肌肉的结构成分和工作能力发生相应的变化。

2. 运动适应主要是指机体在外界环境（自然环境、训练比赛环境）、训练负荷的刺激下所产生的生物学方面新的“动态平衡”。运动适应可以通过蛋白质和氨基酸代谢的相应变化反映出来。

在运动应激状态下，蛋白质代谢的变化主要体现在机体对氨基酸的利用增加，同时在身体适应性方面，体内各种酶蛋白的合成速度加快，而酶含量的增加有利于机体的恢复、物质的合成、免疫力的提高和机体适应能力的提高。

运动训练引起骨骼肌的变化主要体现在两个方面。一是骨骼肌较之前增粗了，二是使骨骼肌的代谢能力加强了。骨骼肌增粗主要是长期反复的训练使蛋白质的合成增加，这在长时间运动尤其是高阻抗力量训练后更加明显。同时，运动后蛋白的合成还可以促进骨骼肌损伤的快速修复。而骨骼肌代谢能力增强则意味着骨骼肌的能量转换能力的提高，其原因可能是与线粒体的数量、酶活性的提高和肌肉毛细血管数量的增加有直接的关系。

3. 谷氨酰胺是NH_3的一个重要载体，也是NH_3在体内的一种安全存在形式。谷氨酰胺主要是在脑组织和肌肉组织中由谷氨酸合成的，并需要消耗ATP。

谷氨酰胺容易透过细胞膜并由血液运送到肝，在肝中谷氨酰胺酶将谷氨酰胺分解为谷氨酸和 NH_3。谷氨酸可以进一步生成三羧酸循环的中间产物 α-酮戊二酸而进入糖代谢途径。或者经糖异生生成糖。谷氨酰胺还是核苷酸中氮元素的供体和机体免疫细胞的重要能源。因此，谷氨酰胺与蛋白质的合成和机体的免疫能力都有关联。

运动导致能量需求增加，谷氨酰胺分解的谷氨酸可以作为能量补充的形式，间接参与供能。因此，可以通过食物途径或直接由体外摄取谷氨酰胺达到补充能量的目的。由于骨骼肌是体内谷氨酰胺合成与分解的主要部位。运动中、运动后，大量谷氨酰胺从肌肉释放，目前认为谷氨酰胺持续下降是过渡训练的指标之一。尽管还没有确切实验证明肌肉功能受损与谷氨酰胺浓度低下的必然关系，但人们依然建议在膳食中添加谷氨酰胺，以保证能量供给。

谷氨酰胺还具有维持免疫功能、促进蛋白质合成的作用，而在运动负荷安排不合理或是机体恢复不好时，机体的免疫力会下降。因此，通过补充一定量外源性的谷氨酰胺可以起到增强免疫能力的作用。

4. 支链氨基酸是亮氨酸、异亮氨酸和缬氨酸的统称，它们分解代谢最终进入三羧酸循环，为机体提供能量。同时，三者都是必需氨基酸的家族成员，因此支链氨基酸对于机体蛋白质的变化，对于蛋白质参与供能都具有十分重要的作用和实际意义。

支链氨基酸在分解过程中基本变化的相似性和主要“归宿”。在分解过程中，第一步反应是在同一种转氨酶的作用下完成的，并且这个反应是可逆的。第二步反应和之后的一系列反应是在线粒体中进行的，三者的代谢过程略有不同，但有一点是相同的，即反应是不可逆的。因此，在脱羧酶作用下的第二步反应就成为影响支链氨基酸代谢的限速反应。

支链氨基酸分解代谢的最终产物有不同的“归宿”。亮氨酸经过代谢分解成乙酰乙酸和乙酰辅酶 A，最终可以生成酮体；而异亮氨酸经过代谢分解成为了丙酰辅酶 A 和酮体。丙酰辅酶 A 可以通过三羧酸循环生成谷氨酰胺，由于肌肉中无法进行糖异生。因此，谷氨酰胺通过血液循环被运送到肝和肾异生成为糖。缬氨酸经过分解代谢最终可以生成葡萄糖。因此，缬氨酸是生糖氨基酸，亮氨酸是生酮氨基酸，异亮氨酸是生糖兼生酮氨基酸。

肌肉中支链氨基酸分解代谢非常活跃。肝、肾等内脏器官中由于具有较高的催化支链氨基酸分解的酶活性，因此也可以利用支链氨基酸。支链氨基酸的代谢产物为葡萄糖和酮体，都是机体可以利用的能量物质。因此，支链氨基酸是长时间持续运动时参与供能的重要氨基酸。

5-羟色胺是中枢重要的抑制性神经递质。脑中的色氨酸是 5-羟色胺产生的“原材料”。血浆色氨酸进入大脑时，必须以游离状态的形式，并且与支链氨基酸竞争特异性受体而穿过血脑屏障。安静时血浆支链氨基酸的含量比较高，致使游离色氨酸进入大脑的数量比较少；而在长时间运动时，由于支链氨基酸参与供能数量的增加，血浆支链氨基酸下降，从而进入大脑的色氨酸数量上升，5-羟色胺合成数量增加。此时中枢神经系统抑制过程增强，进而导致中枢神经系统疲劳。

由于支链氨基酸属于必需氨基酸，它们通过糖异生的过程和生成酮体的方式参与到机体的供能过程。同时，保持体内有足够数量的支链氨基酸还有助于延缓中枢疲劳产生的时间。所以，合理补充支链氨基酸对提高运动能力，延缓中枢疲劳有着积极的促进作用。

5. 芳香族氨基酸是对苯丙氨酸、酪氨酸和色氨酸的一种统称，其中苯丙氨酸和色氨酸是必需氨基酸，在体内酪氨酸可以由苯丙氨酸转化而成。

苯丙氨酸的分解代谢主要发生在肝中。第一步反应是形成酪氨酸，这一步是不可逆的。由于苯丙氨酸是必需氨基酸，必须由膳食提供，因此，苯丙氨酸的数量决定了酪氨酸的数量，尽管酪氨酸还可以通过食物途径获得。酪氨酸含量越低，苯丙氨基酸需要量就越高。

酪氨酸继续分解生成三羧酸循环成员之一延胡索酸。延胡索酸转变成草酰乙酸然后进入糖异生途径生成葡萄糖。此外，酪氨酸还可以形成许多重要产物，如多巴胺和去甲肾上腺素，这两者又统称儿茶酚胺。

儿茶酚胺是体内重要的神经递质，主要对心脏、血管起作用，可使血管收缩、心脏活动加强、血压急剧上升，但对血管的作用不是持续性的。对于糖代谢的影响也小于肾上腺素。运动中血液儿茶酚胺的变化主要表现为升高，并且这种升高的程度与运动强度成正比关系，即运动强度越大儿茶酚胺升高越明显。但同时人们也发现，在递增强度的运动时，儿茶酚胺的变化与运动强度不一定呈现出线性关系。

色氨酸除生成5-羟色胺外，还可分解丙酮酸和乙酰辅酶A，所以色氨酸是一种生糖兼生酮氨基酸。脑中5-羟色胺的升高和儿茶酚胺的降低会使中枢神经的控制能力下降，是造成中枢疲劳的主要原因之一。由于5-羟色胺和儿茶酚胺都是从芳香族氨基酸衍生而来，因此，芳香族氨基酸与中枢疲劳之间便产生了关联。通过营养干预可以减缓中枢疲劳的速度。例如，补充酪氨酸可以减少因儿茶酚胺消耗增加而造成的中枢神经兴奋性降低等。

（八）综合分析题

分析思路：

第一，通过查阅文献资料，了解有关氨基酸摄取与力量训练时肌肉蛋白质更新的研究现状与最新进展。第二，仔细了解教练员的训练方案和训练的环境条件。第三，制定生理生化指标的测试计划并按计划予以实施。第四，分析所测指标的数据及数据之间的关系和补充氨基酸的时间点、次数、数量等形成的影响，根据分析结果评价力量训练后蛋白质的更新速率、对肌糖原合成的影响、训练后蛋白质补充与长期阻力性训练的适应性等。第五，在评价的基础上制定氨基酸补充计划。第六，实施氨基酸的补充计划。第七，适时评价补充氨基酸后机体的变化，并依此修正补充计划。

（首都体育学院　阎守扶）

5 第五章　运动时骨骼肌能量代谢的调节和利用

一、学习要点

本章阐述了运动时物质代谢调节的基本方式，骨骼肌三大供能系统的供能特点和过程。

（一）运动时物质代谢的相互联系

运动过程中，机体的三大能源物质——糖、脂肪和蛋白质在体内氧化分解的代谢途径虽然各不相同，但是各代谢途径相互联系，三者可相互转换，在代谢通路上和能量供应上还存在着许多共同规律。因此，运动时人体内物质和能量代谢过程是一个动态的、高效的、高度协调的过程。

（二）运动时物质代谢的调节

运动时，人体内物质和能量代谢过程是靠一套精确而有效的代谢调节机制来实现的，以达到能量供应和能量消耗的动态平衡。运动时，无氧代谢的调节包括磷酸原和糖酵解的代谢调节。在磷酸原的代谢中，通过磷酸肌酸激酶（CK）和肌激酶（MK）反应的调节机制，实现高能磷酸基团的转运。在糖酵解的过程中，主要是通过代谢效应物及激素对磷酸化酶、己糖激酶和果糖磷酸激酶等几个关键限速酶进行调节。运动时最大有氧供能能力与糖和脂肪的利用率密切相关。长时间运动中，血浆肾上腺素、去甲肾上腺素、胰高血糖素浓度的升高以及胰岛素浓度的降低，使骨骼肌内糖有氧氧化和脂肪酸氧化加强；同时，糖、脂肪酸代谢的相互协调和制约，可调节 ATP 的合成，以满足肌肉持续收缩所需的能量。

（三）运动时骨骼肌的能量利用

骨骼肌的供能系统包括磷酸原系统、糖酵解供能系统和有氧氧化供能系统。磷酸原系统供能输出功率最大、不需氧气参与、与速度和爆发力密切相关。糖酵解供能的输出功率次之，虽然不需要氧气参与，但由于乳酸的产生，容易引起运动性疲劳，维持运动的时间不能持久，与机体的速度耐力有关。糖和脂肪的有氧氧化供能必须要有充足的氧气，且输出功率最低，但没有乳酸等代谢性产物的积累。由于供能底物充足、维持运动时间长，糖和脂肪的有氧氧化供能是机体耐力素质的基础。

二、学习难点

1. 运动时人体内物质和能量代谢的调节机制。
2. 骨骼肌的供能系统。

三、习题

（一）名词解释

1. 器官水平调节
2. 细胞水平调节
3. 整体水平调节
4. 糖酵解
5. 有氧氧化

（二）填空题

1. ________是三大能源物质分解代谢共同的中间代谢产物。

2. 在正常情况下，代谢途径相互________、相互________、高度________并有条不紊地进行，从而维持代谢平衡。

3. 代谢调节是生物进化过程中逐渐形成的一种________。

4. 代谢调节常在细胞水平、________和________上进行。

5. 整体水平的调节是指神经系统通过释放________可以直接影响组织中的代谢，改变激素分泌的速度，从而间接地对整体的代谢进行综合调节。

6. 短时间大强度运动时骨骼肌 ATP 的利用速度是安静时的________倍以上。

7. 运动时，肌质网释放________，激活肌原纤维上 ATP 酶的活性，引起 ATP 分解和________收缩。

8. ADP+CP→________+C（肌酸）

9. 肌肉 CP 的贮量很少，只能提供最大强度运动________秒。

10. 糖酵解速度在短时间内大幅度上升，主要通过________的调节来实现。

11. 随着运动强度的增大，氧的________和________对运动能力的影响越来越大。

12. 随着运动时间的延长，________的供应和利用对运动能力的影响成为主要矛盾。

13. 运动时骨骼肌可利用的糖有三个来源：________的糖原、________的血糖和由________释放入血的葡萄糖。

14. 在长时间运动前期，________分解是血液葡萄糖的主要来源。

15. 在长时间运动后期，________成为肝释放葡萄糖的主要来源。

16. 在静息状态、低强度和中等强度运动时，人体主要利用________来维持能量代谢。

17. 血浆脂肪酸来源于机体________。

18. ________催化脂肪水解。

19. 脂肪酶的活性受多种________的调节。

20. 促进脂解作用的激素主要有________、去甲肾上腺素、________、________、糖皮质激素。

21. 脂肪分解除受到激素的调节外，还需由肌肉能量________以及脂解过程提供更精细的脂肪酸氧化的调节。

22. 酮体是肝内脂肪酸不完全氧化的产物。血浆________水平是肝内酮体生成速率的调节因素。酮体通过直接作用和促进________分泌的间接作用降低脂解速率。

23. 脂肪组织中脂解和________过程是同时发生的。

24. 在长时间运动中，脂肪酸氧化调节的最终结果是使脂肪组织的脂肪酸________与肌组织的脂肪酸________相适应。

25. 由于体内糖贮备有限，为了获得最佳耐力，糖和________必须同时利用。

26. ________是运动时肌肉收缩的直接能源。

27. ATP 的三条再合成途径包括磷酸肌酸分解、________和________，又可称为运动时骨骼肌的三个供能系统。

28. 剧烈运动时，细胞内 AMP 浓度上升进一步激活________，催化 AMP 水解成________和氨根离子。

29. 糖原或葡萄糖无氧分解生成乳酸并合成 ATP 的过程称为________。

30. ________是肌肉收缩时将化学能转变为机械能的唯一直接能源。

31. ________、________、________在有氧条件下氧化成水和二氧化碳的反应过程称为有氧氧化。

32. 磷酸原供能系统是由________、________组成的。

33. 三大能源物质分别是________、________、________。

34. 三大供能系统分别是________、________、________。

35. 磷酸原系统最大供能时可持续的时间是________。

36. 从单细胞生物到高等动物都具有的一种原始调节方式是________，它的调节方式是通过细胞内某些物质浓度的变化，使某些酶的活性或数量改变。

37. ________是糖原分解过程中的第一个关键酶。

38. ________催化葡萄糖生成葡萄糖-6-磷酸。

39. ________是糖酵解过程的关键限速酶。

40. 在大强度运动时，丙酮酸生成增多，________生成量也必然增多。

41. LDH_1 在慢肌纤维中活性相对高于快肌纤维，其主要功能是催化乳酸生成。

42. 有氧代谢的调节与糖酵解过程的调节有所不同，主要是受________和可供肌肉利用的________的调节。

43. 运动使肝糖原分解和糖异生作用增强，加速肝释放________入血。

44. 安静时血液葡萄糖的主要来源是________，而________是运动后肝糖原的补充来源。

45. 人体贮存的脂肪酸主要功能之一是________。

46. 在静息状态、低强度和中等强度运动时，人体主要是利用________来维持能量代谢。

47. ________是肝内脂肪酸不完全氧化的产物。

48. 由于运动时肌肉收缩的直接能源是________，因此能量的释放与利用也是以它为中心的。

49. 速度训练可以提高________的活性，从而提高 ATP 的转换速率和肌肉最大功率输出。

50. 运动后能源物质的恢复及代谢产物的清除，必须依靠________供能。

（三）判断题

1. 生物体内的新陈代谢是由许多代谢途径即一系列连续的酶促化学反应组成的。(　　)

2. 代谢调节是生物进化过程中逐渐形成的一种适应能力。(　　)

3. 代谢调节常在分子水平、细胞水平和器官水平上进行。(　　)

4. 在短时间大强度运动时，骨骼肌 ATP 的利用速度是安静时的 100 倍以上。(　　)

5. ADP+CP→ATP+C（肌酸）(　　)

6. 肌肉 CP 的贮量很少，只能提供最大强度运动 6~8 s。(　　)

7. 糖酵解速度在短时间内大幅度上升，主要通过关键酶的调节来实现。(　　)

8. 随着运动时间的延长，能源物质的供应和利用对运动能力的影响成为主要矛盾。(　　)

9. 在长时间运动前期，肌糖原分解是血液葡萄糖的主要来源。(　　)

10. 在静息状态、低强度和中等强度运动时，人体主要利用脂肪酸氧化来维持能量代谢。(　　)

11. 脂肪酶的活性受多种激素的调节。(　　)

12. 脂肪组织中脂解和酯化过程是同时发生的。(　　)

13. 由于体内糖贮备有限，为了获得最佳耐力，糖和蛋白质必须同时利用。(　　)

14. 优秀运动员在进行大强度运动时，骨骼肌供血至少增加30～40倍。(　　)

15. 人体肌酸总量约为120 g，其中95%存在于肌肉中。(　　)

16. 糖酵解供能需要氧，可产生乳酸。(　　)

17. 运动时，肌浆内Ca^{2+}浓度和血浆肾上腺素水平升高，促使低活性的磷酸化酶b向高活性的磷酸化酶a转化，从而使肌糖原的分解速度提高。(　　)

18. 在肌糖原大量消耗后会引起细胞内葡萄糖-6-磷酸浓度下降。(　　)

19. 三羧酸循环是三大能源物质分解代谢的最终途径。(　　)

20. 各供能系统维持运动的时间不同，最大输出功率的差异也较大，其顺序为：磷酸原系统>糖酵解系统>糖有氧氧化系统>脂肪氧化系统。(　　)

21. 运动后能源物质的恢复及代谢产物的消除必须依靠有氧代谢供能，所以有氧代谢是机体恢复的主要代谢方式。(　　)

22. 当以75%最大摄氧量强度维持运动时，ATP的合成途径主要是磷酸原系统。(　　)

23. 当以50%最大摄氧量强度维持运动时，CP贮量几乎不下降，ATP合成途径主要由糖、脂肪氧化代谢供能。(　　)

（四）单选题

1. 生物体内的新陈代谢是由许多代谢途径，即一系列连续的（　　）组成的。

A. 酶促化学反应　　B. 化学反应

C. 生化反应　　D. 物理反应

2. 代谢调节是生物进化过程中逐渐形成的一种（　　）。

A. 生化过程　　B. 条件反应　　C. 适应能力　　D. 反应能力

3. 在进行短时间的大强度运动时，骨骼肌ATP的利用速度是安静时的（　　）以上。

A. 10倍　　B. 100倍　　C. 1 000倍　　D. 1倍

4. 肌肉CP的贮量很少，只能维持最大强度运动（　　）秒。

A. 3～4　　B. 6～8　　C. 8～12　　D. 1～2

5. 糖酵解速度在短时间内大幅度上升，主要通过（　　）的调节来实现。

A. 激素　　B. 大脑　　C. 关键酶　　D. 神经

6. 随着运动强度的增大，（　　）的供应和利用对运动能力的影响越来越大。

A. 钙　　B. 氧　　C. 铁　　D. 镁

7. 随着运动时间的延长，（　　）的供应和利用对运动能力的影响成为主要矛盾。

A. 氧　　B. 空气　　C. 能源物质　　D. 水

8. 在长时间运动前期，（　　）是血液葡萄糖的主要来源。

A. 肝糖原分解　　B. 肌糖原分解　　C. 糖异生　　D. 乳酸

9. 在静息状态、低强度和中等强度运动时，人体主要利用（　　）来维持能量代谢。

A. 糖氧化　　B. 糖酵解　　C. 脂肪酸氧化　　D. 氧

10. 脂肪酶的活性受多种（　　）调节。

A. 激素　　B. 细胞　　C. 蛋白质　　D. 氨基酸

11. 大多数酶是生物体内对物质代谢起催化作用的（　　）。

A. 糖　　B. 脂肪　　C. 蛋白质　　D. 氨基酸

12. 无氧供能系统包括（　　）及糖酵解两个方面。

A. 磷酸原供能　　B. 无氧氧化

C. 有氧氧化　　D. 糖异生

13. CP 是肌酸磷酸化的产物，而肌酸由（　　）合成。

A. 精氨酸、赖氨酸、甘氨酸　　B. 精氨酸、甘氨酸、甲硫氨酸

C. 谷氨酸、甲硫氨酸、甘氨酸　　D. 谷氨酸、赖氨酸、甲硫氨酸

14. 任何运动开始时，ATP 都会在（　　）催化下迅速水解并释放能量。

A. 蛋白酶　　B. 脂肪酶　　C. ATP 酶　　D. 核糖核酸酶

15. 各供能系统维持运动的时间不同，以最大的输出功率进行运动时，磷酸原系统仅能运动（　　）

A. 6~8 s　　B. 4~6 s　　C. 6~10 s　　D. 8~12 s

16. 运动时脂肪供能的比例随运动强度的增大而（　　），随运动持续时间的延长而（　　）。

A. 降低、减少　　B. 降低、增加

C. 升高、增加　　D. 升高、减少

17. 根据有氧代谢供能系统的特点，一般有氧运动的运动强度（　　），维持时间（　　）。

A. 大、长　　B. 小、短　　C. 大、短　　D. 小、长

18. 短时间大强度运动基本上依靠（　　）供能。

A. 糖酵解系统　　B. ATP-CP 系统

C. 有氧代谢　　D. 无氧代谢

19. 长时间低、中强度运动以糖和脂肪的（　　）供能为主。

A. 有氧氧化　B. 无氧代谢　C. 糖酵解　D. 有氧代谢

20. 10 秒到几十秒钟的大强度运动主要依靠（　　）供能。

A. 磷酸原系统　　B. 糖酵解系统

C. 有氧代谢　　D. 无氧代谢

21. 各供能系统的最大输出功率差异较大，其按照递减顺序可排列为（　　）

A. 磷酸原系统、糖有氧氧化、脂肪氧化、糖酵解系统

B. 糖有氧氧化、脂肪氧化、磷酸原系统、糖酵解系统

C. 磷酸原系统、糖酵解系统、糖有氧氧化、脂肪氧化

D. 脂肪氧化、糖酵解系统、糖有氧氧化、磷酸原系统

22. 当运动强度增加、持续时间在 1 分钟左右时，（　　）是占支配地位的供能物质。

A. 糖　B. 蛋白质　C. 脂肪　D. ATP

23. 当 ATP 水解释放能量的同时，释放 ADP，从而激活肌浆中的磷酸肌酸激酶，催化（　　）水解，将高能磷酸基团转移给 ADP，重新合成 ATP。

A. 蛋白质　B. 脂肪　C. CP　D. 糖

24. （　　）可接受 ATP 分子中的高能磷酸键生成 CP。

A. 磷酸　B. 肌酸　C. ADP　D. 磷酸原

25. （　　）是短时间、爆发性运动（如短跑、投掷、举重等）项目的最佳供能系统。

A. 糖酵解系统　　B. 磷酸原系统

C. 有氧代谢　　D. 无氧代谢

26. 在磷酸原供能过程中，肌肉中 ATP 含量很少，大约可维持最大强度运动（　　）。

A. 4 s　B. 3 s　C. 2 s　D. 1 s

27. 在磷酸原供能系统供能过程中，当低于 60% 最大摄氧量的强度运动时，CP 贮量几乎不下降，此时 ATP 合成途径主要是（　　）的有氧代谢功能。

A. 蛋白质、脂肪　　B. 蛋白质、糖

C. 糖、脂肪　　D. 脂肪

28. 有氧氧化最后的代谢产物是（　　）。

A. 二氧化碳和水　　B. 乳酸

C. 氨基酸　　D. 脂肪酸

29. 糖酵解供能后生成的产物是（　　）。

A. 二氧化碳和水　　B. 乳酸

C. 氨基酸　　D. 脂肪酸

30. 能直接合成 ATP 的物质是（　　）。

A. 糖原　　B. 乳酸　　C. 磷酸肌酸　　D. 脂肪酸

（五）多选题

1. 在正常情况下，代谢途径（　　）和有条不紊地进行，从而维持代谢平衡。

A. 相互衔接　　B. 相互制约　　C. 高度协调　　D. 相互影响

2. 代谢调节常在（　　）和整体水平上进行。

A. 分子水平　　B. 细胞水平　　C. 器官水平　　D. 乳酸阈

3. 运动时肌肉可利用的糖有三个来源，分别是（　　）。

A. 食物中的糖原　　B. 肌内贮存的糖原

C. 肌肉吸收的血糖　　D. 由肝糖原释放入血的葡萄糖

4. 促进脂解作用的激素主要有（　　）和糖皮质激素。

A. 肾上腺素　　B. 去甲肾上腺素

C. 胰高血糖素　　D. 生长激素

5. ATP 的三条再合成途径包括（　　）。

A. 磷酸肌酸分解　　B. 糖酵解

C. 有氧氧化　　D. 氧化分解

6. 运动时无氧代谢调节包括（　　）。

A. 磷酸原代谢的调节　　B. 肌激酶反应的调节

C. 磷酸化酶的调节　　D. 己糖激酶的调节

7. 脂肪酸利用调节包括（　　）。

A. 脂肪动员、脂解作用的激素调节

B. 酮体对脂肪酸释放的调节

C. 三酰甘油和脂肪循环的反馈调节

D. 肌激酶反应的调节

8. 三大能源物质氧化分解的共同途径有（　　）。

A. 乙酰 CoA 是三大能源物质分解代谢共同的中间代谢物

B. 三大能源物质在机体内可以任意相互转化

C. 三大能源物质氧化分解释放的能量均贮存在 ATP 的高能磷酸键中

D. 三羧酸循环是三大能源物质分解代谢的最终途径

9. 人和高等动物体内代谢调节的层次为（　　　　）。

A. 细胞水平　　B. 组织水平　　C. 器官水平　　D. 整体水平

10. 运动肌可直接利用的糖，其三个来源分别是（　　　　）。

A. 肌肉贮存的糖原　　B. 肌肉吸收的血糖

C. 由肝糖原释放入血的葡萄糖　　D. 肝糖原

11. 磷酸原供能系统对运动训练的适应表现在哪几个方面（　　　　）。

A. 运动训练可以明显提高 ATP 酶的活性，这对加快运动中骨骼肌 ATP 利用和再合成的速度、提高肌肉最大做功能力起促进作用。

B. 速度训练可以提高肌酸激酶的活性，从而提高 ATP 的转换速率和肌肉最大功率输出，有利于运动员提高速度素质和 CP 重新合成，促进 CP 的恢复。

C. 运动训练使骨骼肌 CP 贮存明显增多，从而延长磷酸原供能的时间，但对骨骼肌内 ATP 的贮存影响不明显。

D. 耐力训练可以使 CP 和 ATP 的存贮量明显增加。

12. 主要由磷酸原供能的运动项目是（　　　　）。

A. 短跑　　B. 举重　　C. 400 m 栏　　D. 投掷

13. 运动时骨骼肌的三个供能系统是（　　　　）。

A. 磷酸原供能系统　　B. 糖酵解供能系统

C. 有氧代谢供能系统　　D. 无氧代谢供能系统

14. CP 的主要功能有（　　　　）。

A. 高能磷酸基团的贮存库

B. 组成肌酸-磷酸肌酸能量穿梭系统

C. 能量代谢的产物

D. 有氧氧化的重要物质

15. 无氧代谢系统包括（　　　　）。

A. 混合代谢供能系统　　B. 有氧代谢系统

C. 磷酸原供能系统　　D. 糖酵解供能系统

16. 主要属于糖酵解供能系统的运动项目有（　　　　）。

A. 400 m 跑　　B. 200 m 游泳　　C. 武术套路　　D. 马拉松

17. 长时间低、中强度运动以（　　　　）的有氧代谢供能为主。

A. 糖　　B. 脂肪　　C. 蛋白质　　D. 无机盐

18. 主要属于有氧氧化系统供能的运动项目有（　　　　）。

A. 1 500 m 游泳　　B. 举重

C. 投掷　　D. 马拉松

19. 马拉松运动过程中哪些物质参与供能（　　　　）。

A. 糖　　B. 脂肪　　C. 蛋白质　　D. 无机盐

20. 不属于能源物质的是（　　　　）。

A. 糖　　B. 水　　C. 蛋白质　　D. 无机盐

（六）简述题

1. 运动肌吸收血糖能力增强，其调节机制主要有哪些？
2. 体内能源物质的氧化分解有哪些共同途径？
3. 肝葡萄糖生成和释放的调节有哪些机制？
4. 简述磷酸原供能系统的特点。
5. 简述有氧氧化供能系统的特点。
6. 简述细胞水平的调节。
7. 简述器官水平的调节。
8. 简述运动时的无氧代谢调节。
9. 简述运动时的有氧代谢调节。
10. 简述运动时能量物质代谢的调节。

（七）论述题

1. 叙述运动时糖、脂肪和蛋白质三大物质代谢之间的关系。
2. 叙述运动时磷酸原供能系统的调节过程。
3. 叙述运动时磷酸化酶和果糖磷酸激酶的调节过程。
4. 分析三大供能系统的组成及其特点。

四、参考答案

（一）名词解释

1. 器官水平调节：多细胞生物出现了内分泌细胞之后，分泌细胞所分泌的激素对物质代谢的调控成为器官水平代谢的重要方式。激素作用于靶细胞和靶器官，或改变其中代谢物的浓度，或改变其中某些酶的催化活性或含量，从而调节代谢过程的速度。

2. 细胞水平调节：从单细胞生物到高等动物都具有的一种原始调节方式，这种调节方式是通过细胞内某些物质浓度的变化，使某些酶的活性或数量改变，从而调节代谢过程的速度。

3. 整体水平调节：神经系统通过释放神经递质，可直接影响组织中的代谢，或影响内分泌腺的活动，改变激素分泌的速度，从而间接地对整体的代谢进行综合调节。

4. 糖酵解：糖原或葡萄糖无氧分解成乳酸并合成 ATP 的过程。

5. 有氧氧化：糖、脂肪、蛋白质在有氧的条件下彻底氧化成水和二氧化碳并合成 ATP 的反应过程。

（二）填空题

1. 乙酰 CoA
2. 衔接，制约，协调
3. 适应能力
4. 器官水平，整体水平
5. 神经递质
6. 1 000
7. Ca^{2+}，肌纤维
8. ATP
9. 6~8
10. 关键酶
11. 供应，利用
12. 能源物质
13. 肌内贮存，肌肉吸收，肝糖原
14. 肝糖原
15. 糖异生
16. 脂肪
17. 各脂肪组织
18. 脂肪酶
19. 激素
20. 肾上腺素，胰高血糖素，生长激素
21. 利用速率，反馈机制
22. 脂肪酸，胰岛素
23. 酯化
24. 释放，利用
25. 脂肪
26. ATP
27. 糖酵解，有氧氧化
28. AMP 脱氨酶，次黄嘌呤核苷酸（IMP）
29. 糖酵解
30. ATP
31. 糖，脂肪，蛋白质

32. ATP，CP
33. 糖，蛋白质，脂肪
34. 磷酸原供能系统，糖酵解供能系统，有氧氧化供能系统
35. 6~8 s
36. 细胞水平的调节
37. 磷酸化酶
38. 己糖激酶
39. 果糖磷酸激酶
40. 肌乳酸
41. 丙酮酸
42. 组织供氧量，能源物质含量
43. 葡萄糖
44. 肝糖原分解，糖异生
45. 氧化供能
46. 脂肪酸氧化
47. 酮体
48. ATP
49. 肌酸激酶
50. 有氧代谢

（三）判断题

1. √ 2. √ 3. × 4. × 5. √ 6. √ 7. √ 8. √ 9. × 10. √
11. √ 12. √ 13. × 14. √ 15. √ 16. × 17. √ 18. √ 19. √ 20. √
21. √ 22. × 23. √

（四）单选题

1. A 2. C 3. C 4. B 5. C 6. B 7. C 8. A 9. C 10. A
11. C 12. A 13. B 14. C 15. A 16. B 17. D 18. B 19. A 20. B
21. C 22. A 23. C 24. B 25. B 26. D 27. C 28. A 29. B 30. C

（五）多选题

1. ABC 2. BC 3. BCD 4. ABCD 5. ABC 6. BCD 7. ABC
8. ACD 9. ACD 10. ABC 11. ABC 12. ABD 13. ABC 14. AB
15. CD 16. ABC 17. AB 18. AD 19. ABC 20. BD

（六）简述题

1. 骨骼肌收缩时，肌浆中 Ca^{2+} 浓度升高，引起肌膜对葡萄糖的转移能力

增大。运动肌血流量增多，运动肌结合的胰岛素数量增多，促进细胞吸收葡萄糖。由于肌细胞内代谢途径的调节，促使葡萄糖转移进运动肌的绝对量增加，而且不依赖血浆胰岛素的浓度。

2. 乙酰 CoA 是三大能源物质代谢的共同中间代谢产物；三羧酸循环是三大能源物质代谢的最终共同途径；三大能源物质氧化分解释放的能量都贮存在 ATP 的高能磷酸键中。

3. 肌肉吸收和利用血糖引起血糖水平的细微变化对肝葡萄糖的生成都起着调节作用。其调节机制是：运动时机体儿茶酚胺和胰高血糖素分泌增多，促使肝糖原分解成葡萄糖增多，并通过加速糖异生途径来调节葡萄糖的生成速率。血糖浓度的降低引起肝内葡萄糖的浓度相对下降，激活肝糖原分解所需的磷酸化酶的活性，同时抑制糖原合成酶的活性，使肝糖原降解和释放葡萄糖增多。随着耐力运动的进行和肝糖原贮备的下降，血浆乳酸、丙酮酸、甘油等代谢物增加，促使肝吸收增多，从而使糖异生的底物浓度升高，进一步加快糖异生的代谢速率。

4. ① 输出功率较糖的无氧酵解和有氧氧化过程高；② 不需要充足的氧气而且供能过程没有代谢产物的积累；③ 供能时间短，运动开始时最早启用，最快利用；④ 可维持最大强度运动 6~8 s，与速度和爆发力素质密切相关，是短时间、爆发性运动的最佳能源。

5. 输出功率较磷酸原和糖酵解过程低，需要氧气的参与且供能过程没有代谢副产物的积累，供能时间长。该系统不能维持高强度、高频率的运动，是耐力性运动项目的基本供能系统。

6. 细胞水平的调节是从单细胞生物到高等动物都具有的一种原始调节方式，通过细胞内某些物质浓度的变化，使某些酶的活性和数量改变，从而调节代谢的速度。

7. 内分泌细胞所分泌的激素对物质代谢的调控是器官水平调节的重要方式。激素作用于靶细胞和靶器官，或改变其中的代谢浓度，或改变其中某些酶的催化活性或含量，从而调节代谢过程的速度。

8. 运动时无氧代谢调节包括骨骼肌磷酸源代谢的调节（CP 利用的调节，肌激酶反应的调节）；骨骼肌糖酵解的调节（磷酸化酶、己糖激酶、果糖磷酸激酶、乳酸脱氢酶的调节）。

9. 运动时有氧代谢的调节包括运动肌摄取和利用血糖的调节；肝葡萄糖生成和释放的调节；脂肪酸利用的调节（脂肪动员、脂解作用的激素调节，酮体对脂肪酸释放的调节，三酰甘油和脂肪酸循环的反馈调节）。

10. 运动时能量物质代谢的调节分为无氧和有氧代谢调节。运动时无氧代谢的调节主要通过运动时间、强度及能量需求的数量以及乳酸等进行调节；运动时有氧代谢的调节则主要通过运动持续时间、强度和氧气供应及能量需求的数量来进行调节。

（七）论述题

1. 糖、脂肪、蛋白质，其代谢途径各异，但相互间的联系十分紧密。三大能源物质在代谢上的相互关系，包括它们在分解代谢方面以及在相互转换方面的联系。

（1）分解代谢中的关系。糖、脂肪、蛋白质三大能源物质在分解代谢方面的关系突出表现在：三羧酸循环是三大能源物质分解代谢最终的共同途径；乙酰 CoA 是三大能源物质分解代谢的共同中间产物；糖和脂肪酸氧化分解均生成乙酰 CoA，进入三羧酸循环进一步氧化分解，生成二氧化碳和水，并同时合成大量 ATP；氨基酸经脱氨基作用生成相应的 α-酮酸从不同部位进入三羧酸循环。

（2）糖、脂肪、蛋白质之间相互转换。三者之间可以相互转换，还可以通过一些共同的中间产物以及共同的代谢途径连成一个整体。在体内糖易转换为脂肪。如摄入过量的糖，多余的糖经磷酸二羟丙酮转换成甘油，经乙酰 CoA 合成脂肪酸，并进一步合成三酰甘油。脂肪分子中则仅甘油部分可经糖异生作用转换为糖。糖代谢过程中的酮酸，如丙酮酸、α-酮戊二酸及草酰乙酸均可提供碳链经氨基化合成非必需氨基酸。某些氨基酸如丙氨酸、天冬氨酸等，经脱氨基作用后生成相应的 α-酮酸，再进一步转变为糖。氨基酸经脱氨基作用生成 α-酮酸，经乙酰 CoA 合成脂肪酸。机体几乎不利用脂肪合成蛋白质。

2. ATP 是肌肉收缩时将化学能转变为机械能的唯一直接能源。虽然肌肉细胞内 ATP 贮量有限，但 ATP 有极高的转换率。运动强度愈大，骨骼肌对磷酸原供能的依赖性也愈大。磷酸原系统中 ATP、CP 均以水解分子内高能磷酸基团的方式供能，所以运动开始时最早启动，最早利用，具有快速供能和最大功率输出的特点。在短时间大强度运动时，骨骼肌 ATP 的利用速度是安静时的 1 000 倍以上，CP 的含量显著降低，而 ATP 的含量只有少量改变，体内物质代谢速率的大幅上升，主要通过调节机制来实现。

（1）CP 利用的调节。运动时肌酸激酶催化 CP 分解，重新合成 ATP，CP 是高能磷酸键的一种贮存形式，CP 所含的高能磷酸基不能直接供应各种生理过程和生化反应所需的能量，而是在需要时经过肌酸激酶（CK）反应将 CP 的高能磷酸基转移到 ADP 分子上形成 ATP，CP 则生成肌酸（C）。

（2）肌激酶反应的调节。在细胞质中 ATP 的运输不是通过弥散方式而是通过肌激酶（MK）反复作用，达到快速使 ADP 磷酸化的目的。肌激酶反应的结果是降低 ADP 的浓度，使 [ATP]/[ADP] 比值重新恒定在稍低于安静时的水平。

3. 糖酵解速度在短时间内大幅度上升，主要是通过关键酶的调节来实现。

（1）磷酸化酶的调节。运动时，磷酸化酶受代谢物、Ca^{2+}激素的调节，可使低活性的磷酸化酶 b 活性增强，或使磷酸化酶 b 转换为磷酸化酶 a。与此同时，磷酸化酶 b 转变成磷酸化酶 a 的过程受肾上腺素调节。运动时，血浆肾上腺素浓度升高，使骨骼肌内 cAMP 浓度增加，进而激活蛋白激酶 A，促使磷酸化酶 b 激酶活性增大，引起磷酸化酶 b 转变成磷酸化酶 a，磷酸化酶 a 的增多使糖原分解速度迅速加快。

（2）果糖磷酸激酶的调节。磷酸果糖激酶（PFK）是糖酵解过程的关键限速酶，催化果糖-6-磷酸磷酸化形成果糖-1，6-二磷酸。安静状态下，骨骼肌中 PFK 的活性较低，大约 80%的酶活性被抑制。当进行激烈运动时，肌肉 ATP、CP 浓度降低，AMP、NH_4^+和 Pi 浓度升高，就可激活 PFK，使糖酵解过程加快。随着运动时间延长（达 1 min 以上），乳酸大量堆积，骨骼肌 pH 下降，又反过来抑制糖酵解。当肌肉 pH 降到 6.4～6.5 时，PFK 的活性显著降低，糖酵解过程显著减弱。

4.（1）磷酸原供能系统。人体运动开始时主要是由磷酸原系统供能，即所有的能量都由 ATP 和 CP 供给。这一供能过程十分迅速，而且不需要氧气，也不会产生乳酸。人体肌肉中 ATP 的含量很少，依靠肌肉内的 ATP 供能做功只能维持不到 1 s，需要不停地合成 ATP 才能满足肌肉长时间收缩的需要；CP 是由肌酸合成的高能磷酸化合物，存在于肌浆中，其含量是 ATP 的数倍，当 ATP 分解释放能量后，CP 在酶的作用下可以分解放能迅速合成 ATP。研究证明，全身肌肉中 ATP-CP 系统供能能力仅能持续 8 s 左右。磷酸原供能系统的强弱，主要和绝对速度有关，如果要提高 100 m、200 m 跑的绝对速度，就要发展磷酸原系统的供能能力。发展这一系统的供能能力的训练最好是采用每次持续 10 s 以内的全速跑，进行反复练习，中间间隔 30 s 以上。如果间隔少于 30 s，由于磷酸原系统恢复不足，就会产生乳酸堆积。

（2）糖酵解供能系统。当人体肌肉快速运动持续较长时间（8～10 s）后，磷酸原供能系统的供能能力已不能及时补充 ATP，于是动用肌糖原进行无氧酵解供能，该能量由 ADP 接受，合成 ATP。这一系统供能不需氧，但产生乳酸堆积，乳酸的堆积可导致疲劳。人体乳酸能系统供能的最大持续时间为 30～40 s。乳酸能系统供能能力的优劣主要与速度耐力有关。中距离跑主要需要速度耐力，100 m、200 m 跑的后程能力及不少球类运动也需要速度耐力。要发展的乳酸能供能系统的能力，最适宜的手段是全速（或接近全速）跑 30～

60 s，间歇 2~3 min。这种手段能使血乳酸达到最高水平，能锻炼和提高对血乳酸的耐受力，提高乳酸能供能系统的能力。

（3）有氧供能系统。有氧供能是指在氧供应充分的条件下，体内的糖（葡萄糖及肌糖原）和脂肪被有氧氧化成二氧化碳和水，并放出大量的能量，该能量供 ADP 再合成 ATP。有氧供能能力主要和人体心肺功能有关，有氧供能是耐力素质的基础。长距离跑等耐力项目需要有氧供能系统供能，不少球类运动也需要有良好的有氧代谢能力。提高有氧供能系统的供能能力，主要采用较长时间的中等或较低强度的匀速跑，或较长距离的中速间歇训练等。

在从事任何一种体育运动时，几乎不可能仅属于一种供能系统供能，多数情况下是 3 个供能系统均参与供能，仅是在不同的运动项目中，各自系统所占的比例不同而已。如持续 10 s 以内的最大强度运动几乎完全依靠无氧供能（主要是磷酸原系统和乳酸无氧酵解供能）；持续几十分钟甚至几小时的运动，以有氧供能占主导地位；而在 800 m 跑中则以乳酸供能为主，有氧供能和无氧供能的比例相差不大。

（成都体育学院　徐　明）

第六章　运动性疲劳及恢复过程的生化特点

6

一、学习要点

本章主要介绍运动性疲劳及过度训练的概念、运动性疲劳的分类及其与运动训练的关系、中枢疲劳和外周疲劳的生化特点、运动后恢复的生化特点和不同物质代谢恢复的规律等内容。同时，阐述了运动性心理疲劳、运动性疲劳的机理（传统观点和运动性疲劳的中枢控制观点）和运动适应理论。

（一）运动性疲劳

运动性疲劳是指由于运动（训练）引起的机体机能水平下降和/或运动能力降低，难以维持一定的运动强度，经过适当的休息后又可以恢复的现象。

（二）运动性疲劳的分类

按照其发生的部位将之分为运动性外周疲劳和中枢疲劳，前者是指由运动引起的骨骼肌功能下降，不能维持预定收缩强度的现象；而后者是指由运动引起的、发生在从大脑到脊髓运动神经元的神经系统的疲劳，即指由运动引起的中枢神经系统不能产生和维持足够的冲动到肌肉以满足运动所需的现象。

（三）中枢疲劳和外周疲劳的生化特点

不同部位发生运动性疲劳时，其生化特点各不相同。运动性中枢疲劳的生化特点主要有脑细胞内糖的大量消耗，氨产生增加和清除能力下降；脑内抑制性神经递质 γ-氨基丁酸、5-羟色胺浓度升高，DA、Ach 浓度下降等。运动性外周疲劳的生化特点因不同运动的主要供能系统不同而有所区别，主要涉及能源物质的下降、乳酸堆积和细胞内离子改变等变化。由于运动性疲劳是表明运动训练对机体是否形成刺激的外在现象，因此，其在运动训练中不可避免的会出现。

（四）过度训练

过度训练是一种常见的运动性疾病，即由不适宜的训练造成运动员产生运动性疲劳并不断积累，进而引发的运动能力下降，并出现多种临床症状的运动性综合征。其发生机制主要是由于运动训练负荷太大，超过了机体的承受能力。

（五）运动后恢复的生化特点和不同物质代谢恢复的规律

在运动后的恢复过程中，体内的代谢变化可以用超代偿假说和应激假说来解释，而运动后物质代谢的恢复速度可以用半时反应来衡量。一般认为，磷酸原恢复的半时反应所需的时间是 20~30 s，血乳酸消除的半时反应分别为 25~30 min（活动性休息）和 1~2 h（静坐休息），肌糖原的恢复则受之前运动方式和恢复期内膳食的影响。短时间、大强度运动后，肌糖原的完全恢复需要 24 h，高糖膳食对恢复速度影响不大；长时间、大强度运动后，高糖膳食明显加快肌糖原的恢复过程，肌糖原的完全恢复约需 46 h 完成，如果不进食高糖膳食，则肌糖原 5 天后还不能恢复到运动前水平。

（六）运动性疲劳产生的机理

对运动性疲劳产生原因的解释，有多种假说，目前比较为学术界认可的主要有疲劳链、突变理论以及神经—内分泌—免疫和代谢调节网络等。

（七）运动适应理论

目前，有不少学者认为：适宜的运动训练可提高运动能力的本质是因为机体对运动训练产生了良好的适应，这些适应涉及物质代谢的适应和整体的适应。

二、学习难点

1. 中枢和外周运动性疲劳的特点。
2. 运动后恢复的生化特点和规律及其应用。

三、习题

（一）名词解释

1. 运动性疲劳
2. 运动性中枢疲劳
3. 运动性外周疲劳
4. 运动性心理疲劳
5. 超代偿
6. 半时反应
7. 停训
8. 过度训练

（二）填空题

1. 运动性疲劳是限制运动员________、________提高的重要因素，但又是________中的正常现象。早期的研究认为运动性疲劳至少和________、________、________和________等过程有关。

2. 由于________的收缩，骨骼肌机能会出现________的现象，因而不可能长期保持________的收缩。这种由运动引起的骨骼肌________，不能维持预定收缩强度的现象就是________。

3. 运动性中枢疲劳是指由________引起的、发生在从________到________运动神经元的神经系统疲劳。即指由运动引起的________不能产生和维持足够的________到运动所需肌肉的现象。

4. 引起运动神经元放电率降低的原因是多方面的，如________下降，脑内________增加，________生成过多，________、________浓度升高等。

5. 短时间、大强度运动后，可出现运动性疲劳，主要表现为________、________的大量消耗，________生成和堆积大量________。运动至力竭时，________接近耗竭，________浓度的下降量可达运动前总量的30%。血乳酸浓度明显________，一次性运动达疲劳时，可测到血乳酸浓度最高值为________左右。________浓度的上升也是引起短时间运动性外周疲劳发生的原因之一。

6. 耐力运动后，运动性疲劳的发生与________的大量消耗、________的下降、________升高和________代谢紊乱有关。

7. 在进行10 s全力运动的________训练时，每次间歇运动之间的时间为________ s。这样既可以保证足够数量________的恢复，又不会因间歇时间过长而影响训练效率。

8. 训练及比赛后，血乳酸消除的半时反应分别为________ min（活动性休息）和________ h（静坐休息）。

9. ________、________运动后，________的完全恢复需要24 h，高糖膳食对短时间大强度运动后________的恢复速度影响不大。

10. 高糖膳食能明显________长时间、大强度运动后________的恢复，此时其完全恢复约需________小时；而如果不进食高糖膳食，________则在运动结束后________天内都不能恢复到________水平。

（三）判断题

1. 身体活动引起的疲劳也是运动性疲劳。(　　)
2. 操作电脑引起的疲劳不是运动性疲劳。(　　)
3. 大强度运动时容易出现运动性外周疲劳。(　　)
4. 小强度运动时容易出现运动性外周疲劳。(　　)
5. 大强度运动时不容易出现运动性中枢疲劳。(　　)
6. 小强度运动时的疲劳常与中枢疲劳有关。(　　)
7. 运动性中枢疲劳的原因就是血糖下降。(　　)
8. 运动性中枢疲劳的出现与血糖下降有关。(　　)
9. 运动性中枢疲劳的出现与某些神经递质的变化有关。(　　)
10. 运动性中枢疲劳的出现不会导致神经递质的变化。(　　)
11. 能源物质大量消耗是引起短时间、大强度运动后运动性疲劳的主要原因。(　　)
12. 血糖下降是引起短时间、大强度运动后运动性疲劳的重要原因。(　　)

13. 肌糖原浓度下降是引起 1 小时以上运动后，出现运动性疲劳的重要原因。(　　)

14. 血乳酸浓度大量积累不是引起 30 秒到数分钟运动后，运动性疲劳的重要原因。(　　)

15. 体温调节与运动性疲劳的发生关系不大。(　　)

16. 体温调节跟不上是引起 15 分钟左右运动后，运动性疲劳发生的主要原因。(　　)

17. 运动时消耗越多的物质运动后的超量恢复就越明显。(　　)

18. 磷酸原的恢复半时为 20～30 min。(　　)

19. 磷酸原的恢复半时为 20～30 s。(　　)

20. 血乳酸的消除半时为 30～60 min。(　　)

21. 高糖膳食可以促进短时间大强度力竭运动后肌糖原的恢复。(　　)

22. 高糖膳食可以促进长时间运动后肌糖原的恢复。(　　)

(四) 单选题

1. 下列活动中，引起运动性疲劳的是（　　）。

A. 身体活动　　B. 步行　　C. 运动　　D. 劳动

2. 运动性疲劳是运动训练中的（　　）现象。

A. 病理　　B. 正常　　C. 异常　　D. 特殊

3. 骨骼肌收缩能力下降是运动性（　　）疲劳。

A. 外周　　B. 中枢　　C. 整体　　D. 肌肉

4. 运动性外周疲劳与（　　）有关。

A. 神经递质紊乱　　B. 体温调节

C. 能源物质大量消耗　　D. 血糖浓度下降

5. 运动性中枢疲劳与（　　）有关。

A. 神经递质紊乱　　B. 体温调节

C. 能源物质大量消耗　　D. 血乳酸浓度上升

6. 短时间大强度运动性疲劳产生的重要原因是（　　）。

A. 肌糖原耗竭　　B. 肌乳酸堆积

C. 磷酸原大量消耗　　D. 血糖浓度下降

7. 短时间、大强度运动后，运动性疲劳出现时的 ATP 下降量可达安静时总量的（　　）。

A. 20%～30%　　B. 30%～40%

C. 70%～80%　　D. 90%以上

8. 一次性运动达疲劳时，可测到血乳酸浓度最高值为（　　）mmol/L

左右。

A. 1~2　B. 4　C. 12　D. 18

9. 运动（　）秒至疲劳时，ATP 的消耗达极限。

A. 0~5　B. 5~10　C. 10~30　D. 45~60

10. 运动（　）分钟至疲劳时，体温升高是运动性疲劳产生的主要原因。

A. 15　B. 15~60　C. 60~300　D. 超过 300

11. 以（　）最大摄氧量强度运动至力竭时肌糖原几乎全部耗竭。

A. 55%　B. 65%　C. 75%　D. 85%

12. 运动时间长于（　）小时时，血糖浓度有可能下降，并进而影响到中枢神经系统的机能。

A. 1　B. 2　C. 3　D. 4

13. 运动后的恢复过程常用（　）理论来描述。

A. 堆积　B. 中毒　C. 超代偿　D. 自由基

14. 运动中消耗的磷酸原大约可在（　）分钟恢复。

A. 1~2　B. 2~3　C. 3~4　D. 20~30

15. 磷酸原的恢复半时为（　）秒。

A. 5~10　B. 10~20　C. 20~30　D. 30~40

16. 血乳酸消除的（　）半时反应是 15 分钟。

A. 最佳　B. 最短　C. 最快　D. 最慢

17. （　）休息可加快血乳酸的消除。

A. 卧床　B. 静坐　C. 活动性　D. 睡眠

18. 短时间、大强度运动后，肌糖原的恢复在运动后前（　）小时最快。

A. 2　B. 3　C. 4　D. 5

19. 短时间、大强度运动后，肌糖原的恢复与膳食中糖含量的关系（　）。

A. 密切　B. 一般　C. 不大　D. 甚小

20. 短时间、大强度运动后，肌糖原的（　）恢复需要 24 小时。

A. 完全　B. 部分　C. 一半　D. 大部分

21. 长时间、大强度运动后，肌糖原的恢复在运动后前（　）小时最快。

A. 5　B. 10　C. 15　D. 20

22. 长时间、大强度运动后，肌糖原的恢复与膳食中糖含量的关系（　）。

A. 密切　B. 一般　C. 不大　D. 甚小

23. 高糖膳食条件下长时间、大强度运动后，肌糖原的（　　）恢复需要48小时。

A. 完全　　B. 部分　　C. 一半　　D. 大部分

24.（　　）膳食条件下长时间、大强度运动后，肌糖原5天都不能恢复到运动前水平。

A. 无糖　　B. 低糖　　C. 高糖　　D. 高脂高蛋白

25. 过度训练是一种（　　）。

A. 正常现象　　B. 训练效果

C. 疾病　　D. 生理现象

26. 血清CK酶活性增加说明（　　）提高。

A. 磷酸原供能能力　　B. CP分解能力

C. 糖酵解代谢能力　　D. 骨骼肌细胞膜通透性

27. 脑中抑制性神经递质是（　　）。

A. γ-氨基丁酸　　B. 5-羟色胺

C. 乙酰胆碱　　D. 谷氨酸

28. 与维持肌肉活动协调性和耐力运动成绩都有密切关系的中枢神经递质是（　　）。

A. γ-氨基丁酸　　B. 5-羟色胺

C. 多巴胺　　D. 乙酰胆碱

29. 运动员从事磷酸原型运动项目疲劳时，（　　）最多。

A. CP消耗　　B. 乳酸堆积

C. ATP消耗　　D. 肌糖原消耗

30. 运动员从事（　　）运动项目疲劳时，肌细胞pH下降最多。

A. 磷酸原型　　B. 磷酸原-糖酵解型

C. 糖酵解型　　D. 有氧氧化型

（五）多选题

1. 运动性疲劳是指由（　　　）引起的疲劳。

A. 各种工作　　B. 体育锻炼　　C. 运动　　D. 劳动

2. 运动性疲劳是运动训练中的（　　　）现象。

A. 病理　　B. 正常　　C. 普遍　　D. 常见

3. 运动性疲劳发生时（　　　）等环节可能出现变化。

A. 中枢神经系统功能　　B. 骨骼肌细胞能量代谢

C. 血液输氧能力　　D. 体温调节

4. 运动性外周疲劳的发生与（　　　）有关。

A. 肌肉和血液中乳酸及自由基堆积、pH 下降

B. 骨骼肌细胞内离子代谢紊乱

C. 能源物质大量消耗

D. 兴奋-收缩耦联异常

5. 运动性中枢疲劳出现时会伴有（　　）现象。

A. 思维和意识变异　　B. 肌肉无力

C. 呼吸急促　　D. 体温上升

6. 运动性中枢疲劳时（　　）等神经递质会出现变化。

A. GABA　　B. 5-HT　　C. DA　　D. Ach

7. 从事磷酸原型运动项目的运动员产生运动性疲劳时肌细胞中会出现（　　）等变化。

A. ATP 含量下降　　B. 乳酸堆积

C. pH 下降　　D. CP 含量下降

8. 糖酵解型运动项目运动性疲劳时肌细胞中会出现（　　）等变化。

A. 乳酸及自由基大量增加　　B. 肌糖原含量耗竭

C. Ca^{2+}下降　　D. pH 下降

9. 从事有氧氧化型运动项目的运动员产生运动性疲劳时肌细胞中会出现（　　）等变化。

A. ATP、CP 大量消耗　　B. 肌糖原含量耗竭

C. 乳酸堆积　　D. 离子代谢紊乱

10. 进行磷酸原-糖酵解型运动至疲劳时，肌细胞中主要有（　　）变化。

A. CP 大量消耗　　B. pH 值大幅度下降

C. 自由基大量增加　　D. 肌糖原大量消耗

11. 进行糖酵解-有氧氧化型运动至疲劳时，肌细胞中主要有（　　）变化。

A. 离子及自由基代谢紊乱　　B. 乳酸堆积最多

C. 肌糖原消耗较多　　D. pH 降至 6.6

12. 进行持续时间为（　　）秒的运动后，运动性疲劳产生时 ATP、CP 会大量消耗。

A. 0～5　　B. 5～9　　C. 10～30　　D. 45～60

13. 进行持续时间为 15～60 分钟的运动后，运动性疲劳产生时会伴随出现（　　）现象。

A. 肌糖原消耗最大　　B. 严重脱水

C. 体温升高　　D. 血糖下降

14. 进行持续时间在6小时以上的运动后，疲劳产生时会出现（　　）等现象。

A. 体温上升　　B. 脱水

C. 电解质紊乱　　D. 血红蛋白减少

15. 进行持续时间在30秒至15分钟的运动后，疲劳产生时会出现（　　）等现象。

A. 肌细胞乳酸值达最高　　B. 血液乳酸值达最高

C. 体温大幅度上升　　D. pH下降

16. 进行（　　）运动后会大量产生乳酸。

A. 400 m跑　　B. 1 500 m跑

C. 400 m游泳　　D. 1 500 m游泳

17. 影响运动后肌糖原恢复的因素主要有（　　）。

A. 气候　　B. 膳食

C. 运动强度和持续时间　　D. 性别

18. 运动训练中人体的应激反应变化过程包括（　　）。

A. 警觉期　　B. 抵抗期　　C. 衰竭期　　D. 恢复期

19. 运动后人体物质代谢的恢复主要包括（　　）。

A. 体温的下降　　B. 肌糖原物质的恢复

C. 乳酸的消除　　D. 磷酸原的恢复

20. 与运动性疲劳发生有关的细胞因子包括（　　）。

A. 白细胞介素-2　　B. 流感病毒

C. EB病毒　　D. 肿瘤坏死因子

（六）简述题

1. 简述运动性疲劳的分类。
2. 简述运动性中枢疲劳时神经递质的变化。
3. 简述运动性中枢疲劳时脑内代谢的变化。
4. 短时间、大强度运动后产生的运动性外周疲劳的特点是什么？
5. 耐力运动性外周疲劳的特点是什么？
6. 分析运动训练中人体的应激反应变化过程。
7. 简述运动后磷酸原的恢复过程。
8. 如何促进运动后血乳酸的消除？

（七）论述题

1. 试述超代偿规律及其生化机制。

2. 试述不同时间运动后肌糖原的恢复、影响因素及其在运动实践中的具体应用。

3. 试述运动训练的代谢适应及其机制。

（八）综合分析题

1. 学习本章内容后，你在运动实践中对运动性疲劳有何认识？

2. 应用运动后恢复的规律设计提高不同运动能力的训练方案。

3. 试分析 100 m 跑和马拉松跑运动性疲劳的生化特点和发生机制。

四、参考答案

（一）名词解释

1. 运动性疲劳是由于运动（训练）引起的机体机能水平下降或运动能力降低，难以维持一定的运动强度，经过适当的休息后又可以恢复的现象。

2. 运动性中枢疲劳是由运动引起的中枢神经系统不能产生和维持足够的冲动给肌肉以满足运动所需的现象，发生在大脑至脊髓的运动神经元。

3. 运动性外周疲劳是由运动引起的骨骼肌功能下降，不能维持预定收缩强度的现象。

4. 运动性心理疲劳主要指由运动训练引起的包括情绪和体力耗竭、成就感的降低和运动被贬值的综合的运动员心理机能下降的现象，是一种综合征。

5. 超代偿是在一定范围内，运动中消耗的物质在运动后恢复时可超过运动前数量的现象。

6. 半时反应是指运动中消耗的物质，在运动后的恢复期中，数量增加至运动前数量一半所需要的时间；而运动中代谢的产物，在运动后的恢复期中，数量减少一半所需要的时间也称为半时反应。

7. 停训是指当运动员遇到疾病、受伤、旅行等因素影响时，训练受到干扰，甚至中断训练的现象。停训会导致训练引起的解剖、生理和运动成绩的适应性改变部分或全部丧失，这也是训练学中可逆性原则的具体体现。

8. 过度训练是由于运动性疲劳的长期积累，导致运动员较难恢复的一种身体机能全面紊乱的运动性疾病。过度训练会严重的损害运动员的身心健康，影响其运动成绩，并使运动员丧失对运动训练的兴趣和自信。

（二）填空题

1. 训练效果、运动成绩，运动训练。代谢产生的疲劳物质的堆积、活动所需物质的耗竭、基质生理生化性质的改变、调节机能下降。

2. 运动时，下降，某一强度，功能下降，预定收缩强度，运动性外周疲劳

3. 运动，大脑，脊髓，中枢神经系统，冲动

4. 血糖浓度，抑制性神经递质，氨，γ-氨基丁酸、5-羟色胺

5. 磷酸原、糖原，乳酸，增加，磷酸肌酸，ATP，增加，18 mmol/L，血氨。

6. 肌糖原、血糖浓度、体温，水盐。

7. 间歇，20~30，磷酸原。

8. 25~30，1~2。

9. 短时间、大强度，肌糖原，肌糖原。

10. 加快，肌糖原，46，肌糖原，5，运动前。

（三）判断题

1. ×　2. ×　3. √　4. ×　5. √　6. √　7. ×　8. √　9. √　10. ×
11. √　12. ×　13. √　14. ×　15. ×　16. √　17. ×　18. ×　19. √　20. ×
21. ×　22. √

（四）单选题

1. C　2. B　3. A　4. C　5. A　6. C　7. B　8. D　9. B　10. B
11. C　12. A　13. C　14. B　15. C　16. A　17. C　18. A　19. C　20. A
21. B　22. A　23. A　24. B　25. C　26. D　27. A　28. C　29. C　30. C

（五）多选题

1. BC　2. BCD　3. ABD　4. ABCD　5. ABC　6. ABCD　7. AD
8. ACD　9. BD　10. ACD　11. ACD　12. BC　13. AC　14. ABC
15. ABD　16. ABC　17. BC　18. ABC　19. BCD　20. AD

（六）简述题

1. 运动性疲劳按照其发生的部位将之分为外周疲劳和中枢疲劳。

2. 运动性中枢疲劳时，神经递质 Glu/GABA 的比值下降，说明此时脑内的抑制过程加强；5-HT 浓度上升，大脑皮质的抑制加强；DA 浓度下降，引起肌肉活动协调性和耐力的降低；Ach 浓度下降，导致疲劳。

3. 血糖浓度下降，脑内能量代谢因此受到影响，能量供应不足；糖代谢中间产物由于糖不足而缺乏时，就会使脑细胞清除氨的能力下降；脑内 ATP 被大量消耗，ADP 浓度上升，ATP/ADP 比值下降，AMP 产生增加，并引起氨产生增加。

4. 短时间、大强度运动后产生的运动性外周疲劳的特点主要表现为磷酸原、糖原的大量消耗，乳酸、自由基的生成和堆积均大量增加。在运动至力竭的情况下，磷酸肌酸接近耗竭，ATP 浓度的下降量可达运动前的 30%~40%。血乳

酸浓度明显增加，一次性运动达疲劳时可测到血乳酸浓度最高值为 18 mmol/L 左右。血氨浓度的上升也是引起短时间运动性外周疲劳发生的原因之一。

5. 耐力运动性外周疲劳的特点主要表现在肌糖原大量消耗、血糖浓度下降、体温升高、体内自由基含量增加和水盐代谢紊乱等。

6. 运动训练中人体的应激反应变化过程可分为为三个阶段，第一阶段——警觉期，这是身体对应激的最初反应，是身体的动员阶段；第二阶段——抵抗期，如果训练继续进行，训练的应激持续作用于身体，这时就进入抵抗或适应阶段，机体内合成代谢增强，恢复能力提高；第三阶段——衰竭期，持续大运动量训练或过强的刺激易耗竭身体的抵抗力，警觉期的症状可能再次出现，所得的适应性反应可能消失。机体内环境明显失衡，如血睾酮下降、免疫紊乱、运动能力下降，如过度训练的早期症状出现，甚至出现应激的相关疾病等。

7. 运动中消耗的 ATP、CP，大部分可经过 2～3 min 的休息得到恢复。当磷酸原数量恢复至原数量的一半时，就可维持训练所需的运动强度。因此，我们可以把以消耗磷酸原为主的短时间、极限强度运动的恢复时间定为磷酸原恢复的半时反应所需的时间，而目前认为这一时间是 20～30 s。

8. 某些运动会大量产生乳酸，如 400 m、800 m、1 500 m 跑，100 m、200 m 和 400 m 游泳等，在训练及比赛后，静坐休息时血乳酸消除的半时反应为 1～2 h，而活动性休息可以加快血乳酸的消除，其血乳酸消除的半时反应为 25～30 min。

（七）论述题

1. 超代偿规律也称为超量恢复规律，当运动引起的物质分解代谢过程一旦停止，再合成过程将占优势；恢复中，被消耗的物质不仅得到补偿，而且还能超过原有的水平。该规律认为：① 在一定范围内，消耗过程越大，超代偿表现就越明显，持续时间就长；② 超代偿持续的时间不可能维持太长，必须重复训练；③ 重复性训练应在前一次负荷后超代偿期内进行，以使运动能力不断提高，否则会引起能力下降；④ 训练过程中，不仅运动本身有很大作用，而且休息期也有同样作用，应把运动和休息的安排辩证地统一起来。

超代偿的机制主要包括以下几个方面：第一，早期是增加能源储备物质，糖原和磷酸肌酸浓度先增加，然后磷脂和蛋白质等逐渐增加，再达到平衡。第二，运动后各种营养物质供应增加，消耗相应减少，这时酶活性提高，如糖原合成酶、腺苷酸激酶等。基质和酶活性增加，导致出现超代偿。第三，各种酶活性升高的程度和速度是不平行的，如运动后糖原磷酸化酶和糖原合成酶。在线粒体中由于 ATP、$NADH+H^+$（吡啶核苷酸转氢酶）、还原型辅酶 Q

增加，使琥珀酸脱氢酶变构而活性上升，出现肌肉中琥珀酸氧化很活跃，称之为“线粒体合成状态”，是肌肉能量生成的后机能动量（post functional momentum）。这是超代偿的代谢基础，也是不同能源物质超代偿异时性原理的基础。

2. 肌糖原是长时间、大强度运动的重要能源物质，其储量的多少往往对运动能力有重要的影响。运动后，肌糖原储量会明显下降，为了保障下一次运动，必须在运动后的恢复期中使肌糖原含量得到充分的、甚至是超量恢复。影响运动后肌糖原恢复的因素主要有膳食、运动强度和持续时间两方面的因素。

短时间、大强度运动后肌糖原的完全恢复需要 24 h，高糖膳食对短时间、大强度运动后肌糖原的恢复速度影响不大；长时间、大强度运动后肌糖原在运动后恢复期的前 10 h，肌糖原恢复速度最快；高糖膳食能明显加快肌糖原的恢复，肌糖原的完全恢复约需 46 h；而如果不进食高糖膳食，则肌糖原在运动结束后 5 天内都不能恢复到运动前水平。

糖原填充法就是基于这个规律提出来的。具体措施是赛前一周进行大运动负荷的训练，耗尽肌糖原；其后 2~3 天食用低糖膳食，并进行运动；随后再摄取 3 天的高糖膳食，不运动或轻微活动，这样可使肌糖原的储量增加 2~4 倍。

3. 长期合理的运动训练之所以能提高运动能力，是由于机体对运动训练产生了适应的结果，而这种适应机制是细胞内各种物质代谢的适应。主要表现在三个方面。① 蛋白质合成的适应性变化：适宜的运动训练可以使骨骼肌壮大和相关的酶活性增加，这是机体细胞蛋白质合成对运动训练的适应表现。这种适应是骨骼肌细胞功能改变（收缩加强）引起了细胞内特异蛋白质基因表达变化的结果。某些代谢产物和激素（主要包括睾酮和甲状腺素）对蛋白质合成的启动作用，被认为是联系骨骼肌细胞功能改变和蛋白质合成适应性变化的中间环节，而适应的最终结果表现为骨骼肌结构蛋白以及与运动专项供能过程直接相关的酶蛋白合成增加。② 能源物质的代谢适应：由于不同运动中的主要供能系统不同，因此，采取不同方法进行训练时，能源物质的代谢供能特点就不同，对该训练产生适应的代谢途径也不同。例如，短时间的全力、间歇训练可以提高磷酸原系统的供能能力，而长时间的有氧耐力训练则可以提高有氧氧化系统的供能能力，这两个代谢系统分别对短时间的全力间歇训练和长时间的有氧耐力训练产生了适应性改变。这种能源物质代谢能力的适应，一方面包括前面所讲的蛋白质合成适应中相关酶合成的改变，另一方面还涉及对适应的代谢途径调控的改变，如酶活性提高、肌纤维内能源物质（肌糖原等）储量增加等。③ 使代谢调控更有效是骨骼肌细胞运动适应的另一个变化，它可以使骨骼肌细胞代谢途径的动员能力和对能源物质的利用率均得到提高。这种代谢的适应性变化是通过训练提高运动能力的重要基础。

如果运动训练计划不科学，不但运动能力不会提高，甚至出现过度训练的后果。长期合理的运动训练所获得的良好效果在停训后会逐渐消退。

（八）综合分析题

1. 分析思路

（1）运动性疲劳是运动训练中的正常现象；（2）不同项目运动引起的运动性疲劳有不同的特点和发生部位；（3）应有针对性的采取不同措施延缓运动性疲劳的出现，提高运动成绩。

2. 分析思路

（1）提高短时间大强度运动能力的训练计划应注意磷酸原的恢复；（2）提高糖酵解代谢能力的训练计划应注意乳酸消除的方式和时间；（3）提高耐力的运动训练时应注意肌糖原恢复规律的应用。

3. 分析思路

（1）分析 100 m 和马拉松跑的供能特点；（2）分析 100 m 跑和马拉松跑运动性疲劳的特点；（3）结合运动性疲劳的发生机制，阐述 100 m 跑和马拉松跑引起运动性疲劳的生理、生化机制。

（华南师范大学　徐晓阳）

第七章　运动人体机能的生化评定

7

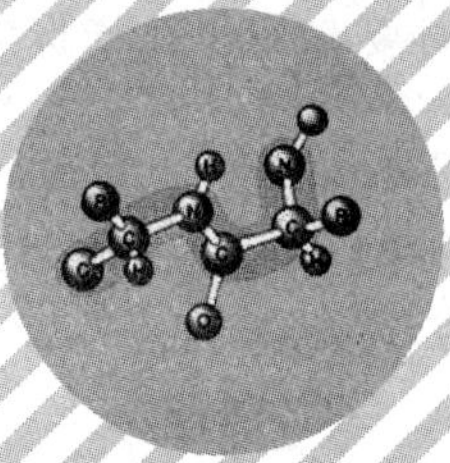

一、学习要点

本章阐述了运动人体机能评定的生化原则与意义，介绍了评定运动人体机能的几种常用生化指标。在此基础上从实际应用角度介绍了运动训练效果的评定方法、运动人体机能生化综合评定的方法。

（一）运动人体机能评定的生化原则与意义

运动负荷的大小，直接影响体育锻炼和运动训练的效果，适宜的运动负荷是保证运动可持续、良性循环的关键。因此，运动人体机能的生化评定十分重要。

1. 运动人体机能评定应遵循的原则

（1）要科学地选择评定运动人体机能的生化指标。通常以代谢产物、功能性物质以及代谢调节物质作为指标来进行机能评定。

（2）生化指标要有可测性和易测性。测试时要掌握生化指标的变化规律，选择适宜的时间进行测试。

（3）运用生化指标进行机能评定时需经过一个阶段的跟踪测试与综合分析，才能更准确、更全面地评定运动人体机能。

2. 运动人体机能生化评定的意义

（1）为运动员科学选材提供理论依据。

（2）为评定与监控机能状态提供科学依据。

（3）为评价运动训练效果提供依据。

（4）为评定运动者营养状态提供依据。

（二）负荷强度和负荷量的综合监控与评定

运动负荷是运动员在训练中所承受或完成的身体负荷量，是运动训练中最为重要的环节之一。负荷太大，不仅不能提高运动能力，反而损害身体健康；负荷太小，运动能力提高不明显。在运动训练中，通过负荷强度和负荷量的调节与变动，可达到不同的训练目的。因此，科学地监控和评定负荷强度和负荷量，不仅能防止过度疲劳和运动损伤的发生，而且有效地提高训练效果。在日常训练中，用于监控和评定训练强度和训练量的常用指标包括心率、血乳酸、血尿素、血清 CK、尿蛋白和尿胆原等，应掌握它们在实践中的主要应用方法。

（三）运动人体机能的生化综合评定

在运动人体机能评定中，采用单一生化指标进行评价，很难全面地进行分析。因此，要运用多指标、多层次、多因素的整体综合评定，相互补充、扬长避短，科学、准确地评定运动人体机能。

二、学习难点

1. 运动人体机能评定的生化原则。
2. 运动人体机能和训练效果的评定原理、方法及实际运用中的注意事项。
3. 结合实际对运动人体的机能状态以及运动适应能力做出综合评定。

三、习题

（一）名词解释

1. 运动性蛋白尿
2. 乳酸阈
3. 尿肌酐
4. 尿肌酐系数
5. 磷酸原能商
6. 乳酸能商

（二）填空题

1. 影响运动人体机能的因素有：遗传、__________、恢复手段以及________等。

2. 在体育锻炼和运动训练实践中，利用运动生物化学的各项指标可以从分子水平客观反映运动________、________以及________。

3. 运动时内环境发生暂时的改变，可根据________、________、________或________中代谢产物的变化间接地反映运动时物质、能量代谢的特点和规律。

4. 血乳酸可反映运动时________供能的情况；________、________可反映运动时蛋白质代谢状况；尿酮体可反映运动时________的状况。

5. 当身体机能下降或运动负荷过大时，尿液中蛋白质就会增多，形成________。尿蛋白含量的变化反映运动员的________和________。

6. ________的含量可以反映运动员机能状态；血清中的________的含量可以反映机体免疫功能。

7. 调节物质新陈代谢的两类重要物质是________和________。

8. 正常安静时，血乳酸浓度保持在稳态________ mmol/L。运动时，以磷酸原系统供能为主的运动，血乳酸浓度较小，一般不超过________ mmol/L；以糖无氧酵解系统供能为主的运动，则血乳酸浓度可达到________ mmol/L 以上；当以有氧氧化系统供能为主的运动，血乳酸浓度在________ mmol/L 左右。

9. 血尿素与运动人体的________、________，以及________的大小有关。________是蛋白质和氨基酸的代谢产物。常用血尿素指标评定________。

10. 大运动负荷前后，运动员的血尿素值变化在________ mmol/L。当运动前后血尿素增加值超过________ mmol/L 时，说明运动负荷偏大，运动员已达到疲劳阈值；当增加值在________ mmol/L 左右时，则认为虽然运动负荷较大，但运动员能适应；当血尿素的变化值为________ mmol/L 时，说明其运动负荷偏小。

11. 血红蛋白的主要功能是________和________。

12. 血红蛋白正常值成年男性为________ g/L，女性为________ g/L，当成年男性低于________ g/L，女性低于________ g/L，14 岁以下的儿少低于________ g/L 时，均可作为贫血诊断的参考值。

13. 在大运动量训练初期，运动员的血红蛋白往往易出现________，经过一段时期的训练适应后，血红蛋白可出现________。

14. 尿蛋白与________关系密切，但存在较大的个体差异。当身体机能下降时，尿蛋白排出量增加，恢复的时间________。

15. 睾酮是主要的________激素，可刺激雄性器官发育，促进________合成，加速________合成，刺激________生成。当负荷量过大或运动员对训练不适应时，往往会出现________的现象，使运动能力下降。

16. CK 在________中含量最丰富，约占总量的________%。正常情况下，血 CK 的活性很低，在________ IU/L 以下。在激烈运动或比赛时，由于运动时________、________、________等原因引起肌细胞膜________增大，或肌细胞膜受到损伤，使酶从细胞内进入血液增加，使血中 CK 活性显著升高，一般负荷运动后血 CK 常处于________ IU/L，如果超过________ IU/L 时，可认为是负荷过大。

17. 肌酐是磷酸肌酸的代谢产物，因此测定________的含量可间接了解运动员体内磷酸肌酸的含量。尿肌酐系数是指________小时每公斤体重排出的________，男性正常值为________，女性为________；运动员则为________。

18. 肌肉力量主要取决于肌肉收缩蛋白的________和________，从能量代谢的角度分析，力量与速度的能量来源主要是________和________，即磷酸原供能系统。

19. 运动员全力跑 400 米后，血乳酸仍为原来水平，而运动成绩提高，这说明运动员的水平________；如果血乳酸水平提高，成绩也提高，这说明运动员的________能力提高；如果血乳酸值不变或下降，而运动成绩也下降，说明运动员机能水平________。

20. 乳酸阈是评定________供能能力的重要指标，通常认为是______ mmol/L；在测定个体乳酸阈时常采用的负荷是________。

21. 常采用________、________、________等生化指标来评定运动强度；采用血尿素、________、尿胆原和________评定运动负荷；采用尿肌酐和乳酸阈评定________。

22. 运动后血乳酸应分别于________、________、________ min 分别取样；而测定尿蛋白的尿样应在运动后________ min 取样；测定血尿素应在运动后________ min 取样。

（三）判断题

1. 血乳酸是糖酵解的产物，故其一般只用于评定糖酵解供能能力。(　　)

2. 血尿素是评定负荷强度的主要指标。(　　)

3. 当机体机能下降时，尿蛋白排出量往往增加。(　　)

4. 运动后即刻尿蛋白排出量达高峰。(　　)

5. 运动员 A 和运动员 B 进行同项目、同量、同强度的训练后，经检测发现 A 的尿蛋白排出量比 B 少，这说明 A 的机能水平比 B 好。(　　)

6. 运动训练后次日晨血清 CK 超过 200 U/L 时，可认为是过度训练。(　　)

7. 血尿素是评定负荷量和机能适应性的主要指标。(　　)

8. 血尿素的量可受膳食的影响。(　　)

9. 120 g/L 是贫血的标准。(　　)

10. 2 min 的激烈运动后，血尿素将显著升高。(　　)

11. 血红蛋白下降 10%，可认为是负荷量过大。(　　)

12. 高原训练主要是提高血红蛋白的含量及机体对缺氧的适应性。(　　)

13. 睾酮就是雄性激素。(　　)

14. 血睾酮的降解主要是在肝进行。(　　)

15. 女性体内一般没有睾酮。(　　)

16. 尿胆原是血红蛋白的代谢产物。(　　)

17. 训练后次日晨血尿素安静值超过 8.33 mmol/L 时，可评定为过度训练。(　　)

18. 当血红蛋白下降，血尿素增加 1 mmol/L 时，可评定为过度训练。(　　)

19. 优秀短跑运动员的尿肌酐系数较高。(　　)

20. AQ 是评定磷酸原代谢供能能力的方法之一。(　　)

21. 400 m 全力跑是评定糖酵解供能能力的方法之一。(　　)

22. 自行车功率计评定法是评定有氧代谢供能能力的方法之一。(　　)

23. 采用 30 m 冲刺法时，运动后的血乳酸增加值高，说明其磷酸原供能能力好。(　　)

24. 经过系统的有氧耐力训练后，有氧耐力提高了，乳酸阈曲线往往是向右移。(　　)

25. 经测定发现，所有人的乳酸阈阈值都是 4 mmol/L。(　　)

(四) 单选题

1. 在有氧耐力训练后，血乳酸一般不超过（　　）mmol/L。

A. 4　　B. 12　　C. 6~10　　D. 2

2. 在速度耐力训练后，血乳酸一般不低于（　　）mmol/L。

A. 4　　B. 12　　C. 6~10　　D. 2

3. 发展磷酸原供能能力时，训练后的血乳酸水平一般在（　　）mmol/L 为宜。

A. 6~10　　B. 4　　C. 2　　D. 12

4. 人体处于正常安静状态下，血乳酸值一般在（　　）mmol/L 以内。

A. 4　　B. 2　　C. 8　　D. 12

5. 发展有氧代谢供能能力时，训练后的血乳酸水平一般在（　　）mmol/L 为宜。

A. 14　　B. 4~8　　C. 2　　D. 12

6. 正常条件下，尿中蛋白质很少，一般日排出量不超过（　　）mg。

A. 10　　B. 60　　C. 100　　D. 150

7. 运动后测定尿蛋白，一般是在运动后（　　）min 取尿样。

A. 3　　B. 即刻　　C. 15　　D. 30

8. 受情绪影响变化较大的指标是（　　）。

A. 血尿素　　B. 血红蛋白

C. 尿肌酐　　D. 尿蛋白

9. 大运动量训练后（　　）h，蛋白尿基本消除。

A. 1　　B. 2　　C. 3　　D. 4

10. 100 m 全力游泳后，显著增加的是（　　）。

A. 磷酸肌酸　　B. 血红蛋白

C. 尿肌酐　　D. 血乳酸

11. 20 km 越野跑后，显著增加的是（　　）。

A. 血尿素　　B. 血红蛋白

C. 尿肌酐　　D. 磷酸肌酸

12. 100 m 间歇训练 10 次后，显著增加的是（　　）。

A. 血尿素　　B. 血红蛋白
C. 尿肌酐　　D. 尿蛋白

13. 大运动量训练后，血清 CK 一般不超过（　　）U/L。
A. 50　　B. 100　　C. 20　　D. 200

14. 正常安静条件下，血清 CK 一般在（　　）U/L 以内。
A. 10　　B. 40　　C. 100　　D. 200

15. 训练后次日晨血清 CK 超过（　　）U/L，可认为是过度训练。
A. 20　　B. 200　　C. 50　　D. 100

16. 正常安静条件下，血尿素值一般不超过（　　）mmol/L。
A. 4　　B. 7　　C. 12　　D. 1

17. 训练后次日晨血尿素安静值超过（　　）mmol/L，可认为是过度训练。
A. 5　　B. 200　　C. 50　　D. 8.33

18. 受膳食影响的指标是（　　）。
A. 肌红蛋白　　B. 血尿素
C. 尿肌酐　　D. 尿胆原

19. 成年男性的血红蛋白正常值是（　　）g/L。
A. 110~150　　B. 120
C. 120~160　　D. 160

20. 成年女性的血红蛋白正常值是（　　）g/L。
A. 110~150　　B. 120
C. 120~160　　D. 160

21. 14 岁以下儿少的血红蛋白正常值不低于（　　）g/L。
A. 110~150　　B. 120
C. 120~160　　D. 160

22. 一般认为血红蛋白下降（　　）时，比赛成绩往往不好。
A. 5%　　B. 10%　　C. 15%　　D. 20%

23. 当血红蛋白下降（　　）时，一般可认为其机能下降。
A. 5%　　B. 10%　　C. 15%　　D. 20%

24. 血红蛋白的理想值是（　　）g/L。
A. 120　　B. 140　　C. 160　　D. 180

25. 大运动量训练初期容易出现下降的指标是（　　）。
A. 血尿素　　B. 血乳酸　　C. 尿胆原　　D. 血红蛋白

26. 当机体出现高皮质醇、低睾酮时，身体机能往往是（　　）。

A. 较好　　B. 较差　　C. 一般　　D. 变化不大

27. 成年男性血睾酮的正常值是（　　）nmol/L。

A. 2~4　　B. 5~7　　C. 12~16　　D. 14~30

28. 成年女性血睾酮的正常值是（　　）nmol/L。

A. 2~4　　B. 5~7　　C. 12~16　　D. 14~30

29. 尿胆原是（　　）代谢产物。

A. 肌红蛋白　　B. 氨基酸　　C. 蛋白质　　D. 血红蛋白

30. 在生化评定时，一般要求进行（　　）评定。

A. 定性　　B. 定量　　C. 半定量　　D. 半定量、半定性

31. 尿肌酐是（　　）的代谢产物。

A. 血红蛋白　　B. 肌红蛋白　　C. 磷酸肌酸　　D. 蛋白质

32. 尿肌酐系数主要是评定（　　）的供能能力。

A. 磷酸原供能系统　　B. 糖酵解供能系统

C. 有氧代谢供能系统　　D. A 和 B

33. 尿肌酐系数主要是评定机体的（　　）素质。

A. 力量　　B. 速度　　C. 耐力　　D. 力量、速度

34. 正常成年男性的尿肌酐系数值是（　　）mg/kg 体重。

A. 10~25　　B. 18~32　　C. 15~35　　D. 12~16

35. 正常成年女性的尿肌酐系数值是（　　）mg/kg 体重。

A. 10~25　　B. 18~32　　C. 15~35　　D. 12~16

36. 10 s 的极大强度运动，乳酸生成量少，而所做的总功率增加，这是（　　）供能能力提高的表现。

A. 磷酸原供能系统　　B. 糖酵解供能系统

C. 有氧代谢供能系统　　D. A 和 B

37. 经过一段时期的训练，血乳酸的最大浓度提高了，说明其（　　）供能能力提高了。

A. 磷酸原供能系统　　B. 糖酵解供能系统

C. 有氧代谢供能系统　　D. A 和 B

38. 在自行车功率计上运动 45 s，所做的总功率高，而血乳酸的增加值不高，说明其速度耐力素质（　　）。

A. 较差　　B. 一般　　C. 较好　　D. 无法评定

39. 全力跑 400 m 后 3~9 min 内所测得的血乳酸值在 10 mmol/L 左右，说明其糖酵解供能能力（　　）。

A. 较差　　B. 一般　　C. 较好　　D. 无法评定

40. 100 m 游泳的供能能力训练时，主要是发展（　　）供能能力。

A. 磷酸原供能系统　　B. 糖酵解供能系统

C. 有氧代谢供能系统　　D. B 和 C

41. 乳酸阈是评定（　　）能力的重要指标。

A. 磷酸原供能　　B. 糖酵解供能

C. 有氧代谢供能　　D. A 和 B

42. 经过一段时期的训练乳酸阈跑速提高了，说明（　　）能力提高了。

A. 磷酸原供能　　B. 糖酵解供能

C. 有氧代谢供能　　D. A 和 B

43. 发展有氧代谢供能能力时，可采用（　　）训练。

A. 乳酸　　B. 磷酸原　　C. 无氧阈　　D. 最大强度

44. 发展糖酵解供能能力时，可采用（　　）训练。

A. 低乳酸　　B. 磷酸原　　C. 无氧阈　　D. 最大乳酸

（五）多选题

1. 运动负荷生化评定的意义是（　　　　）。

A. 能及时诊断过度疲劳并制订训练计划

B. 能评定机能状况

C. 能提高训练水平

D. 能客观评定运动负荷水平

2. 评定负荷强度的指标主要有（　　　　）。

A. 血尿素　　B. 血乳酸　　C. 血红蛋白　　D. 尿蛋白

3. 血乳酸可作为评定（　　　　）能力的重要指标。

A. 无氧　　B. 有氧

C. 磷酸原供能　　D. 速度

4. 一般情况下，尿液往往含有（　　　　）。

A. 尿素　　B. 氨基酸　　C. 尿酸　　D. 电解质

5. 造成尿中蛋白质排出量增加的主要原因是（　　　　）。

A. 肾小球滤过率增加　　B. 尿量增加

C. 尿量减少　　D. 肾小管重吸收率下降

6. 影响运动性尿蛋白的因素主要有（　　　　）。

A. 身体机能　　B. 训练

C. 饮食、年龄、环境　　D. 情绪

7. 运动训练使血清 CK 活性升高的主要原因是（　　　　）。

A. 肌细胞缺氧　　B. 细胞内代谢产物堆积

C. 肌细胞膜通透性升高　　D. 肌细胞膜受损

8. 评定负荷量的常用指标有（　　）。

A. 尿胆原　B. 血红蛋白　C. 血尿素　D. 血睾酮

9. 运动引起血尿素升高的机理主要有（　　）。

A. 能量代谢失衡，AMP 大幅度增加

B. 葡萄糖丙氨酸循环加快

C. 酶老化分解加强

D. 短时间大强度运动

10. 血红蛋白的功能主要有（　　）。

A. 运输氧气　　B. 运输 CO_2

C. 运输能量　　D. 维持体液的酸碱平衡

11. 影响血红蛋白量变的因素主要有（　　）。

A. 身体机能状况　　B. 运动训练

C. 环境　　D. 膳食

12. 雄性激素包括（　　）。

A. 睾酮　B. 雄酮　C. 雄烯二酮　D. 脱氢异雄酮

13. 睾酮的生理功能主要有（　　）。

A. 促进 CP 的合成　　B. 刺激血红蛋白的合成

C. 促进性成熟及第二性征　　D. 促进蛋白质的合成

14. 尿胆原的排泄量主要受（　　）影响。

A. 红细胞的溶血量　　B. 运动训练

C. 肾小管管腔 pH　　D. 肝功能

15. 评定一次训练课的运动负荷常用的主要指标有（　　）。

A. 血乳酸　B. 尿胆原　C. 血红蛋白　D. 血尿素

16. 评定一训练周期的运动负荷的常用主要指标有（　　）。

A. 血乳酸　B. 血 CK　C. 血红蛋白　D. 血尿素

17. 评定运动员对训练的适应性或训练后的机能状况的常用指标有（　　）。

A. 血 CK　B. 血睾酮　C. 血红蛋白　D. 血尿素

18. 评定磷酸原供能能力的常用方法有（　　）。

A. 10 s 内快速运动评定法　　B. AQ 评定法

C. 尿肌酐评定法　　D. 30 m 冲刺法

19. 评定糖酵解供能能力的常用方法有（　　）。

A. LQ 评定法　　B. AQ 评定法

C. 最大乳酸评定法　　D. 400 m 全力跑血乳酸评定法

20. 评定有氧代谢供能能力的常用方法有（　　）。

A. LQ 评定法　　B. AQ 评定法

C. 乳酸阈评定法　　D. 自行车功率计评定法

21. 不同项目的运动员的尿肌酐系数不同，其中以（　　）项目的为最高。

A. 投掷　B. 举重　C. 跳远　D. 短跑

22. 在训练中主要是以发展无氧代谢供能能力的项目有（　　）。

A. 100 m 跑　　B. 200 m 跑

C. 篮球　　D. 50 m 游泳

23. 训练 10 000 m 跑的代谢供能能力时，可采用（　　）训练。

A. 乳酸　B. 磷酸原　C. 无氧阈　D. 最大稳态乳酸

24. 训练 100 m 游泳的代谢供能能力时，可采用（　　）训练。

A. 最大乳酸　B. 磷酸原　C. 无氧阈　D. 乳酸耐受力

25. 训练 60 m 或 100 m 跑的代谢供能能力时，可采用（　　）训练。

A. 无氧低乳酸　　B. 10 s 运动、30 s 间歇

C. 无氧阈　　D. 1 min 运动、4 min 间歇

26. 系统的力量训练后，肌肉的化学组成可产生（　　）。

A. 肌纤维增粗

B. 磷酸原供能能力增强

C. 无氧代谢供能能力增加

D. 肌肉中 CK、PFK、MK 等酶活性增大

（六）简述题

1. 评定运动负荷生化指标选择的原则是什么？
2. 简述运动人体机能生化评定的意义。
3. 何谓运动强度、运动负荷？它们各用哪些主要的生化指标进行评定？
4. 试述不同运动强度时血乳酸值的变化。
5. 简述尿蛋白与身体机能的关系，以及影响尿蛋白的因素有哪些。
6. 简述睾酮的生理作用及与运动人体机能的关系。
7. 运动训练后血清 CK 升高的机理是什么？
8. 血红蛋白有何功能，与运动负荷的关系如何？
9. 什么叫乳酸阈，乳酸阈的测定方法有哪些？如何运用乳酸阈来评定有氧代谢能力？

（七）论述题

1. 何谓运动强度？请结合本专业的训练实践选择生化指标进行运动强度的调控（写出某训练课的实际内容，然后进行设计，应用生化指标来调控强度）。

2. 何谓运动负荷？请结合本专业的训练实践选择生化指标进行运动负荷的调控（写出某训练课的实际内容，然后进行设计，应用生化指标来调控负荷量）。

3. 结合自己的专项，简述如何应用生化指标来综合评定运动人体的机能状态？

（八）综合分析题

表7-1是前后两周晨生化指标的测定结果，请根据表中的结果，分析1、3、8、12运动员的测试结果，并将计算结果、评价及评价的依据填写在表7-2中。

表7-1　12名运动员（成年）某阶段前后两周生化指标的测试结果

		性别	血红蛋白（g/L）		血尿素（mmol/L）		血清CK（U/L）	
			上周	本周	上周	本周	上周	本周
1	李××	男	142	121	5.85	7.67	162	235
2	张××	男	145	143	6.22	6.35	155	143
3	吴××	男	154	131	5.12	7.85	134	244
4	黄××	男	141	143	6.54	6.03	175	168
5	林××	男	132	156	6.98	7.25	187	182
6	朱××	男	118	125	8.51	7.11	257	169
7	汤××	女	132	135	6.88	6.75	152	147
8	李××	女	127	120	8.11	8.45	178	195
9	杨××	女	123	143	8.25	7.67	215	183
10	林××	女	135	136	6.98	7.12	178	174
11	陈××	女	136	159	7.88	7.86	171	175
12	管××	女	133	117	7.99	8.22	189	211

表 7-2 生化测试结果评价报告

编号	姓名	性别	血红蛋白变化	血尿素变化	血清 CK 变化	评价		
						负荷量	负荷强度	身体机能

评价依据：

根据评价的结果，提出下周训练安排的建议。

四、参考答案

（一）名词解释

1. 运动性蛋白尿：正常人在运动后出现的一过性蛋白尿称为运动性蛋白尿。

2. 乳酸阈：人体在递增性负荷过程中，血乳酸浓度随运动负荷的渐增而增加，当运动强度达到某一负荷时，血乳酸浓度急剧上升的起点，称为乳酸阈。乳酸阈反映人体的代谢供能方式由有氧代谢供能为主过渡至无氧代谢供能的临界点。

3. 尿肌酐：磷酸肌酸在体内可自行分解，它失去磷酸后生成的肌酐经肾随尿排出体外，称尿肌酐。

4. 尿肌酐系数：是指 24 小时内每千克体重排出的尿肌酐的毫克数。

5. 磷酸原能商：用于评定磷酸原系统供能能力，指 15 s 内完成的总功与运动前后血乳酸变化量的比值。

6. 乳酸能商：用于评定糖酵解供能能力，指 45 s 内完成的总功与运动前后血乳酸变化量的比值。

（二）填空题

1. 营养，体育锻炼与运动训练方式

2. 强度，负荷，运动人体机能

3. 血，尿，汗，唾液

4. 糖酵解，血氨，血尿素，脂肪代谢

5. 运动性蛋白尿，机能状态，运动负荷大小

6. 尿蛋白，免疫球蛋白

7. 酶，激素

8. 1~2，4，15，4

9. 机能状态，疲劳程度，运动负荷，尿素，运动负荷

10. 1~3.5，3，2，1

11. 作为红细胞运输 O_2 和部分 CO_2 的载体，维持体液酸碱平衡

12. 120~160，110~150，120，110，120

13. 下降，回升

14. 运动强度，延长

15. 雄性激素，蛋白质，体内抗体，红细胞，低血睾酮

16. 骨骼肌，96，100，缺氧，代谢产物堆积，供能相对不足，通透性，100~200，300

17. 尿肌酐，24，尿肌酐的毫克数，18~32，10~25，25~40

18. 数量，性能，ATP，磷酸肌酸

19. 提高，糖酵解供能，下降

20. 有氧代谢，4，逐级递增负荷

21. 血乳酸，尿蛋白，血清肌酸激酶，血红蛋白，血睾酮，训练效果

22. 1，3，5，15~20，30~60

（三）判断题

1. × 2. × 3. √ 4. × 5. × 6. √ 7. √ 8. √ 9. × 10. ×
11. × 12. √ 13. × 14. √ 15. × 16. √ 17. √ 18. √ 19. √ 20. √
21. √ 22. √ 23. × 24. √ 25. ×

（四）单选题

1. A 2. B 3. A 4. B 5. A 6. A 7. C 8. D 9. D 10. D
11. A 12. D 13. D 14. C 15. B 16. B 17. D 18. B 19. C 20. A
21. B 22. B 23. D 24. C 25. D 26. B 27. D 28. A 29. D 30. B
31. C 32. A 33. D 34. B 35. A 36. A 37. B 38. C 39. A 40. B
41. C 42. C 43. C 44. D

（五）多选题

1. ABCD 2. BD 3. ABC 4. ABCD 5. AD 6. ABCD 7. ABCD
8. ABCD 9. ABC 10. ABD 11. ABCD 12. ABCD 13. ABCD

14. ABCD 15. AD 16. BCD 17. ABCD 18. ABCD 19. ACD

20. CD 21. ABCD 22. ABCD 23. CD 24. AD 25. AB 26. ABCD

（六）简述题

1. 评定运动负荷生化指标的选择原则有：① 指标具有代表性，如用代谢产物、功能性物质或代谢调节物作为评定指标；② 指标具有可测性与易测性；③ 生化评定的综合性和长期性。

2. 运动人体机能生化评定的意义：① 为运动员科学选材提供理论依据；② 为评定与监控机能状态提供科学依据；③ 为评价运动训练效果提供依据；④ 为评定运动者营养状态提供依据。

3. 运动强度是指单位时间里或单个（单组）动作中运动员机体所伴随的一定外部负荷量所引起的内部应答反应的程度。运动负荷是指在进行持续、连贯的身体活动时，机体所表现出的内部负荷的程度。运动强度常用血乳酸、血清 CK、尿蛋白进行评定；运动负荷常用血红蛋白、血尿素、血睾酮等指标进行评定。

4. 短时间、剧烈运动，如 1~3 min 全力跑时，血乳酸浓度可达到 15 mmol/L；短时间、间歇运动时，血乳酸浓度最高可达 32 mmol/L；周期性项目以低强度训练后血乳酸在 4 mmol/L，以中等负荷强度训练后血乳酸在 8~10 mmol/L，以大强度负荷运动时，血乳酸在 12 mmol/L。

5. 尿蛋白是评定运动人体机能特别是运动强度的灵敏指标。尿蛋白有较大个体差异，通常采用纵向对比，如同一个体在完成相近的运动量或相同项目比赛时尿蛋白量相对稳定，当训练水平提高时，尿蛋白的数量减少；当身体机能下降时，尿蛋白在运动后排泄量突然增加。影响尿蛋白的因素除身体机能外，还有训练手段、年龄、环境以及情绪等。

6. 睾酮是雄性激素中的一种，可以刺激雄性性器官发育并维持其功能，还可促进蛋白质合成代谢，加速体内抗体的形成，刺激红细胞生成，提高中枢神经系统的兴奋性等。短时间激烈运动，血睾酮变化不大；长时间、大运动负荷或力竭运动使血睾酮含量下降，从而引起人体机能下降。

7. 运动使血清 CK 活性升高，原因是运动时的缺氧、代谢产物堆积、供能相对不足等所引起的肌细胞膜通透性升高，或是肌细胞膜受到损伤，促使 CK 从细胞内释放至血清，血清 CK 活性升高。

8. 血红蛋白是红细胞运输氧气和部分二氧化碳的载体，同时又有维持体液酸碱平衡的作用，因此能直接影响体内物质代谢与能量代谢，从而影响人体机能及运动能力。正常男性血红蛋白含量为 120~160 g/L，女性为110~150 g/L。当运动员处于过度训练状态时，血红蛋白含量下降；当训练状态好转时，血红蛋白含量上升。血红蛋白含量上升时，运动员参加比赛，一般成绩较好；当血红蛋白含量下降，如下降10%时，运动员比赛成绩大都不好；当血红蛋白含量下降20%时，运动成绩大幅度下降。

9. 乳酸阈是指在递增负荷运动过程中，机体由有氧代谢供能突然过渡至无氧代谢供能的临界点。测试方法：① 选择测试场地，运动方式；② 确定运动负荷包括起始负荷、递增负荷、每次负荷持续时间和间歇时间等；③ 取血样，测定乳酸值；④ 绘制血乳酸功率曲线。

评价方法：经过系统的耐力训练，运动员的乳酸阈功率增大，即血乳酸功率曲线右移，说明有氧代谢能力提高，训练效果明显；反之则说明耐力下降，训练效果差。

（七）论述题

1. 运动强度是指在单位时间里或单个（单组）动作中运动员机体所伴随的一定外部负荷量所引起的内部应答反应的程度。评价运动强度的指标有血乳酸、尿蛋白、血清 CK，根据实际，自己选取指标来设计运动强度的调控方案。

2. 运动负荷是指在进行持续、连贯的身体活动时，机体所表现出的内部负荷的程度。评价运动负荷的指标有血红蛋白、血尿素、血睾酮等，根据实际，自己选取指标来设计运动负荷的调控方案。

3. 通常生化指标要综合运用才能科学地评定运动负荷。生化指标组合见表7-3。

表 7-3 运动训练综合评定时生化指标的有机组合

测试目的	主要指标	辅助指标
1. 一次训练课的运动负荷	血乳酸、血尿素	尿蛋白、磷酸肌酶、心率等
2. 一周或一阶段训练的运动负荷	血红蛋白、血尿素、磷酸肌酶	血乳酸
3. 运动训练后运动人体机能状态	血尿素、血红蛋白、磷酸肌酶	尿胆原、血睾酮、皮质醇等
4. 训练效果评定		
（1）磷酸原训练效果	尿肌酐、60 m 跑后血乳酸	功率测试、AQ
（2）糖酵解训练效果	400 m 跑、100 m 游泳后血乳酸	LQ
（3）有氧耐力训练效果	乳酸阈或个体乳酸阈	10 min 功率自行车测验

（八）综合分析题

分析思路：

首先根据表中的测试结果，分别计算出各指标变化值；然后根据各指标的评价方法，进行综合评价。

（广州体育学院　林文弢）

8 第八章 儿童少年体育锻炼的生化特点与评定

一、学习要点

本章介绍了儿童少年的化学组成与代谢特点，阐述了体育教学与训练中合理安排儿童少年适宜运动负荷的生化依据以及儿童少年体育锻炼效果的评定方法。

（一）儿童少年的化学组成与代谢特点

1. 儿童少年的化学组成特点

儿童体脂比例高于成年人，瘦体重相对较低。经常性的运动锻炼可以减少儿童少年的体脂，增加他们的瘦体重。儿童少年的骨质较疏松，硬度小、弹性大，不易骨折，但承重后易变形、弯曲。这些特点决定了儿童少年不宜过多承受大强度的力量训练。儿童少年骨骼肌占体重的百分比较低，肌纤维横截面积较小，且骨骼肌中水分较多，收缩蛋白、磷酸原和糖原等含量相对较少。因此，儿童少年的肌肉力量素质较低、耐力差、容易疲劳，比较适合进行柔韧性、灵敏性等内容的训练。

2. 儿童少年的代谢特点

儿童少年的糖酵解能力低于成人。由于儿童少年可供氧化的糖原贮备量少，从而限制了糖的有氧氧化的供能能力。儿童少年肝糖原的贮备量显著低于成人，且中枢神经系统摄取血糖的比例显著高于成人。因此，儿童少年在长时间运动时容易发生低血糖现象。儿童少年脂肪动员与肌肉氧化脂肪酸的能力高于成人，从而可以补偿运动过程中糖酵解能力的降低，维持儿童少年适当的血糖浓度。儿童少年正处于生长发育时期，蛋白质的合成代谢大于分解代谢，处于人生正氮平衡阶段。儿童少年的体液约占体重的65%，高于成人；每日需水量比成人多。儿童少年调节酸碱平衡的能力与碱贮备都比成人低，肌肉耐酸的能力也较差。

儿童少年骨骼肌中CP的含量和运动时动用的速率较成人低，故ATP-CP系统供能能力比成人低。同时，由于儿童少年骨骼肌中无氧代谢酶如乳酸脱氢酶（LDH）和磷酸果糖激酶（PFK）活性以及肌糖原含量低于成人，故糖酵解系统的供能能力也低于成人。由于儿童少年肌糖原贮备量和血红蛋白（Hb）值较成人低，因此儿童少年的有氧耐力相对较差。儿童少年有氧代谢能力的可训练性与机体的生长发育程度有关，不宜过早地进行大强度的耐力性专项训练。

3. 儿童少年代谢调节的特点

儿童少年的激素分泌能力随年龄的增加而增加。儿童少年的身体发育在很大程度上与内分泌系统的变化，尤其是生长激素（Growth hormone，GH）和性激素的变化相联系。虽然运动训练并不能改变儿童少年安静时 GH 的分泌，但是急性运动可以促进儿童少年 GH 的分泌，从而使血清 GH 浓度升高。在性激素中，与运动能力密切相关的是雄激素，其主要成分是睾酮。青春发育期间，男女之间性激素分泌水平的差异，是导致男女运动能力差异的重要原因之一。运动训练可以改变儿童少年在安静时或运动时性激素的反应。长期进行大强度的运动训练，特别是从事与体重要求较高的运动项目，可影响儿童少年性激素的分泌，从而延缓生长发育。儿童少年骨骼肌中绝大多数无氧代谢酶的活性随着年龄的增长而增加，但仍显著低于成人。然而儿童少年骨骼肌中有些有氧代谢酶如琥珀酸脱氢酶（SDH）和异柠檬酸脱氢酶（ICDH）的活性高于成人，对维持儿童少年的耐力性运动能力具有非常重要的意义。

（二）科学安排儿童少年体育教学与业余训练的生化依据

为了提高体育课或训练课的质量并取得最大成效，身体练习必须科学地遵循超负荷原则、专门性原则、全面训练原则和可逆性原则等教学和训练原则。

在相同负荷的运动中，强度不同会造成能源物质消耗不同。但是，对同种能源物质（如肌糖原）来讲，决定其消耗程度的不是运动的总负荷，而是运动强度。适宜运动负荷的安排，从生化特点上应当注意两个方面：① 必须根据运动的特点选择最适宜的运动时间。② 同一时间的运动，要注意强度的掌握，使机体产生最明显的超量恢复，以达到预期的训练效果。

在儿童少年进行不同强度和不同时间运动时，掌握好磷酸原、肌糖原的消耗和恢复规律以及乳酸的清除时间，对合理安排儿童少年的适宜运动量十分重要。磷酸原的恢复十分迅速。运动时，肌糖原的消耗量决定于运动时间和强度；而运动后，休息期中膳食对肌糖原的恢复影响最大。儿童少年运动后乳酸恢复的动力学变化与成人相似，其半时反应时间约为 20 min。

（三）儿童少年体育锻炼效果的生化评定

根据儿童少年的生化特征，可以根据运动时的最大输出功率和血乳酸浓度来评定儿童少年的无氧代谢能力，用乳酸阈来评定儿童少年的有氧代谢能力，用 Hb、血脂等指标来评定儿童少年的身体机能状态。

二、学习难点

1. 儿童少年的代谢特点及其激素、酶的调节特点。
2. 儿童少年在体育教学与训练中合理安排适宜运动量的生化依据。
3. 儿童少年体育锻炼效果的常用评定方法。

三、习题

（一）名词解释

1. 体成分
2. 骨盐
3. 血浆白蛋白
4. 青春期
5. 碱贮备
6. 耐酸能力
7. 无氧代谢能力
8. 有氧代谢能力

（二）填空题

1. 骨的化学组成主要包括________、________和________等。

2. 骨的有机物质主要为________、________和________；还有少量________、________和________等。

3. 骨盐的主要成分为________、________。

4. 儿童少年骨骼肌中含水量较成人________，而________、________与________等化学成分较成人低。

5. 儿童少年的肌纤维较成人________，肌肉蛋白质含量________，能量贮备________，肌力________，耐力差、易疲劳。

6. 儿童少年骨骼肌糖原贮备量较成人________，糖酵解酶的活性较成人________，故糖酵解能力________。

7. 儿童少年脂肪动员与肌肉氧化脂肪酸的能力________成人。在运动中，儿童少年更多地依靠________来供能，从而补偿运动过程中________能力的降低，维持适当的________浓度。

8. 儿童少年体内蛋白质合成旺盛，故血尿素浓度比成人________。

9. 血浆白蛋白的功能是________、________、________。儿童少年血浆白蛋白的水平比成人________。

10. 出汗是激烈运动时机体________的主要方式，出汗结果使机体丢失________和________，导致运动性________。

11. 儿童易利用________、________、________方式来增加散热量，具有减少________和________丢失的优点，但散热速度________，对运动能力产生________的影响。

12. 儿童少年碱贮备较成人________，耐酸能力较成人________，调节酸碱平衡的能力较成人________。

13. 在功率自行车上进行定量负荷运动时，儿童少年血乳酸浓度较成人________，表明儿童少年的糖酵解能力较成人________。

14. 在无氧代谢能力方面，年龄越小无氧代谢能力________，同年龄的儿童少年，男孩无氧代谢比女孩________。

15. 儿童少年的最大摄氧量较成人________，且血红蛋白含量较成人________，某些有氧代谢酶的活性较成人________，能源贮量________。综合起来，儿童少年的有氧氧化供能能力较成人________。

16. 雄性激素主要是________，男子雄激素主要由________和________分泌，女子雄激素由________、________分泌。

17. 到________期间，男孩睾丸分泌雄性激素猛增，表现出________、________生长明显加快，________、________明显增加，使运动能力显著增强。

18. 儿童少年机体的耐酸能力________，当血液 pH 下降到________，肌收缩能力明显丧失。

19. 血清________升高，可以作为耐力运动对机体分解代谢状况的有力参数。

20. 儿童少年在体育教学与锻炼中，应遵循________、________、________和________等体育教学与锻炼原则。

21. 适宜的运动负荷量是迅速提高运动能力的主要手段，而适宜的运动负荷主要由________、________和________来决定。

22. 在同一运动中，当运动负荷相同时，机体中能量的消耗量主要由________来决定，在一定范围内________越大，则消耗________，在恢复期________也越明显。

23. 运动强度的大小不仅影响能量物质的________过程，而且还要影响其________过程，运动强度适当，则________出现明显，运动强度过大则________出现延迟甚至不出现。

24. 在运动中，运动时间、运动强度、运动密度是训练能否取得良好效果的关键因素，运动时间应根据________来选择，运动强度的选择应产生最明显的________，而休息间歇的长短则取决于________。

25. 在运动中所有被消耗的能量物质中，在恢复期恢复速度最快的是________，成人恢复的半时反应时间为________，基本恢复的最短时间为________，超量恢复的时间为________。儿童少年的半时反应时间大约是成人的________。

26. 长时间运动后肌糖原的恢复速率和数量受________的影响，在高糖膳食下，肌糖原在最初________ h 恢复速率最快，完全恢复需要________ h，因此对于耐力性运动后尤其要注意在恢复期开始________ h 内增加膳食糖的含量。

27. 短时间、大强度运动后，肌糖原的恢复与膳食含糖量之间的关系________，且在恢复期最初________ h 恢复速率最快，________ h 即可完全恢复。

28. 在一堂训练体育课或训练课中，当运动负荷一定时，由于训练内容安排________就会影响训练效果。为提高训练效果，在力量、速度和耐力训练时，一般先进行________，再进行________，而最后进行________。

29. 在实际应用中，更多地应用血乳酸含量来评定________的供能能力，极限强度运动后血乳酸值________，说明糖酵解系统供能能力强。

30. ________是评定有氧代谢能力的方法，但与成人相比其值显著________成人。

（三）判断题

1. 骨质无机盐含量决定骨质硬度，有机物含量决定骨质弹性和韧度。（　　）

2. 儿童少年骨组织中无机盐所占比例小，骨骼钙化程度较低，因而富于弹性而硬度小。（　　）

3. 儿童少年糖酵解能力较低的原因主要是肌糖原贮量低下。（　　）

4. 儿童少年参与糖有氧氧化的某些酶的活性高于成人，故具有较高的糖有氧氧化能力。（　　）

5. 长时间运动中儿童少年较成人易出现低血糖现象。（　　）

6. 儿童体脂比例高于成人，脂肪氧化的能力也高于成人。（　　）

7. 儿童少年的血脂水平与成人相似，故在运动时脂肪酸氧化供能的能力也与成人相似。（　　）

8. 儿童少年处于生长发育时期，体内蛋白质合成代谢大于分解代谢，处于人生正氮平衡阶段。（　　）

9. 运动后儿童少年的血尿素氮浓度升高，当超过 7.14 mmol/L（20 mg/dL）时，为运动量过大的表现。（　　）

10. 儿童少年的蛋白质代谢旺盛，故正常血尿素氮水平高于成人。（　　）

11. 儿童少年每日摄取蛋白质 3 g/kg 体重，有助于保持血浆白蛋白正常高水平含量，有利于提高他们的训练效果。（　　）

12. 出汗是机体散热的主要方式，儿童具有较成人高的排汗能力，散热

快、利于运动。(　　)

13. 人的年龄越小无氧代谢能力越低，而有氧代谢能力相对越高。(　　)

14. 儿童少年的无氧代谢能力和有氧代谢能力不存在性别差异。(　　)

15. 儿童少年的糖原贮备量较低，与胰岛素分泌水平低有关。(　　)

16. 男性雄激素由睾丸分泌，女性雄激素主要由肾上腺皮质分泌。(　　)

17. 儿童少年调节酸碱平衡的能力与碱贮备都比成人低，肌肉耐酸能力也较差。(　　)

18. 运动训练可以提高儿童少年的耐酸能力，但仍难以达到训练良好的成人水平。(　　)

19. 运动能促进脂肪消耗、降低血脂水平，从而具有防治心血管病的作用。(　　)

20. 儿童少年的磷酸原系统供能能力不存在性别差异。(　　)

21. 制定训练计划的原则之一就是超负荷原则，就是在训练初期采用超大强度，以提高运动能力。(　　)

22. 在训练中只要掌握好运动强度和运动时间就可取得好的训练效果，休息间歇对训练效果的影响不大。(　　)

23. 在一堂训练课中，如果总运动负荷相同，训练内容中力量、速度、耐力的安排顺序不同，不会影响训练效果。(　　)

24. 在运动训练中休息间歇的长短由所消耗的能量物质的恢复速率来决定。(　　)

25. 在运动中消耗的能量物质中，运动后恢复期恢复速率最快的是肌糖原。(　　)

26. 肌糖原是长时间大强度运动的主要能源物质，运动后其恢复速率受膳食含糖量的影响。(　　)

27. 在短时间、大强度训练后，乳酸的消除速率不受休息方式的影响。(　　)

28. 在承受运动负荷的情况下，运动中能量物质的消耗程度由运动强度来决定，但是运动强度不影响能量物质的恢复过程。(　　)

29. 适宜的运动负荷是迅速提高运动员运动能力的重要手段，而适宜的运动负荷是由运动时间、运动强度和密度来决定的。(　　)

30. 在训练中要想取得好的训练效果，必须根据自身运动的特点，选择最适宜的运动时间，而运动强度则对训练效果影响不大。(　　)

31. 运动时肌糖原是重要的能源物质，当运动时间同为 1 小时，则肌糖原的消耗量完全由运动强度来决定。(　　)

32. 在短时间、大强度运动后生成大量乳酸，在恢复期乳酸恢复速率受身体状态的影响，以安静休息时恢复速率最快。（　　）

33. 儿童少年运动后 CP 的恢复速度比成人快。（　　）

34. 儿童少年在体育教学与训练中可适当地缩短练习之间的间歇时间，通过增加练习密度来提高运动负荷。（　　）

35. 为了发展儿童少年的有氧工作能力，应积极安排一些耐力练习，但是运动强度可比成人小一些，而距离或时间应比成人长一些。（　　）

36. 儿童少年运动后血乳酸恢复的动力学变化与成人相似，其半时反应时间大约为 20 min。（　　）

37. 与成人相比，儿童少年运动后最大血乳酸值高于成人，且达到最大血乳酸的速度比成人快。（　　）

38. 儿童少年运动后血乳酸恢复比成人慢。（　　）

39. 与成人相比，儿童少年在乳酸阈强度运动时的功率明显低于成人。（　　）

40. 儿童少年在体育锻炼过程中，血红蛋白增加是体育锻炼效果良好和身体机能增强的一种表现。（　　）

（四）单选题

1. 根据儿童少年的骨质生化特点，不宜承受过大的（　　）训练。

A. 耐力性　　B. 力量性　　C. 速度性　　D. 柔韧性

2. 对于儿童少年来讲，关于血浆蛋白的叙述错误的是（　　）。

A. 血浆蛋白低于成人

B. 血浆白蛋白低于成人

C. 血浆白蛋白含量随着年龄增长而有所下降

D. 男性血浆蛋白高于女性

3. 儿童少年糖酵解能力较低的主要原因是（　　）。

A. 糖原储量低，糖酵解酶活性低

B. 糖原储量低

C. 糖酵解酶活性低

D. 乳酸脱氢酶活性低

4. 儿童少年糖有氧代谢能力低于成人，主要因为（　　）。

A. 肌糖原贮量低，有氧代谢酶活性低

B. 糖原含量低

C. 有氧代谢酶活性低

D. 肌红蛋白少

5. 长时间运动时，年龄越小越易出现低血糖现象，原因是（　　）。

A. 安静时血糖水平低

B. 安静时血糖水平低，且糖贮量低

C. 安静时血糖水平正常，但糖贮量低

D. 血糖水平正常，但脂肪供能能力差

6. 10 岁以上，儿童少年血尿素浓度略低于成人，这是（　　）所致。

A. 蛋白质分解代谢能力差

B. 蛋白质摄入低于成人

C. 蛋白质合成代谢旺盛

D. 食糖比例高于成人

7. 若儿童少年在运动后血尿素超过（　　）g/L，表示运动负荷过大。

A. 200　　B. 300　　C. 400　　D. 100

8. 关于儿童少年骨骼肌 CP 含量叙述错误的是（　　）。

A. 绝对量低于成人，相对量与成人相近

B. 尿肌酐系数低于成人，间接反映 CP 含量低于成人

C. 训练可提高肌肉 CP 储量

D. 无论绝对量还是相对量都低于成人

9. 儿童少年的体液占体重的百分比为（　　）。

A. 56%　　B. 60%　　C. 65%　　D. 70%

10. 成人的体液占体重的百分比为（　　）。

A. 56%　　B. 60%　　C. 65%　　D. 70%

11. 12 岁以前儿童少年中，在某一条件下运动时，每小时每平方米体表面积的排汗量为（　　）mL。

A. 400～500　　B. 700～800

C. 200～300　　D. 600～700

12. 成人在某一条件下运动时，每小时每平方米体表面积的排汗量为（　　）mL。

A. 400～500　　B. 700～800

C. 200～300　　D. 600～700

13. 儿童少年中，每日的需水量约为每公斤体重（　　）mL。

A. 60～80　　B. 40～50

C. 50～55　　D. 80～90

14. 一般来讲，成人运动时血液 pH 下降到（　　）时，肌收缩能力明显丧失。

A. 7.2　　B. 7.0　　C. 6.4　　D. 7.1

15. 当儿童少年血液 pH 下降到（　　）时，肌收缩能力明显丧失。

A. 7.2　　B. 7.0　　C. 6.4　　D. 7.1

16. 经过良好训练的成人，运动时血液 pH 下降到（　　）时，肌肉仍能进行有效收缩。

A. 7.2　　B. 7.0　　C. 6.9　　D. 7.1

17. 儿童少年的乳酸阈一般为（　　）mmol/L。

A. 2.5　　B. 3.0　　C. 3.5　　D. 4.0

18. 儿童少年的有氧代谢能力的可训练性在（　　）时期较大。

A. 青春期前　　B. 青春期　　C. 无年龄差别　　D. 不确定

19. 儿童少年 ATP-CP 供能能力低于成人的原因为（　　）。

A. 骨骼肌 ATP 含量比成人低

B. 运动时 ATP 的动用速率比成人低

C. 骨骼肌 CP 含量比成人低

D. 以上都是

20. 据研究，儿童少年运动后 CP 恢复的半时反应时间大约比成人低（　　）倍。

A. 2　　B. 3　　C. 1　　D. 4

21. 据研究，儿童少年运动后 CP 恢复的起始速度大约是成人的（　　）倍。

A. 2　　B. 3　　C. 1　　D. 4

22. 运动后有利于血乳酸恢复的最佳运动强度为（　　）最大摄氧量强度。

A. 50%　　B. 40%　　C. 60%　　D. 30%

23. 在一定范围内超量恢复的程度受（　　）的影响。

A. 运动时间　　B. 运动负荷

C. 运动强度　　D. 恢复状态

24. 在体育教学与课余训练中，运动强度和运动时间会影响运动效果，同时不同的休息间歇也会影响运动效果，休息间歇时间的长短取决于（　　）。

A. 运动强度的大小　　B. 运动时间的长短

C. 运动项目　　D. 所消耗能量物质的恢复速率

25. 在运动中消耗的所有能量物质中，在运动后恢复期（　　）恢复速率最快。

A. 肌糖原　　B. 磷酸原　　C. 脂肪　　D. 蛋白质

26. 成人运动后，磷酸原恢复的半时反应时间大约为（　　）。

A. 20~30 s　　B. 60~90 s

C. 10 s　　D. 2~3 min

27. 儿童少年运动后，磷酸原恢复的半时反应时间大约为（　　）。

A. 20~30 s　　B. 60~90 s

C. 10 s　　D. 2~3 min

28. 在长时间大强度运动时，肌糖原消耗量非常显著，运动后肌糖原的恢复速率和数量受（　　）的影响。

A. 运动强度　　B. 运动时间

C. 膳食含糖量　　D. 休息状态

29. 长时间大强度运动后摄入高糖膳食时，肌糖原达到完全恢复需（　　）h。

A. 46　　B. 24　　C. 10　　D. 72

30. 短时间、大强度运动后恢复期最初（　　）h 内，肌糖原恢复速率最快。

A. 10　　B. 5　　C. 2　　D. 24

31. 与成人相似，短时间大强度运动中生成大量的乳酸，运动后乳酸消除速率受（　　）影响。

A. 膳食含糖量　　B. 运动强度

C. 休息方式　　D. 休息间歇时间

32. 与成人相比，儿童少年在短时间大强度运动后乳酸的消除速率（　　）。

A. 比成人快　　B. 比成人慢

C. 一样　　D. 不确定

33. 儿童少年有氧代谢能力的高低通常用（　　）来评定。

A. 乳酸阈跑速　　B. 尿肌酐

C. 血尿素　　D. 尿蛋白含量

34. 对儿童少年来说，力量训练的负荷安排在（　　）RM（最大重复次数）以下是比较适宜的。

A. 1~4　　B. 5~6　　C. 7~10　　D. 11~12

35. 6~14 岁的儿童少年，如果血红蛋白含量低于（　　）g/L，则称为贫血。

A. 150　　B. 120　　C. 140　　D. 110

（五）多选题

1. 组成骨骼的有机物主要包括（　　　）。

A. 胶原　　B. 蛋白多糖　　C. 糖蛋白　　D. 柠檬酸钙

2. 骨质的坚硬程度取决于骨中（　　）的含量。

A. 有机质　　B. 无机盐　　C. 钙　　D. 钙和磷的化合物

3. 关于儿童少年骨骼肌的叙述，正确的有（　　）。

A. 占体重百分比低

B. 收缩蛋白相对较多

C. 磷酸原和糖原含量低于成人

D. 力量素质差，但耐力好

4. 与成人相比，儿童少年糖代谢的特点有（　　）。

A. 骨骼肌中糖原含量少

B. 空腹血糖比成人高

C. 糖酵解酶活性比成人低

D. 长时间运动中容易发生低血糖现象

5. 儿童少年在长时间运动中容易发生低血糖的原因有（　　）。

A. 肌糖原含量低

B. 肝糖原含量显著低于成人

C. 中枢神经系统摄取血糖的比例显著高于成人

D. 空腹血糖含量比成人低

6. 对于儿童少年来说，关于血浆蛋白的叙述正确的有（　　）。

A. 血浆蛋白总量低于成人

B. 血浆白蛋白含量高于成人

C. 血浆白蛋白含量随着年龄增长有所下降

D. 女子血浆白蛋白含量高于男子

7. 与成人相比，儿童少年运动中多利用（　　）方式来散热。

A. 传导　　B. 对流　　C. 辐射　　D. 出汗

8. 与成人相比，儿童少年水盐代谢的特点有（　　）。

A. 体液占体重的百分比较成人多

B. 每日需水量比成人少

C. 排汗量比成人少

D. 在高温环境下运动时，由于散热慢容易发生中暑

9. 与成人相比，儿童少年运动时调节酸碱平衡的特点有（　　）。

A. 碱贮备显著低于成人

B. 肌肉耐酸的能力也低于成人

C. 一般的儿童少年运动中当 pH 下降到 7.1 时，肌肉会明显丧失收缩

能力

D. 有良好训练的儿童少年，耐酸能力有较大的提高

10. 儿童少年运动中磷酸原系统的供能能力特点有（　　）。

A. 骨骼肌中 ATP 和 CP 含量不随年龄发生变化

B. 运动时骨骼肌中 ATP 的动用速率与成人相似

C. 运动时骨骼肌中 CP 的动用速率与成人相同或较低

D. 极限强度运动后骨骼肌中 CP 几乎耗竭而 ATP 含量变化不大

11. 儿童少年运动中乳酸变化的特点有（　　）。

A. 亚极限运动时血乳酸浓度低于成人

B. 亚极限运动时肌乳酸高于成人

C. 极限强度运动时，最大血乳酸值随着年龄增长而增高

D. 极限强度运动后肌乳酸值远低于成人

12. 儿童少年糖酵解系统供能能力低于成人的原因有（　　）。

A. 肌糖原含量低

B. 肌肉中乳酸脱氢酶活性低于成人

C. 肌肉中磷酸果糖激酶活性低于成人

D. 肌肉中琥珀酸脱氢酶活性高于成人

13. 儿童少年生长激素分泌的特点有（　　）。

A. 在生长发育的突增期，GH 分泌水平明显提高

B. 在突增期儿童少年身体表现为瘦长型，肌肉力量和耐力相对较低

C. 运动训练可以显著增加安静时儿童少年 GH 的分泌

D. 急性运动可以促进儿童少年 GH 的分泌，青春期少年增加的幅度最大

14. 能够分泌睾酮的组织是（　　）。

A. 卵巢　　B. 睾丸

C. 肾上腺髓质　　D. 肾上腺皮质

15. 适宜运动负荷的组成主要包括（　　）。

A. 运动强度　　B. 运动持续时间

C. 运动密度　　D. 运动后能量物质的恢复时间

16. 关于儿童少年运动后乳酸的恢复，正确的是（　　）。

A. 其动力学变化与成人相似

B. 最大血乳酸值低于成人，但达到最大血乳酸的速度比成人慢

C. 恢复速度比成人快

D. 其消除速率也受休息方式的影响

17. 与成人相比，安排儿童少年运动负荷时应注意（　　）。

A. 儿童少年运动后磷酸原的恢复和乳酸的消除速度比成人快

B. 可以通过适当地缩短间歇时间、增加运动密度来提高运动负荷

C. 在训练中应安排一些耐力练习，以提高心脏功能

D. 耐力训练的强度不能太大，可以延长距离或运动时间

18. 评价儿童少年无氧代谢能力的指标有（　　）。

A. 最大输出功率　　B. 乳酸阈

C. 血乳酸浓度　　D. 血尿素含量

19. 评价儿童少年身体机能状态的常用指标有（　　）。

A. 血红蛋白　　B. 血睾酮

C. 血脂　　D. 血乳酸

20. 儿童少年锻炼良好的评价标准有（　　）。

A. 血红蛋白适度增加　　B. 瘦体重增加

C. HDL-C 含量升高　　D. LDL-C 含量降低

（六）简答题

1. 儿童少年运动系统的化学组成有何特点？如何根据这些特点安排他们的体育锻炼？

2. 简述儿童少年水、盐代谢的特点。

3. 简述运动锻炼对儿童少年的无氧代谢和有氧代谢的影响。

4. 为什么在运动训练时要遵守超负荷原则？

5. 根据超负荷原则，在 100 米跑的训练中如何安排运动负荷？

6. 为什么儿童少年更应注重全面身体训练？

7. 根据机体的生化特点，应如何安排适宜的运动负荷？

8. 为什么运动负荷相同时，训练内容安排顺序不同会影响训练效果？

（七）论述题

1. 叙述儿童少年无氧代谢和有氧代谢的特点以及在运动训练中有何参考意义。

2. 叙述在训练中确定适宜运动负荷的生化依据。

3. 根据儿童少年运动后磷酸原的恢复和乳酸消除的特点，如何安排体育课或业余训练课的间歇时间？

4. 影响儿童少年无氧代谢和有氧代谢能力的生理、生化因素有哪些？

5. 叙述儿童少年的无氧代谢和有氧代谢能力的生化评定方法。

6. 结合学过的知识，如何用生化指标正确评价儿童少年进行有氧运动锻炼的效果？

（八）综合分析题

目前，对于肥胖儿童青少年是否需要进行干预其减体重有两种不同的观点：一种观点是儿童青少年正处于生长发育期，随着身高的快速长高，肥胖会自动消失，因此不需要进行干预；另一种观点是为了肥胖儿童青少年的身心健康，防止肥胖儿童青少年发生代谢综合征和一些心理问题，以及成年后发生心血管疾病等慢性病，必须进行干预。故有学者为了探讨肥胖对儿童少年身体健康的影响以及运动锻炼的干预作用，选取西安市雁塔区某中学重度肥胖少年儿童19名作为肥胖组，选取同学校同年级同质非肥胖者20名作为对照组，运动组为肥胖组中自愿参加运动锻炼的9人。受试者的一般情况见表8-1。

表8-1 受试者一般情况

组别	人数	男	女	年龄（岁）	身高（cm）	体重（kg）	体脂（%）
肥胖组	19	14	5	12.46±0.40	158.67±3.03	77.90±3.68	54.23±2.69
对照组	20	15	5	12.39±0.39	156.68±2.98	43.12±2.69	20.69±1.56

肥胖组与对照组在同一天清晨空腹、安静状态下，取坐位从右肘正中静脉取血。运动组根据运动处方在教练带领下运动8周，在锻炼前后分别测定身高、体重、体脂百分比，并取血测定血脂的含量，其测试结果见表8-2和表8-3。

表8-2 肥胖组和对照组血脂、血压的比较

组别	TC（mmol/L）	TG（mmol/L）	HDL-C（mmol/L）	LDL-C（mmol/L）	SBP（kpa）	DBP（kpa）
对照组	4.32±0.12	0.83±0.12	1.40±0.05	1.29±0.12	13.90±0.24	8.50±0.15
肥胖组	4.73±0.18	1.59±0.19**	0.90±0.04*	1.53±0.16	16.50±0.31**	10.31±0.34**

注：与对照组比较，*为 $P<0.05$，**为 $P<0.01$。

表8-3 运动组锻炼前后体重、体脂、血脂和血压的变化

	锻炼前	锻炼后
体重	70.43±3.89	68.58±3.89*
体脂	56.29±2.89	55.86±2.92
TC（mmol/L）	5.00±0.16	4.68±0.16
TG（mmol/L）	1.89±0.42	1.12±0.27*
HDL-C（mmol/L）	0.92±0.09	10.37±0.06*

续表

	锻炼前	锻炼后
LDL-C (mmol/L)	1. 80±0. 23	1. 33±0. 25
SBP (kpa)	16. 65±0. 29	15. 53±0. 20*
DBP (kpa)	9. 98±0. 37	9. 01±0. 24*

注：* 表示与运动前比较，$P<0.05$。

试分析：

(1) 肥胖对儿童的身体健康产生什么影响？其可能的生化机制如何？

(2) 有氧运动锻炼对肥胖儿童有什么作用？其可能的生化机制如何？

四、参考答案

(一) 名词解释

1. 体成分：主要包括体脂和瘦体重。儿童体脂比例高于成年人，瘦体重相对较低。经常性的运动锻炼可以减少儿童少年的体脂，增加他们的瘦体重。

2. 骨盐：骨的组成成分之一是无机盐，又称骨盐，主要是含磷和钙为主的化合物，它们以结晶的羟磷灰石和无定形的磷酸钙的形式，沉积在骨有机质中，从而使骨质钙化、坚硬。其主要成分为磷酸钙（约占 85%），其次为碳酸钙（约占 10%），其余是磷酸氢钠、柠檬酸钙和磷酸镁等（约占 5%）。

3. 血浆白蛋白：血浆中含量最多的是溶于水的椭圆形蛋白。它不仅是组织蛋白合成的原料，而且可以维持血浆正常渗透压与酸碱平衡，并能与许多物质结合，有助于某些代谢物质的运输。

4. 青春期：是指少年儿童开始发育，最后达到成熟的这一段时期，即由儿童向成人的过渡阶段。在我国，一般把 12~18 岁这一年龄段看作是青春期。青春期是人体生长发育的第二个高峰，生理上发生巨大变化，身高、体重迅速增长，各脏器如心、肺、肝功能日趋成熟，各项指标接近或达到成人标准。

5. 碱贮备：是指机体存在的能够缓冲酸的所有物质的总量。血浆中缓冲 H^+ 的最主要成分是碳酸氢钠（$NaHCO_3$），另外还有 HPO_4^{2-} 以及血浆蛋白质负离子等。运动员摄取碱性食物或碱性饮料后，就能够增加机体的碱贮备，增强机体缓冲酸的能力，故而具有延迟运动中因酸中毒引起的疲劳发生或加速运动后疲劳恢复。

6. 耐酸能力：表示机体或组织器官在酸环境下保持正常机能状态的能力。其影响程度的大小由肌细胞耐酸能力决定，耐酸能力强则表现为在较低 pH 环境下保持正常代谢速率和机能的能力强。一般说来，速度耐力型运动员具有较强的耐酸能力，加强机体对酸耐受能力的训练，能促进速度耐力提高。儿童少年机体调节酸碱平衡的能力，碱贮备和肌肉耐酸能力等都低于成人。

7. 无氧代谢能力：是机体在缺氧的条件下能源物质分解供能的能力，主要包括磷酸原系统和糖酵解系统代谢的能力。其能力大小主要取决于肌肉中ATP、CP的含量及分解速度和肌糖原的无氧酵解速度及血液对乳酸的缓冲能力以及神经、肌肉对缺氧和乳酸堆积的耐受能力。

8. 有氧代谢能力：是指机体在氧气供应充足的情况下，体内能源物质完全氧化成二氧化碳和水等物质，并释放能量的能力。其能力的大小主要取决于机体的心肺功能和骨骼肌摄取和利用氧气的能力。

（二）填空题

1. 水，有机物，无机盐
2. 胶原，蛋白多糖，糖蛋白，脂类，肽类，糖原。
3. 磷酸钙，碳酸钙
4. 多，蛋白质，磷酸原，糖原。
5. 细，少，低，弱
6. 少，低，低于成人
7. 高于，脂肪酸氧化，糖酵解，血糖
8. 低
9. 维持正常血浆渗透压和酸碱平衡，脂肪酸和胆红素等代谢产物在血液中运输的载体，组织蛋白合成的原料，高
10. 散热，水，电解质，脱水
11. 传导，对流，辐射，水，电解质，慢，不利
12. 低，差，差
13. 低，差
14. 越低，高
15. 低，低，低，少，差
16. 睾酮，睾丸，肾上腺皮质，卵巢，肾上腺皮质
17. 青春发育，肌肉，骨骼，瘦体重，肌肉力量
18. 低，7.2
19. 尿素浓度
20. 超负荷原则，专门性原则，全面训练原则，可逆性原则
21. 运动强度，运动时间，间歇时间（运动密度）
22. 运动强度，运动强度，越大，超量恢复
23. 消耗，恢复，超量恢复，超量恢复

24. 运动特点，超量恢复，能量物质恢复的半时反应
25. 磷酸原，20～30 s，2～3 min，4～5 min，0.5 倍
26. 膳食含糖量，10，46，10
27. 不明显，5，24
28. 顺序不同，力量训练，速度训练，耐力训练
29. 糖酵解，越大
30. 乳酸阈跑速或功率，低于

（三）判断题

1. √ 2. √ 3. × 4. × 5. √ 6. √ 7. × 8. √ 9. √ 10. ×
11. √ 12. × 13. × 14. × 15. √ 16. × 17. √ 18. √ 19. √ 20. ×
21. × 22. × 23. × 24. √ 25. × 26. √ 27. × 28. × 29. √ 30. ×
31. √ 32. × 33. √ 34. √ 35. × 36. √ 37. × 38. × 39. √ 40. √

（四）单选题

1. B 2. B 3. A 4. B 5. C 6. C 7. A 8. A 9. C 10. B
11. A 12. B 13. A 14. D 15. A 16. B 17. A 18. B 19. C 20. A
21. A 22. B 23. C 24. D 25. B 26. A 27. C 28. C 29. A 30. B
31. C 32. A 33. A 34. C 35. B

（五）多选题

1. ABC 2. BD 3. AC 4. ACD 5. ABC 6. ABC 7. ABC 8. ACD
9. ABD 10. BCD 11. ACD 12. ABC 13. ABD 14. ABD 15. ABC
16. ACD 17. ABC 18. AC 19. ABC 20. ABCD

（六）简答题

1. 人体骨骼主要由水、有机物和无机盐组成。但是与成人相比，儿童少年骨骼中无机盐含量较低，水和有机物相对比例较高。因此，儿童少年的骨质较疏松，硬度小、弹性大、不易骨折，但承重后易变形、弯曲，从而决定了儿童少年不宜过多承受大强度的力量训练。

儿童少年骨骼肌占体重的百分比较低，肌纤维横截面积较小，且骨骼肌中水分较多，收缩蛋白量、磷酸原和糖原等含量相对较少。因此，儿童少年的肌肉力量素质较低、耐力差、容易疲劳，比较适合进行柔韧性、灵敏性等内容的训练。随着年龄的增加，骨骼肌中水分有所减少，蛋白质等有机成分相应增加，能源贮备增多，酶活性提高，能量代谢速度加快。因而肌肉力量增大，工作能力提高。

2. 儿童少年的体液约占体重的 65%，总量高于成人；而每日需水量约为

每公斤体重 60~80 mL，比成人多。所以，儿童少年在干热环境中进行运动训练后，应强调补水，以免造成累积性脱水，影响运动能力。同时，在同一条件下运动，儿童每小时每平方米体表面积排汗量约为 400~500 mL，比成人低。但儿童相对体表面积大于成人。因此，儿童多利用传导、对流、辐射方式来增加散热量。这样的散热方式虽有减少体内水、盐丢失量的优点，但散热慢不利于运动。故儿童在高温、高湿环境下进行运动训练时，常因散热慢而易发生中暑。

儿童少年调节酸碱平衡与碱贮备的能力都比成人低，肌肉耐酸的能力也较差。而经过训练的儿童少年，耐酸能力虽有较大提高，但难以达到训练良好的成人水平。由此可见，儿童少年的耐酸能力是限制运动能力的重要因素。

3. 合理的运动训练可以提高儿童少年有氧及无氧代谢的能力。为期 4 个月的训练可以使 11~13 岁男孩股四头肌的糖原、磷酸肌酸和 ATP 含量增加，还可以使极量运动后的血乳酸浓度增加。训练可以使肌肉中能源贮备和代谢能力都提高。但是儿童少年有氧代谢能力的可训练性与机体的生长发育程度有关。青春期前的儿童有氧功峰值的可训练性平均为 5%，而青春期少年的可训练性可达到 10%以上，其原因可能是青春期少年由于睾酮等性激素分泌增加，引起身体结构发生变化，使其具有高质量的肌肉，较高的心输出量和较高的血氧含量。因此，儿童少年不宜过早地进行大强度的耐力性专项训练。因此，根据儿童少年的生理生化特征，合理安排好他们的运动训练不仅可以提高运动成绩，还可以改善他们的身体机能状况。

4. 机体在稳态环境下会自动保持机能平衡，坚持在稳态环境下（即机体已完全适应的环境下）运动，机体得不到超常刺激，就不可能引起机能的适应性提高，故运动能力也不可能提高。要想打破原有的稳态环境，只有采用超负荷，使机体接受新刺激，打破原有平衡；经过一段时间的训练，机体在对新刺激的适应过程中逐渐建立新的平衡，使其运动能力得到提高。

5. 发展 100 m 跑的运动能力也应采用超负荷训练。运动负荷包括运动强度、运动时间、休息间歇。由于 100 m 跑训练的运动强度是极限强度，运动时间也基本一定，因此运动负荷只能由休息间歇来决定。如果增加运动负荷以期对机体产生足够大的刺激，就必须缩短休息间歇的时间，但是由于在运动中磷酸原被大量消耗，为完成下一次训练，磷酸原必须有一定的恢复，若休息时间过短磷酸原恢复少，则下一次跑的运动强度就无法保证，从而影响训练效果。如果休息时间长，磷酸原虽然有较大的恢复，但运动员的运动负荷必然下降，影响训练效果。为保证运动负荷不下降，同时又有足量的磷酸原以保证完成下一次训练，在每次 100 米跑后的休息间歇通常参考磷酸原恢复的半时反应时间，如休息 30~90 s。但在每组之间应使磷酸原超量恢复，再进行下一组训练，从而提高运动能力。故每组之间的休息间歇参考磷酸原的超量恢复时间，休息 4~5 min 为宜。

6. 不同的运动对身体的影响各有侧重，对身体生理、生化变化的影响具有不同的特点。全面身体练习能够使不同项目练习所引起的不同的生理、生化变化起到互补和促进作用，使各项身体素质获得全面提高。因此，锻炼的内容力求全面多样，才能有效地促进儿童少年的生长发育和全面增强儿童少年各器官的功能。年龄越小、训练水平越低、开始训练的时间越短，全面训练的比重应越大。

7. 运动负荷包括运动强度、运动时间、休息间歇。从机体的生化特点来看，适宜运动负荷的安排应当注意两个方面：① 由于运动时间的不同，体内能源物质消耗数量和代谢特点不同。因此，必须根据运动的特点选择最适宜的运动时间。如发展短跑、举重能力就应选择 10~30 s 内短时间、最大强度的练习，以利于肌肉中磷酸原供能系统的发展；中跑、短距离游泳应选择 1~2 min 最大强度练习，以发展糖酵解能力和增加肌糖原消耗，使肌糖原达到较高的超量恢复水平；长跑则应选择长时间运动以发展糖、脂肪代谢能力和调节机能。② 同一时间的运动，要注意强度的掌握，使机体产生最明显的超量恢复，以达到预期的训练效果。

8. 如果将耐力运动安排在前，经过长时间的耐力训练后，机体能量物质大量消耗，而且机体已产生较大程度的疲劳，这时进行高强度的力量、速度训练，保证不了运动强度，就会影响训练效果。把力量或速度训练安排在前时，能量物质充足，经准备活动后，神经肌肉处在高度兴奋中，机体处于最佳状态，有利于进行高强度的力量或速度训练，而经过力量或速度训练后，机体产生一定的疲劳，但仍可以进行低强度的耐力训练，而且在高强度训练中产生的一些中间产物，如乳酸可作为耐力训练的能量物质被利用，以消除这些物质对机体内环境的影响。

（七）论述题

1. 无氧代谢包括磷酸原系统和糖酵解系统。虽然儿童少年骨骼肌中 ATP 的含量及其运动时动用的速率与成人相似，但是 CP 的含量和运动时动用的速率较成人低，故 ATP-CP 系统供能能力比成人低。同时，由于儿童少年骨骼肌中无氧代谢酶如乳酸脱氢酶（LDH）和磷酸果糖激酶（PFK）活性以及肌糖原含量低于成人，故糖酵解系统的供能能力也低于成人。因此，在训练时要注意调整好运动强度，以保证运动量的完成。

儿童少年的有氧代谢能力同样低于成人，这主要是由于：① 儿童少年的心肺功能和血红蛋白含量显著低于成人，导致儿童少年的最大吸氧量低于成人；② 由于儿童少年的肌红蛋白含量较低，这影响肌肉摄氧和向线粒体运输氧；③ 儿童少年的能量贮存较成人低，特别是肌糖原贮备量低，虽然具有较高活性的有氧氧化的酶活性，但总的表现为糖有氧氧化能力低于成人。然而儿童少年脂肪动员与肌肉氧化脂肪酸的能力高于成人，在运动中，儿童少年更多地依靠脂肪酸氧化来供能，从而可以补偿运动过程中糖酵解能力的降低。维持儿童少年适当的血糖浓度，对维持其耐力性运动能力具有非常重要的意义。

因此，儿童少年的无氧和有氧代谢能力均低于成人，并存在性别差异，男孩的无氧和有氧代谢能力高于女孩。在对儿童少年进行运动训练时，应考虑上述的代谢能力差异，区别对待，在大强度力量或速度训练中运动强度不宜过高，在耐力训练中持续时间不宜过长。

2. 运动负荷是指运动参加者在训练中所完成的身体负荷。适宜运动量是迅速提高机体机能和运动能力的重要手段，运动量过大，易引起身体不适应、机能下降或损伤；运动量过小，机能水平提高缓慢，达不到预期的训练目的。运动负荷包括运动强度、运动时间、休息间歇。

（1）运动强度：运动时能量消耗越大，能源物质被消耗越多。在相同负荷的运动中，强度不同会造成物质消耗不同。但是，对同种能源物质（如肌糖原），决定其消耗程度的不是运动的总负荷，而是运动强度。运动强度不仅影响消耗过程，还影响到恢复过程。强度合适，超量恢复最明显；强度过大，超量恢复过程延缓；强度过小，超量恢复不明显。

（2）运动时间：由于运动时间的不同，体内能源物质消耗的数量和代谢特点也不同。因此，必须根据运动的特点选择最适宜的运动时间。同一时间的运动，要注意强度的掌握，使机体产生最明显的超量恢复，以达到预期的训练效果。

（3）休息间歇：休息间歇的长短取决于恢复速度。同一运动，各种能源物质的消耗并不相等，恢复速度也不相同。在运动训练中应选择能源物质恢复的半时反应时间或选择氢离子透过骨骼肌细胞膜达二分之一量的时间作为休息间歇的最佳时间。

3. 磷酸原的恢复是迅速的。以 ATP、CP 供能的运动，成人在运动后休息 2~3 min 即可迅速恢复。但是儿童少年 CP 再合成的速度比成人更快。因此，儿童少年训练或比赛的间歇可短于成人。

儿童少年运动后乳酸恢复的动力学变化与成人相似，其半时反应时间约为 20 min。但是与成人相比，由于儿童少年运动后最大血乳酸值低于成人，且运动后达到最大血乳酸值的速度也比成人快，因此运动后血乳酸的恢复也快于成人。同时与成人相似，在恢复期中，乳酸的消除速率受休息方式的影响。运动后进行活动性休息比静止性休息乳酸消除速度快。因此，儿童少年在体育课或业余训练课后进行一些轻微的整理活动，有助于乳酸的消除。因为轻微活动时，血液循环较快，输送至肌肉中的氧气比静坐时多，有利于肌肉中乳酸消除。

根据儿童少年运动后磷酸原的恢复和乳酸消除的特点，在运动训练中，开始宜采用短时间最大强度的练习，随之在不降低强度的基础上逐渐延长时间或距离，以提高他们的糖酵解供能能力；由于儿童少年运动后磷酸原的恢复和乳酸的消除速度比成人快。因此，儿童少年在体育教学与训练中可以通过适当地缩短练习之间的间歇时间，增加运动密度来提高运动量。同时，为了提高儿童少年体内的糖原贮备量，增强心脏功能，发展有氧工作能力，也应积极安排一些耐力练习，但是时间应比成人短一些。

4. 人体的无氧代谢能力主要取决于以下三个方面

（1）肌肉中 ATP、CP 的含量及分解速度：虽然儿童少年骨骼肌中 ATP 的含量及其运动时动用的速率与成人相似，但是 CP 的含量和运动时动用的速率较成人低，故 ATP-CP 系统供能能力比成人低。

（2）肌糖原的无氧酵解速度及血液对乳酸的缓冲能力：由于儿童少年骨骼肌中无氧代谢酶如乳酸脱氢酶（LDH）和磷酸果糖激酶（PFK）活性以及肌糖原含量低于成人，故糖酵解系统的供能能力也低于成人。

（3）神经、肌肉对缺氧和乳酸堆积的耐受能力：儿童少年调节酸碱平衡的能力与碱贮备都比成人低，肌肉耐酸的能力也较差。而经过训练的儿童少年，耐酸能力虽有较大提高，但难以达到训练良好的成人水平。由此可见，儿童少年的耐酸能力是限制无氧运动能力的重要因素。

机体的有氧代谢能力与人体供氧能力的高低有关，常用最大摄氧量和无氧阈这两个指标来评价供氧能力的大小，最大摄氧量和无氧阈值越高，有氧耐力越好。因此，机体的有氧代谢能力主要取决于以下方面。

① 与机体的氧运输系统有关。机体的氧运输系统包括心血管系统、血液和肺的功能。其中心肺功能是影响最大摄氧量的中央机制。由于儿童少年心脏的重量、容积以及每搏输出量和心输出量都低于成人；同时，肺容积较小，呼吸肌力量较弱，因此肺活量也小于成人。另外，儿童少年血液中的血红蛋白含量也低于成人，从而决定了儿童少年最大摄氧量显著低于成人。

② 肌细胞摄取和利用氧气的能力，这是影响最大摄氧量的外周机制，而肌细胞的摄氧能力的高低与肌细胞的血液供应、肌细胞内外的氧分压差、肌细胞内线粒体的数目和体积以及线粒体氧化酶系的活性等因素有关。儿童少年骨

骼肌中有些有氧代谢酶的活性如 SDH 和 ICDH 高于成人。因此，儿童少年具有较高的氧化脂肪酸的能力。在运动中，儿童少年更多地依靠脂肪酸氧化来供能，从而可以补偿运动过程中糖酵解能力的降低。维持儿童少年适当的血糖浓度，对维持儿童少年的耐力性运动能力具有非常重要的意义。

但是，有氧氧化的能源主要是糖和脂肪，而在运动中肌糖原是机体有氧代谢供能的重要能源物质。由于儿童少年可供氧化的糖原贮备少，从而限制了糖的有氧氧化的供能能力。因此，儿童少年有氧代谢能力低于成人。

5. 无氧代谢能力的生化评定

（1）ATP-CP 能量系统的间接测定。

由于 ATP-CP 供能只能维持几秒钟，因此可以用几秒钟内运动的最大输出功率来间接评价机体磷酸原系统的供能能力。最大输出功率越大，ATP-CP 供能能力越强。

（2）用血乳酸来评定无氧代谢能力。

机体无氧代谢系统包括磷酸原系统和糖酵解系统。在完成 10 s 以内的运动时，血乳酸减少，是体内磷酸原系统供能增强的表现，如运动员以最快速度跑 30 m，血乳酸由原来跑后 400 mg/L 下降到 250 mg/L。但是跑 100 m 后，血乳酸升高，这是糖酵解系统供能能力增强的结果。在实际运用中，更多地应用血乳酸来评定运动员糖酵解的能力。如让受试者在跑道上全力跑 400 m，跑后血乳酸低于 10 mmol/L，是无氧代谢能力低的表现，如血乳酸值达 14~15 mmol/L，是无氧代谢能力高的表现。

但是，儿童少年运动员在全力跑 400 m 时，其运动成绩和成人基本相同，然而在跑后即刻或其在恢复期中血乳酸值均低于成人，在评定时必须注意这个特点。

（3）有氧代谢能力的生化评定。

① 乳酸阈。乳酸阈功率或跑速等都是评定有氧代谢能力的方法，乳酸阈跑速越快（或功率越大），则有氧能力越强。但是，与成人乳酸阈的功率相比，儿童少年明显低于成人。

② 12 min 运动测试法。12 min 运动测试法是评定运动员最大有氧能力的一种测试方法。12min 跑的距离长，跑后血乳酸消除速度快，是有氧代谢能力强、身体机能状态好的表现；12min 跑的距离短，跑后血乳酸消除速度慢，是有氧代谢能力差、训练水平低的表现。

6. 机体在进行有氧运动锻炼时，不仅表现在心肺功能的增强，而且在生化指标上表现出骨骼肌线粒体数量和体积增加、有氧氧化酶活性提高、骨骼肌内肌红蛋白增多、骨骼肌利用和氧化脂肪能力提高，从而使机体的有氧代谢能力显著提高。目前在生化测试上可采用下列指标来评定机体的有氧锻炼的效果。

（1）血红蛋白：血红蛋白（Hb）是红细胞中的含铁蛋白质，在红细胞中浓度高达34%，占红细胞中总蛋白质质量的90%。研究证明，当运动员长期处于大负荷运动训练的早期或处于过度训练状态时Hb下降。但是当身体适应运动量或训练状态好转后，Hb又上升，这是机能改善，运动能力提高的表现。同样，儿童少年在体育锻炼过程中，Hb含量增加，是体育锻炼效果好和身体机能增强的一种表现。

（2）血脂和体成分：大量的基础研究、临床资料与流行病学研究已经证明，血脂水平与动脉粥样硬化及冠心病的发生、发展密切相关，且冠状动脉粥样硬化的病理改变从儿童早期就已经开始。随着生活水平的提高，膳食结构向高脂肪、高热量型转变以及运动量不断减少，儿童和青少年时期血脂代谢异常的发生率逐年增加。体育锻炼与儿童少年的血脂成分密切相关，喜爱体育运动的儿童，其血脂成分更趋于健康。因此，儿童少年在运动锻炼过程中，血脂成分中TC和TG趋于健康，HDL-C含量升高，而LDL-C含量下降是体育锻炼效果好的良好表现。同时，有氧锻炼后儿童少年的体脂减少，瘦体重增加也是体育锻炼效果良好的表现。

（3）乳酸阈：儿童少年在有氧锻炼后，乳酸阈跑速增快（或功率增大），则有氧能力增强。

（4）12 min运动测试法：儿童少年在有氧锻炼后，12 min跑的距离增加，跑后血乳酸消除速度加快，是有氧代谢能力增强、有氧锻炼效果好的表现；12 min跑的距离和跑后血乳酸消除速度变化不大，是锻炼效果不佳的表现。

（八）综合分析题

分析思路：

（1）通过查阅文献资料，从遗传、营养、运动等方面了解儿童肥胖的原因和机制。

（2）深入理解肥胖对儿童身体健康的影响，并根据所给资料具体分析肥胖对儿童少年血脂和血压的影响及其生化机制。

（3）进一步查阅文献资料，了解体育运动锻炼对肥胖儿童身体健康的影响，并根据所给资料具体分析运动锻炼对肥胖儿童少年血脂和血压的影响及其生化机制。

（扬州大学　金其贯）

9

第九章　女子体育锻炼的生化特点与评定

一、学习要点

（一）女子的生化特点与运动能力

女子的体格发育水平较男子稍低，在肌力、体型、内脏等功能方面，男、女存在较大的差别。另外，女子的化学组成、代谢规律及激素反应特点等与男子相比存在着明显的不同。女子骨骼肌中磷酸原的贮量相对较少，CK 活性相对较低；糖酵解途径中有多种酶的活性低于男子，体内碱储备较低，保持体液酸碱平衡的能力较差，且存在循环血量、血液成分的性别差异。因此，决定了女子磷酸原系统、糖酵解系统的供能能力低于男子，在以无氧代谢为主要供能方式的运动项目中，女子的成绩较男子差。

一般而言，女子的最大摄氧量及运输氧的能力低于男子，但其有氧代谢供能系统中多种酶的活性均接近或超过男子的水平。女子骨骼肌中存在高活性的三羧酸循环酶，女子动用脂肪代谢供能的比例及利用经肝加工后的脂肪酸代谢产物——酮体的能力也比男子高，这对女子有氧耐力运动来说，无疑提供了良好的物质基础。

（二）女子不同生理时期的生化特点与体育锻炼

遵循女子的生物化学特点和代谢规律，根据女子个体差异，科学选择运动方式，合理掌握运动强度、时间和频率。长期超负荷运动训练、控体重、精神应激等会影响女子的内分泌功能，导致月经失调或闭经，也可能引起骨质疏松、运动性贫血等不良后果。因此，要特别注意女运动员运动负荷的安排和营养补充。女子营养素的代谢和需求具有明显的性别特征，在运动训练过程中应注意女运动员铁、钙、维生素等营养素的补充，以确保其身体健康和运动能力的提高，避免由于营养素的缺乏而造成身体伤害。适宜的体育锻炼可以帮助女子预防各种疾病，增进健康、延缓衰老。

二、学习难点

女子不同生理时期的运动能力。

三、习题

（一）名词解释

1. 巅峰骨量
2. 女运动员“三联征”
3. 运动性月经失调
4. 运动厌食症

5. 骨质疏松

（二）填空题

1. 女子一生可划分为 5 个生理阶段，即幼年期、________、性成熟期、________和________。

2. 引起女子和男子运动能力性别差异的主要原因是女子骨骼小、________、肌力相对较低、________、________、某些细胞酶活性低和激素反应的差异，尤其是性激素功能上的差异等。

3. 女子全身肌肉重量比男子________，瘦体重丢失时间比男子________，所以女子的肌肉力量较差，这与女子体内________激素较少有关。

4. 女子骨骼肌中 ATP、CP 的总量较男子________、糖原的绝对贮量低于男子、血糖浓度与男子相比________，其正常值范围均在________mmol/L，但运动后，女子血糖水平从未发现降到________以下，而且往往高于运动前水平，这与男子完全相反。

5. 女子的骨质丢失率比男子________，脊柱的骨质丢失比肢体的骨质丢失________；女子绝经早期骨量丢失，约持续 5~10 年，随绝经时间延长，骨量下降趋于缓慢，80 岁以后的女性骨量有缓慢________趋势。

6. 女子的皮下脂肪比男子显著________，肌肉中三酰甘油比男子________，脂蛋白代谢能力________男子，血清低密度脂蛋白水平________男性，而高密度脂蛋白________男子，血清总胆固醇水平在 60 岁之前也________男子。但绝经期后高密度脂蛋白________，低密度脂蛋白________，此值的变化与________激素水平有关。

7. 女子在心脏体积、心容积、________、血压、每搏输出量、________、红细胞数量、最大摄氧量等方面均________男子，但________女子高于男子。

8. 女子循环血量、血液成分、体内碱储备________，保持体液酸碱平衡的能力________，糖酵解途径中有多种酶的活性________男子，女子耐酸中毒的能力较男子________，因此女子糖酵解系统的供能能力均________男子。

9. 女子经期体育锻炼时，应避免________、________、________加大和运动量过大的体育锻炼，以免造成月经量过多或引起子宫位置的变化及继发性月经紊乱。

10. 妊娠晚期剧烈运动后乳酸下降的主要原因有①________________，②________________，③________________。

11. 孕期体育锻炼存在的主要风险有：① 导致母体运动后的________，胎儿营养不良。② 胎盘子宫血流________，胎儿的供氧________，新生儿体重________。③ 母体核心体温________，改变正常母体与胎儿之间的热梯度，有可能改变胎儿的发育，导致________。

12. 产后女子进行力量锻炼可使血清生长激素明显________，肌肉力量和收缩速度________，肌肉恢复其________和________，有利于产后女子的恢复。

13. 女子营养需求中存在的主要问题有能量摄入不足、________摄入过少或过多、________补充不足、________、________、________元素摄入量不足等。

14. 引起月经周期不正常的非医学因素主要包括________、________、________、________、素食主义、________、________、低龄、训练量大且强度高、________和社会压力等。

15. 防止骨质疏松症的途径包括在骨量增长期提高________，在骨量减少期减少________丢失。若血液中雌性激素浓度________，将使骨代谢过程的骨吸收________骨形成，造成骨质疏松。

16. 随着绝经的到来，________的堆积和________的丢失都加快了，脂肪在身体________积存是发生乳腺癌的较危险因素。绝经后女子主要的循环雌激素是________，该激素是由循环中的________激素经芳香化反应产生的。

17. 女运动员体内容易缺乏某些营养素，这些营养素主要包括：________、________、________和________。

18. 女子的最大摄氧量比男子________，但其骨骼肌中糖有氧代谢酶的活性则________，甚至________男子，加之女子能更多的利用________供能，因此，女子的耐力存在很大的潜力，可能赶上男子的水平。

19. 体育锻炼可以显著改善女子的身体成分。对于体育专业与非体育专业女大学生体成分进行测试后发现，体育专业女生的肥胖率、________、________和________均显著低于非体育专业女生。

20. 女运动员在进行剧烈的身体训练时，常常由于控制饮食量造成体脂过低，因而出现________迟缓，甚至可能出现________失调。

（三）判断题

1. 运动性贫血和缺铁性贫血有可能同时存在。因此，应该检查她们饮食中铁的摄入量。(　　)

2. 通常控体重运动员运动性闭经的发生率高于非控体重运动员。(　　)

3. 女子肝、肌线粒体内膜上转运脂肪酸的酶——肉毒碱酰基转移酶的活性明显低于男子，加之女子三羧酸循环的酶活性较低，使肌肉和肝不能顺利代谢脂肪酸。(　　)

4. 女子肌肉组织利用经肝加工后的脂肪酸代谢产物——酮体的能力比男

子差。（　　）

5. 骨密度在青春期迅速提高，到 30 岁左右时达到顶峰，然后逐渐下降；从 35 岁开始骨密度以每年 0.5%～1.0%的速度迅速下降，直到绝经。（　　）

6. 运动性贫血应该被视为是对耐力训练的一种有益适应，而不应被视为疾病或对运动成绩的不利疾病。（　　）

7. 等量运动后相关酶活性的变化趋势为女子提高幅度显著高于男子。可见，女子细胞内酶的调节过程高于男子。（　　）

8. 月经过少或闭经的女子会出现慢性雌二醇缺乏状态，类似于绝经期的妇女，容易提早发生骨质疏松症。（　　）

9. 雌激素可以预防过早发生老年痴呆症，长期低雌激素状态对于精神状态具有潜在的危险。（　　）

10. 有明显经前综合征的运动员在月经前期和行经期中创伤的发生率比较低，认为判断力下降和反应减慢是这些时相损伤率降低的原因。（　　）

11. 雌激素和黄体酮均能抑制血糖的吸收和储存并改变糖原的利用；黄体期这两种激素水平均比较低，能量代谢应该更加有效。（　　）

12. 适当的体育锻炼能提高和调节神经系统活动，有助于改善女性经期心情烦躁的感觉。（　　）

13. 力量练习后无需额外补充大量能源物质，只需适量增加蛋白质的供给量及补充适量维生素。（　　）

14. 产后女子若长期摄入过量蛋白质，会加重肝、肾负担，引起肥胖。（　　）

15. 绝经后妇女肥胖与乳腺癌的发病率增高无关。（　　）

16. 女子血清睾酮低者，有助于肌肉速度、力量的提高。（　　）

17. 雌激素在体内的作用不仅限于第二性征的形成和脂肪在女性典型部位的沉积，更重要的是对心血管系统有一系列的重要作用。（　　）

18. 月经不规律女子由于激素水平降低，应力性骨折的发病率增加，骨骼适应性减缓，易发生微型骨折，且愈合更加缓慢。（　　）

19. 男子在长时间的耐力运动中比女子更依赖脂肪供能。（　　）

20. 女子肌肉中三酰甘油比男子少，在低于 80%最大摄氧量强度的耐力运动时，女子动用脂肪代谢供能的比例明显低于男子。（　　）

（四）单选题

1. 女运动员可以通过有意识的补充富含（　　）的食物来满足机体对蛋白质合成代谢的要求。

A. 无机盐　　B. 叶酸　　C. 维生素　　D. 水

2. 女运动员由于运动量较大，且限制膳食控体重者较多，因而易出现（　　）严重丢失，而补充又不足，从而引起运动性贫血。

A. 铁　　B. 钙　　C. 钾　　D. 镁

3. 女子骨骼肌的体积小于男子，主要是缺少（　　）。

A. 雌激素　　B. 雄激素　　C. 胰岛素　　D. 肌红蛋白

4. 女子磷酸原系统供能能力比男子低的主要原因是（　　）。

A. 女子骨骼肌中 ATP、CP 的总量较男子低

B. 糖原的绝对贮量低于男子

C. 皮下脂肪比男子显著发达

D. 血清高密度脂蛋白高于男子

5. 女子糖酵解系统供能能力比男子低的主要原因是（　　）。

A. 瘦体重丢失时间比男子早

B. 糖原的绝对贮量低于男子

C. 肌内碱储备和 pH 恒定维持能力弱于男子

D. 性激素功能上的差异

6. 女子有氧代谢能力比男子低的主要原因是（　　）。

A. 女子总的有氧代谢的输出功率低于男子

B. 肌酸激酶活性低于男子

C. 糖酵解途径中有多种酶的活性低于男子

D. 体内碱储备较低

7. 下列有关雌激素的作用描述不正确的是（　　）。

A. 降低总胆固醇水平　　B. 降低血清低密度脂蛋白水平

C. 预防动脉硬化　　D. 降低血清高密度脂蛋白水平

8. 月经过少或闭经的女子容易提早发生（　　）。

A. 肥胖　　B. 糖尿病

C. 代谢综合征　　D. 骨质疏松症

9. 体育锻炼使女子肌肉力量得到提高的原因，下列描述错误的是（　　）。

A. 骨骼肌中三羧酸循环酶的活性提高

B. ATP、CP 的总量增加

C. 肌酸激酶活性增加

D. 动员了更多运动单位参与工作

（五）简述题

1. 简述女子运动时的能量代谢特点。

2. 简述女子磷酸原系统供能代谢特点。

3. 简述孕妇参加体育锻炼时的注意事项。

4. 简述更年期女子的生化特点。

5. 简述运动性月经失调的原因。

6. 简述继发性闭经的原因。

7. 简述女子骨密度与年龄的关系。

8. 简述女子体脂含量特点。

9. 简述女运动员月经周期中血红蛋白的变化规律及其特征。

四、参考答案

（一）名词解释

1. 巅峰骨量：人的一生中骨量达到的最高值。在某种程度上是由个体的遗传决定的，也可能因为定期的运动而增加，或因为不活动、慢性疾病、吸烟、某些药物的作用及激素水平低而减少。

2. 女运动员“三联征”：是指进食障碍、闭经和提早发生骨质疏松三种状况的复合体。“三联征”易发生在美体（瘦身）女子和依赖低体脂取得运动成绩的女性运动员中，取得理想的身体成分很可能是女子发生“三联征”的主要原因。

3. 运动性月经失调：是女性运动员因超负荷训练导致过度疲劳而出现的一种常见疾病，主要表现为月经初潮推迟、月经周期过长或过短（黄体功能不全）、月经量过少，甚至闭经等。

4. 运动厌食症：是针对有亚临床进食障碍的运动员提出的；运动厌食症的主要表现是强烈惧怕体重增加或变胖；她们的体重降低与能量摄入减少有关，还加上大强度和强制性的运动训练。

5. 骨质疏松症：是以骨量减少，骨组织显微结构退化为特征，以致骨的脆性增高而骨折危险性增大的一种全身性骨病。（雌激素和孕酮直接作用于骨细胞，维持骨骼代谢周期；当这些激素水平低时，对旧骨质的吸收无节制的进行，而新骨质的形成减少。总的结果是骨流失和新骨赖以形成的显微架构变薄。）

（二）填空题

1. 青春期，更年期，绝经期

2. 皮下脂肪多，最大摄氧量低，最大耐力低

3. 低，早，雄性

4. 基本相同，无显著差异，4.4~6.6，基础水平

5. 多，严重，快速，回升

6. 发达，多，高于，低于，高于，低于，下降，上升，雌

7. 血容量，血红蛋白，低于，心率指标

8. 较低，较差，低于，差，低于

9. 跳跃，速度，腹压力

10. 乳酸被妊娠期扩张的血容量所稀释，胎儿利用乳酸作为代谢的能源，在妊娠的晚期出现的母体外周胰岛素抵抗增高

11. 低血糖症，降低，下降，较小，升高，发育畸形

12. 增多，提高，力量，弹性

13. 脂肪，糖，维生素，铁，钙

14. 低体重，低体脂，能量限制，饮食失调，无生育，初潮较晚，心理

15. 骨峰值，人体骨量，降低，大于

16. 脂肪组织，去脂体重，中部，雌酮，雄性

17. 钙，铁，维生素 B_2，叶酸

18. 低，接近，超过，脂肪氧化分解

19. 体脂百分比，体质指数，腰臀比

20. 初潮，月经

（三）判断题

1. √ 2. √ 3. × 4. × 5. √ 6. √ 7. × 8. √ 9. √ 10. × 11. × 12. √ 13. √ 14. √ 15. × 16. × 17. √ 18. √ 19. × 20. ×

（四）单选题

1. B 2. A 3. B 4. A 5. C 6. A 7. D 8. D 9. A

（五）简述题

1. 第一，女子磷酸原系统的供能能力较男子低，主要是因为女子肌肉中磷酸原的总量比男子少，且肌肉中 CK 活性显著低于男子；第二，女子糖酵解系统的供能能力低于男子，主要原因是糖酵解途径中多种酶的活性低于男子，且女子体内碱储备低、保持体液酸碱平衡的能力差。第三，女子最大摄氧量、血红蛋白浓度普遍低于男子，从这点上看，女子有氧供能能力比男子差，但女子有氧代谢酶活性接近甚至超过男子，且女子能更多地利用脂肪酸氧化供能。因此，总体上女子的耐力与男子接近。

2. 女子肌肉中磷酸原的贮量、肌酸激酶活性均显著低于男子，且运动后相关酶活性的变化趋势为男子提高幅度显著高于女子。由此决定了女子磷酸原系统的供能能力低于男子。因此，在以磷酸原供能方式为主的运动项目中，女子的成绩较男子差。

3. 孕妇参加体育锻炼时要避免过长时间和剧烈的运动；避免等长练习和屏气用力；维持足够的营养和补充水分，运动前后喝水；避免在酷热和潮湿环境中运动，导致体温过高；在妊娠第四个月后避免卧位运动等。

4. 更年期不仅是心脏病、糖尿病等慢性病的出现期，也是激素水平降低从而造成肌肉衰退、脂肪增加的时期。绝经后，雌激素水平的下降会使女子失去预防心脏病的最重要的盾牌。许多女子在雌激素水平降低的同时，出现血压升高，低密度脂蛋白升高，高密度脂蛋白减少，这些都可能诱发心脏病等。

5. 女子在从事竞技体育运动时情绪经常会发生大幅度的变化，而影响机体内分泌系统的平衡。另外，长期运动训练后的体重不正常、精神应激等也是运动性月经失调的原因。

6. 长期运动训练后女子运动员机体内雌性激素水平的显著性降低是运动性闭经的重要因素，而女子摄入的脂肪和总热量不足可能也是运动性闭经的原因之一。

7. 骨密度在青春期迅速提高，到 30 岁左右时达到顶峰，然后逐渐下降。从 35 岁开始骨密度以每年 0.5%～1.0%的速度迅速下降，直到绝经。绝经后雌激素和孕酮降到较低水平，几年时间内骨矿物质迅速丧失（每年多达 8%），骨骼逐渐适应激素的新水平，骨骼矿物质的流失率减缓到每年大约 1%。运动可减缓与年龄相关的骨流失。

8. 女子的皮下脂肪比男子显著发达，肌肉中三酰甘油比男子多，脂蛋白代谢能力高于男子，血清低密度脂蛋白水平低于男性，而高密度脂蛋白高于男子，血清总胆固醇水平在 60 岁之前也低于男子。但绝经期后高密度脂蛋白下降，低密度脂蛋白上升，此值的变化与雌激素水平有关。可能正是这种因素使女性心脑血管发病率较男性低，平均寿命比男性长。

9. 运动员血红蛋白值呈现波浪式的周期性变化，并随着月经周期的排卵期、排卵后期、月经期、月经后期 4 个阶段呈上下起伏波动，有规律的变化。其变化特征有三种：第一种特征是 Hb 随月经周期呈现两个波峰，第一个波峰出现在排卵期，第二个波峰出现在月经前一天，且第二个波峰最高，此特征人数比例较大；第二种特征是 Hb 最高峰出现在月经的第一天，排卵期波峰有起伏但不明显；第三种特征是 Hb 峰值出现在排卵期，此类运动员人数较少。

（河北体育学院　刘丽萍）

第十章　中老年人体育锻炼的生化特点与评定

10

一、学习要点

本章介绍了中老年的身体化学组成与代谢特点以及体育锻炼的抗衰老作用，主要阐述了运动干预中老年人常见疾病的生化机制。

（一）中老年人机体的生物化学特点

中老年的身体化学组成与代谢特点主要表现在体成分、运动器官、物质代谢以及内分泌、心血管、免疫系统功能的变化。中老年人由于衰老，使身体各器官的细胞数量减少。减少最明显的是肌肉，肌肉萎缩使手腿变细，力量减退。脑细胞的减少、脑萎缩、脑重量减轻，造成脑功能减退。中老年人肝糖原、肌糖原储量逐渐减少，糖酵解能力下降。糖有氧代谢能力也随年龄增加而减弱，但其衰减速度比糖酵解慢。中老年人脂肪动员的速度与肌肉氧化利用脂肪酸的能力都有所下降，脂肪参与有氧代谢供能的能力减弱。中老年人血脂往往升高，血脂升高成为导致动脉粥样硬化的重要因素。随着年龄的增加，蛋白质合成能力相应减弱，蛋白质分解代谢大于合成代谢，出现负氮平衡。中老年人随着年龄的增长，体内胸腺退化、免疫细胞数目减少、免疫细胞功能降低等综合效应造成免疫系统功能减弱，使得中老年人易受感染，并且癌症和自身免疫病的发病率增加。

（二）人体衰老与体育锻炼

人体的衰老是一自然规律，衰老的生物学本质及其机理至今尚未完全清楚，目前提出的有基因遗传、自由基、免疫、神经内分泌等不同的生物学说。衰老的速度受诸如遗传、疾病、营养、生活环境、心理状态和体育锻炼等许多因素的影响，它们具有加速或延缓人体衰老的作用。长期适宜的体育锻炼不但能够预防由于精神和躯体的疾病引起的病理性衰老，而且可以延缓正常情况的生理性衰老。

（三）运动干预中老年人常见疾病的生化机制

许多常见慢性疾病如高脂血症、动脉硬化、冠心病、糖尿病等多发于中老年。合理适宜的体育锻炼将会对这些疾病起到良好的预防、治疗和康复作用。运动训练可使机体外周组织对胰岛素的敏感性增强，促进骨骼肌细胞葡萄糖运载体 4 的葡萄糖转位，增加肌细胞对葡萄糖的吸收和利用，同时降低血糖。经常从事体育锻炼可以改善脂质代谢。运动时肾上腺素、去甲肾上腺素分泌增加，可以提高脂蛋白酶的活性，加速富含三酰甘油的乳糜和极低密度脂蛋白的分解。体育锻炼能够消耗体内大量的能量，既可以降低血浆中胆固醇和三酰甘油的含量，又可以提高高密度脂蛋白的水平。紧张的脑力劳动的精神因素是使血中胆固醇升高的因素之一。适当的体育锻炼可使人精神放松，缓解压力。

二、学习难点

1. 衰老的生物学机制。
2. 运动降糖、降脂的作用原理。

三、习题

（一）名词解释

1. 亚健康状态
2. 衰老
3. 代谢综合征
4. 身体质量指数
5. 糖尿病

（二）填空题

1. 一般来说，________岁为中年期，________岁以后为老年期。
2. 中老年体成分的变化包括________、________、________。
3. 亚健康状态的主要表现有“一多三退”，即________、________、________、________。
4. 处于亚健康状态的人群数量，________城市高于________城市，________劳动者多于________劳动者，________人多于________人。
5. “代谢综合征”其特征表现为“六高一脂”，即________、________、________、________、________、________和________。
6. 目前提出的衰老学说主要有________、________、________、________。
7. 随着年龄增长，骨的________和________均降低，________增加，易发生骨折。因此，中老年人在进行体育锻炼时，不宜进行强度过大的________性锻炼。
8. 老年人蛋白质________代谢大于________代谢，出现________平衡，所以运动时易产生疲劳，且恢复慢。
9. 体育锻炼抗衰老作用的主要生化表现为________、________、________、________等。
10. 糖尿病主要分为________和________。前者主要是________，后者主要是________为主，伴有________。

（三）判断题

1. 有氧运动可以降低 HDL。（　　）

2. 运动能延缓胸腺的萎缩，增加 T 淋巴细胞数量。（ ）

3. 随着年龄的增加机体对胰岛素的敏感性提高。（ ）

4. 目前的研究表明，骨骼肌摄取葡萄糖是一种不耗能的被动吸收。（ ）

5. 运动可促进骨骼肌细胞葡萄糖运载体 4 的葡萄糖转位。（ ）

6. 2002 年 WHO 提出亚洲人 BMI≥25 为肥胖的标准。（ ）

7. 不良生活习惯是“代谢综合征”的最大诱因。（ ）

8. 中老年人糖有氧代谢能力衰退速度比糖酵解快，故耐力随年龄增加而显著降低。（ ）

9. 中老年人骨弹性降低，硬度和脆性增加，易发生骨折。（ ）

10. 中老年人蛋白质分解代谢大于合成代谢，出现负氮平衡。（ ）

11. 运动疗法是糖尿病的治疗的基本方法之一。（ ）

12. 中老年人体内酸性代谢产物增加。（ ）

13. 褐色脂肪组织在功能上是一种产热器官。（ ）

14. 经常进行长跑锻炼的中老年人，其血脂水平明显低于不活动者，从而起到预防心血管病发生的作用。（ ）

15. 人到中年，体内水分、脂肪逐渐增加，身体逐渐变胖。（ ）

（四）单选题

1. 体育锻炼可以提高（ ）水平。

A. 高密度脂蛋白　　B. 胆固醇

C. 三酰甘油　　D. 低密度脂蛋白

2. 2002 年 WHO 提出亚洲人肥胖的标准是（ ）。

A. BMI≥20　B. BMI≥30　C. BMI≥35　D. BMI≥25

3. 中老年人易发生骨折的原因是（ ）。

A. 骨弹性降低，硬度和脆性增加

B. 骨弹性、硬度均增加

C. 骨基质和骨盐相对减少

D. 骨弹性增加，硬度和脆性降低

4. 老年人随着年龄增加，体成分发生变化，出现（ ）。

A. 细胞减少，脂肪增加，水分减少

B. 细胞增加，脂肪增加，水分减少

C. 细胞减少，脂肪增加，水分增加

D. 细胞增加，脂肪减少，水分增加

5. 1 型糖尿病发生的主要原因是（ ）。

A. 遗传　　B. 胰岛 B 细胞破坏以致胰岛素缺乏

C. 胰岛素抵抗　　D. 食糖量过高

6. 糖尿病最常见的表现是“三多一少”，其中一少是指（　　）。

A. 尿　　B. 体重　　C. 食量　　D. 饮水

7. 亚健康状态的主要表现是“一多三退”，其中一多是指（　　）。

A. 睡眠多　　B. 饮食多　　C. 疲劳多　　D. 疾病多

8. “代谢综合征”其症状表现为“六高一脂”，其中一脂是指（　　）。

A. 脂肪肝　　B. 脂血症　　C. 脂肪酸　　D. 脂蛋白

9. 下列哪种不是目前提出的衰老学说之一（　　）。

A. 基因遗传学说　　B. 自由基学说

C. 免疫学说　　D. 应激-适应学说

10. 为唤起人们对糖尿病的重视，世界卫生组织和国际糖尿病联盟将每年（　　）定为世界糖尿病日。

A. 11 月 14 日　　B. 12 月 5 日

C. 10 月 7 日　　D. 3 月 14 日

11. 研究表明运动可促进骨骼肌细胞（　　）的葡萄糖转位。

A. 葡萄糖运载体 4　　B. 葡萄糖运载体 1

C. 葡萄糖运载体 2　　D. 葡萄糖运载体 3

12. 处于亚健康状态的人群数量，（　　）多于（　　）。

A. 脑力劳动者，体力劳动者

B. 体力劳动者，脑力劳动者

C. 年轻人，中年人

D. 老年人，中年人

13. 随着年龄的增长，中老年人体内增加（　　）。

A. 酸性代谢产物　　B. 碱性代谢产物

C. CO_2排出能力　　D. H^+排出能力

14. 亚健康状态是哪一领域提出的新概念（　　）。

A. 预防医学　　B. 运动医学

C. 运动生理学　　D. 内分泌学

15. 代谢综合征是导致哪一疾病的重要危险因素（　　）。

A. 脑中风　　B. 骨质疏松

C. 老年痴呆　　D. 骨折

16. 中老年进行体育锻炼时要注意运动强度，并遵循的原则是（　　）。

A. 大运动量　　B. 循序渐进

C. 长时间　　D. 大力量

17. “代谢综合征”的高危年龄段是（　　）。

A. 20~30 岁　　B. 40~50 岁

C. 60~70 岁　　D. >80 岁

18. 60 岁以上的老人，身体水分总含量约为体重的（　　）。

A. 60%　　B. 51%　　C. 70%　　D. 40%

19. 随着年龄的增加，（　　）分泌减少，故老年人新陈代谢减慢，体重容易增长，易出现心跳缓慢、怕冷、疲倦等症状。

A. 胰岛素　　B. 甲状腺素

C. 胰高血糖素　　D. 生长素

20. （　　）含量升高是导致动脉粥样硬化的重要原因。

A. 血糖　　B. 血脂

C. 血尿酸　　D. 血氨

21. 在人类的（　　）中存在着两对与摄食行为有关的神经核。

A. 小脑　　B. 脑垂体　　C. 下丘脑　　D. 腺垂体

22. 据调查，我国人群中约有（　　）以上处于亚健康状态。

A. 30%　　B. 80%　　C. 10%　　D. 60%

23. 身体质量指数是以（　　）。

A. 体重/身高平方　　B. 体重/身高

C. 身高/体重　　D. 身高/体重平方

24. 1998 年 WHO 在对白种人研究基础上，提出 BMI≥（　　）为肥胖。

A. 30　　B. 25　　C. 10　　D. 40

（五）多选题

1. 代谢综合征是导致（　　　）的危险因素

A. 高血压病　　B. 糖尿病　　C. 冠心病　　D. 脑中风

2. 肥胖症可诱发（　　　）等疾病。

A. 脂肪肝　　B. 动脉粥样硬化

C. 高血压　　D. 骨质疏松

3. 糖尿病最常见的表现是“三多一少”，其中三多是指（　　　）。

A. 多尿　　B. 多睡　　C. 多食　　D. 多饮

4. 亚健康状态的主要表现“一多三退”，其中三退包括（　　　）。

A. 睡眠减退　　B. 活力减退

C. 反应能力减退　　D. 适应能力减退

5. 衰老的速度受（　　　）等许多因素的影响，它们具有加速和延缓人体衰老的作用。

A. 疾病　B. 体育锻炼　C. 营养　D. 遗传

6. 大多数肥胖者存在（　　）现象。

A. 血糖降低　B. 瘦素抵抗

C. 胰岛素抵抗　D. 骨质疏松

7. 中老年体成分的变化表现在（　　）。

A. 细胞减少　B. 水分减少

C. 脂肪增多　D. 肝、肌糖原增加

8. 随着年龄的增加，中老年人体内（　　）逐渐减少。

A. 肝、肌糖原储量　B. 去脂体重

C. 酸性代谢产物　D. 血红蛋白含量

9. "代谢综合征"其症状表现为"六高一脂"，其中六高包括（　　）。

A. 高体重　B. 高血压　C. 高血脂　D. 高血糖

10. 下列哪种是目前提出的衰老学说之一（　　）。

A. 基因遗传学说　B. 疲劳学说

C. 免疫学说　D. 应激-适应学说

11. 高脂血症可引起（　　）。

A. 动脉粥样硬化　B. 冠心病

C. 痛风　D. 脑中风

12. 随着年龄的增长，人体（　　）逐渐减少。

A. 血压　B. 血管壁弹性

C. 冠状动脉血流量　D. 心输出量

13. 体育锻炼抗衰老作用的主要生化表现为（　　）。

A. 增加肌肉蛋白质和糖原的储备量

B. 提高细胞内酶的活性

C. 延缓内分泌功能的减退

D. 提高机体免疫力

14. （　　）是促进脂肪合成及抑制分解的主要激素。

A. 胰岛素　B. 前列腺素 E_1

C. 胰高血糖素　D. 促肾上腺皮质激素

15. 体育锻炼可以（　　）。

A. 提高脂蛋白脂肪酶的活性

B. 降低血浆胆固醇含量

C. 加速极低密度脂蛋白的分解

D. 降低血浆高密度脂蛋白水平

（六）简述题

1. 简述人体衰老的自由基学说。

2. 简述中年人健康状态存在的问题。

3. 简述中老年的物质代谢特点。

4. 简述中老年人体成分的变化（特点）。

（七）论述题

1. 试述运动干预2型糖尿病可能的生化机制。

四、参考答案

（一）名词解释

1. 亚健康状态：目前医学界认为，人体有三种状态，第一状态为健康，第二状态为疾病，介于两者之间的为第三状态或亚健康状态。它是经常出现的一系列难以用某一种病予以解释的征候群。

2. 衰老是人体随年龄增长而发生的一个复杂的生物学过程，包括机体内组织器官、细胞和亚细胞，代谢及其调节等机能水平的降低，机体自身代偿能力和应激能力的逐渐衰退。

3. 代谢综合征的症状表现为“六高一脂”：高体重、高血压、高血脂、高血糖、高血尿酸症、高胰岛素血症和脂肪肝。其中，只要出现肥胖、高血压、高血糖和高血脂中3个以上的症状就可以诊断为患有代谢综合征。根据这一系列代谢异常现象，统一将其命名为代谢综合征。

4. 身体质量指数为体重除以身高的平方。

5. 糖尿病是由多种病因引起的代谢紊乱，其特点是慢性高血糖，伴有胰岛素分泌不足和/或作用障碍，从而导致碳水化合物、脂肪、蛋白质代谢紊乱，造成多种器官的慢性损伤、功能障碍和衰竭。

（二）填空题

1. 40~60岁，60岁以后

2. 细胞减少，脂肪增加，水分减少

3. 疲劳多，活力减退，适应能力减退，反应能力减退

4. 沿海，内地，脑力，体力，中年，年轻

5. 高体重，高血压，高血脂，高血糖，高血尿酸症，高胰岛素血症，脂肪肝

6. 基因遗传学说，自由基学说，免疫学说，神经内分泌学说

7. 弹性，硬度，脆性，力量

8. 分解，合成，负氮

9. 增强肌肉蛋白质及糖原的储备量，加强骨骼肌内的血液循环及代谢功能，改善血液成分，促进物质代谢

10. 1型，2型，胰岛B细胞破坏以致胰岛素缺乏，胰岛素抵抗，胰岛素分泌不足

（三）判断题

1. ×　2. √　3. ×　4. ×　5. √　6. √　7. √　8. ×　9. ×　10. √　11. √　12. √　13. √　14. √　15. ×

（四）单选题

1. A　2. D　3. C　4. A　5. B　6. B　7. C　8. A　9. D　10. A　11. A　12. A　13. A　14. A　15. A　16. B　17. B　18. B　19. B　20. B　21. C　22. D　23. A　24. A

（五）多选题

1. ABCD　2. ABC　3. ACD　4. BCD　5. ABCD　6. BC　7. ABC　8. ABD　9. ABCD　10. AC　11. ABCD　12. BCD　13. ABCD　14. AB　15. ABC

（六）简述题

1. 该学说认为生物体内具有一整套产生和消除自由基的平衡体系，机体随着年龄增长出现的退行性变化，是由于受到内、外环境的影响以及机体抗氧化酶的活性不断下降，使体内自由基物质过剩的结果。自由基是细胞代谢过程中产生的，带有一个以上不配对电子的原子或分子的总称。自由基是一种强氧化剂，可损伤生物体大分子和多种细胞成分，也可与核酸、蛋白质、脂质等发生反应，导致细胞衰老与死亡。

2. 目前医学界认为，人体有三种状态，第一状态为健康，第二状态为疾病，介于两者之间的为第三状态，或亚健康状态。亚健康的主要表现有“一多三退”，即疲劳多、活力减退、适应能力减退、反应能力减退。其具体表现为经常出现一系列难以用某一种病予以解释的征候群，如全身无力、容易疲倦、精力不集中、食欲不佳、睡眠不良等。亚健康状态往往出现在中年人身上，中年人亚健康状态的出现，往往是许多疾病的前兆。

3. 中老年人肝糖原、肌糖原储量逐渐减少，糖酵解能力下降。糖有氧代谢能力也随年龄增加而减弱，但其衰减速度比糖酵解慢。中老年人脂肪动员的速度与肌肉氧化利用脂肪酸的能力都有所下降，脂肪参与有氧代谢供能的能力减弱。中老年人血脂往往升高，血脂含量升高成为导致动脉粥样硬化的重要因素。随着年龄的增加，蛋白质合成能力相应减弱，蛋白质分解代谢大于合成代

谢，出现负氮平衡。由于代谢能力、呼吸与循环功能的改变，中老年人体内酸性代谢产物增加，二氧化碳排出能力减退，肾对氢离子的排出有所下降，故血中 pH 虽属正常范围，但酸碱平衡的调节代偿能力较差，当额外的生理或病理负担出现时，容易引起代偿不全而出现酸中毒。

4. 中老年人由于衰老，使身体各器官的细胞数量减少。减少最明显的是肌肉，肌肉萎缩使手腿变细，力量减退。脑细胞的减少、脑萎缩、脑重量减轻，造成脑功能减退。此外，身体的各种细胞都在减少。人到中年，人体脂肪增加，逐渐变胖。过度肥胖，可诱发脂肪肝、动脉粥样硬化、高血压等。中老年人身体水分逐渐减少，中老年人易出现皮肤干燥、皱纹增多、便秘、血液变得黏稠、流动缓慢，可导致心、脑血管血栓的形成，而发生脑梗死或心肌梗死。

（七）论述题

1. 运动疗法是 2 型糖尿病治疗的基本方法之一，它对 2 型糖尿病的治疗价值得到了临床和学术界的肯定。

（1）增强胰岛素分泌。有研究发现，长期的运动训练能使糖尿病机体血糖浓度显著降低，血连接肽浓度相应升高。从而说明，长期的运动训练能增强糖尿病胰岛 B 细胞分泌胰岛素的功能，改善糖代谢紊乱。

（2）提高肌细胞膜胰岛素受体水平。对肥胖者和 2 型糖尿病的骨骼肌研究发现，其胰岛素信号传导通路存在缺陷，特别是胰岛素受体底物-1（IRS-1）的磷酸化和 PI3K 的活性在胰岛素刺激下减少。有研究表明，耐力训练可提高骨骼肌中胰岛素受体、IRS-1 的基因表达（mRNA 水平）。

（3）促进肌细胞 GLUT4 转位。长期的有氧运动可促进骨骼肌细胞 GLUT4 的转位，促进骨骼肌对葡萄糖的摄取和利用，从而使血糖浓度降低。

（4）增强外周组织对胰岛素的敏感性。

（北京体育大学　张　缨）

第十一章　提高运动能力方法的生化分析

11

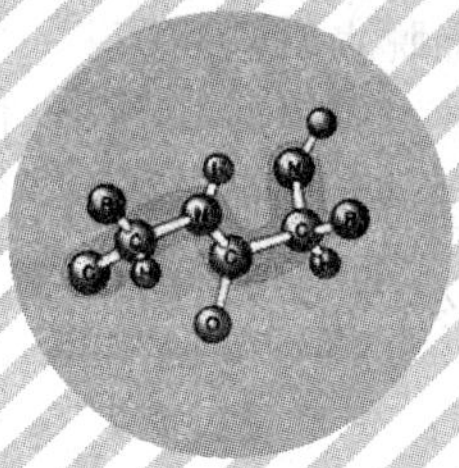

一、学习要点

本章从三大供能系统（磷酸原供能系统、糖酵解供能系统和有氧代谢供能系统）的角度阐述了影响运动能力的生化因素，对提高运动能力的训练方法和常用物质手段进行了分析。影响供能系统的因素均对运动能力产生影响。因此，针对发展三种系统供能能力的训练可以有效地改善和提高机体的运动能力。

目前，通常采用无氧低乳酸训练方法发展磷酸原供能系统能力，采用最高乳酸训练和乳酸耐受力训练方法发展糖酵解供能能力。除长时间间歇运动训练和持续耐力训练可以有效提高有氧代谢供能能力外，乳酸阈训练和高原训练也是常用的方法。

补糖、补液不仅是长时间、耐力性运动项目所需的，而且也是短时间、大强度间歇性运动项目不可缺少的。补液可以防止脱水，还可以提供外源性能量和增进运动能力。运动员必须增加蛋白质摄入量，以恢复运动中消耗的组织蛋白，修复损伤的组织，增加蛋白质合成，预防运动性贫血。此外，补充氨基酸类物质和维生素等也是提高运动能力的有效手段。

二、学习难点

1. 影响无氧代谢和有氧代谢运动能力的生化因素。
2. 提高代谢能力的训练方法及其生化分析。
3. 提高运动能力的物质手段及生化基础（补糖、补液与运动能力）。

三、习题

（一）名词解释

1. 乳酸阈训练
2. 持续性耐力训练
3. 糖原负荷法
4. 完全蛋白质
5. 晶体渗透压
6. 高原训练法

（二）填空题

1. 运动能力包括________和________，三大供能系统为________、________、________。

2. 肌肉中的________和________直接影响收缩时无氧功率的输出。

3. 在局部肌糖原储备充足的情况下，肌内________堆积是影响无氧运动能力的主要限制因素。

4. 无氧运动时 ATP 生成速率依赖于________________的代谢能力。

5. 在 60%~85%最大摄氧量强度运动时，有氧代谢运动能力的限制因素是运动前________储备量的多少。

6. 机体的最大转运氧能力与________、________、________有关。

7. ________是影响最大摄氧量的重要因素，在供氧充足、能量物质储备充足时，影响最大摄氧量的主要因素是________。

8. 正常成人，最大摄氧量每年下降________，长期从事运动的人每年下降速率为________。

9. 高原世居者普遍存在着________增多的现象，血液流变学具有________、________、________典型特点。

10. 在三大供能系统中，________供能输出功率最高。

11. 在发展磷酸原供能能力的训练中，主要采用________的最大强度间歇训练和________两种方法。

12. 在最大强度重复训练中，要严格控制________、________之间的间歇时间，因为它直接影响发展磷酸原系统的供能能力。

13. 无氧代谢能力取决于________系统和________系统的供能能力，而无氧耐力素质取决于________。

14. 乳酸耐受力训练常采用________方法，在训练中可采用________分钟运动，________分钟休息的多次重复的间歇训练方法。

15. 提高有氧代谢能力的训练方法有________、________、________和________ 4 种。

16. 在有氧代谢的间歇训练中，运动强度要求接近________最大摄氧量强度。

17. 在耐力训练时常采用乳酸阈强度训练，即其强度要以乳酸阈强度为训练负荷，由于乳酸阈也存在个体差异，更科学的方法是测定运动员的________。

18. 乳酸阈强度即血乳酸浓度为________，运动员的最大无氧耐受乳酸浓度为________。

19. 糖是人体最重要的供能物质，机体所需要的大部分能量来自________和________。

20. 补糖和补液均分为三个阶段________、________和________。

21. 运动员常用的运动饮料一般是含有________和________的饮料。

22. 补充蛋白质时，蛋白质水解产物包括________、________、________。

23. 组织间液与血浆的正常 pH 为________。

24. 对于要求视力集中的运动项目，________不足必然会影响运动能力。

25. 成人身体总钙量为 1 kg 左右，其 99%存在于________和________中。

26. 理气扶正中药复方“体复康”具有消除疲劳作用，对于运动训练导致的________轴功能紊乱有调节作用。

（三）判断题

1. 人体无氧代谢能力仅受个体先天因素和后天因素的影响。（　　）

2. 快肌纤维越多、横截面积越大，肌肉的无氧功率输出越大。（　　）

3. 无氧运动时肌糖原的储量也是个体无氧运动能力的决定因素之一。（　　）

4. 人体代谢能力存在个体差异，运动训练可以提高机体的代谢能力。（　　）

5. 短时间无氧运动能力和长时间无氧代谢能力的可训练性都较大。（　　）

6. 机体的有氧代谢能力与肌纤维的类型和横截面积有关。（　　）

7. 优秀耐力运动员骨骼肌中慢肌纤维百分比高，而优秀的速度项目运动员快肌纤维占优势。（　　）

8. 男女肌肉力量的性别差异并不是由于肌纤维横截面积不同，而是由于肌纤维类型不同所致。（　　）

9. 运动员最大有氧代谢运动能力取决于氧转运能力和肌肉利用氧能力。（　　）

10. 耐力训练可以使慢肌纤维的百分比发生变化。（　　）

11. 磷酸原系统供能时，速度、力量最大。（　　）

12. 最大速度的间歇训练运动时间应控制在 5~8 s，休息间歇应为 30 s 左右。（　　）

13. 10 s 以内运动供能由磷酸原系统供应。（　　）

14. 无氧耐力主要依靠糖酵解供能。（　　）

15. 在发展有氧耐力的间歇训练中，间歇时间要比运动时间长。（　　）

16. 最大强度运动 0.5 min~15 min 之间，糖酵解供能起主导作用。（　　）

17. 高原训练的目的是在于提高运动员机体在缺氧条件下 CP 的再合成能力。（　　）

18. 补糖有助于长时间、耐力性项目，也有益于短时间、大强度的间歇性运动项目。（　　）

19. 为保持最大的运动能力并迅速地恢复体力，补液总量应和失水总量相

等。(　　)

20. 在运动中，出汗和蒸发汗是运动机体散热的重要途径。(　　)

21. 补液时应注意一定要少量多次摄取。(　　)

22. 赛前 2~3 h 补糖为 1~5 g/kg。(　　)

23. 大多数氨基酸类物质具有抑制合成代谢的作用。(　　)

24. 补充支链氨基酸可以延缓中枢疲劳的出现。(　　)

25. 维生素大部分可以在体内合成。(　　)

26. 维生素 B_{12}在运动员和正常人中缺乏较为少见，它与机体造血过程有关。(　　)

27. 血 K^+过高或过低对心肌都有抑制作用。(　　)

28. 短时间激烈运动时，体内会发生电解质大量丢失而缺乏。(　　)

29. 钠、钾的排泄均由肾调节。(　　)

30. 高原训练主要应用于力量性等无氧代谢运动项目的训练。(　　)

(四) 单选题

1. 下列因素影响机体无氧代谢能力的是(　　)。

A. 快肌纤维的百分组成高，横截面积大

B. 慢肌纤维的百分组成高，横截面积大

C. 快肌纤维的百分组成高，与横截面积无关

D. 慢肌纤维的百分组成高，与横截面积无关

2. 无氧运动时(　　)储量不是个体无氧运动能力的决定因素。

A. ATP　　B. CP

C. 高能磷酸化合物　　D. 肌糖原

3. 体内乳酸堆积时，H^+可竞争(　　)的结合位点，使 ATP 水解速率减慢，肌肉收缩力下降。

A. Ca^{2+}　　B. Na^+　　C. K^+　　D. Mg^{2+}

4. 体内 pH 下降可抑制糖酵解中的(　　)个限速酶，使糖酵解速率下降。

A. 1　　B. 2　　C. 3　　D. 4

5. 在短时间极量运动中，氧化供能占(　　)左右。

A. 2%　　B. 2.5%　　C. 3%　　D. 3.5%

6. 经过训练后，下列影响无氧代谢运动能力的因素不发生改变的是(　　)。

A. 肌肉体积　　B. 最大肌乳酸

C. 快肌纤维的比例　　D. 肌肉乳酸脱氢酶活性

7. 下列因素影响机体有氧代谢能力的是(　　)。

A. 快肌纤维的百分组成　　B. 慢肌纤维的百分组成

C. 快肌纤维横截面积　　D. 慢肌纤维横截面积

8. 下列与最大摄氧量无关的是（　　）。

A. 每分心输出量　　B. 血红蛋白量

C. 有氧代谢酶活性　　D. 肺泡弥散氧的能力

9. 经耐力训练最大摄氧量增高不超过（　　）最大摄氧量。

A. 10%~15%　　B. 15%~20%

C. 20%~25%　　D. 25%~30%

10. 大约从 1 200 m 海拔高度起，每上升 1 000 m 最大摄氧量下降（　　）。

A. 5%　　B. 6%　　C. 8%　　D. 10%

11. 高原世居者血液流变学多具有“浓”“黏”“聚”的典型特点。“浓”是指（　　）。

A. 全血黏度增高　　B. 全血黏度降低

C. 血细胞压积增高　　D. 红细胞电泳时间延长

12. （　　）是改善和提高人体运动能力的重要因素。

A. 遗传因素　　B. 环境因素

C. 运动训练　　D. 机体适应能力

13. 磷酸原供能系统维持运动时间为（　　）s。

A. 5~8　　B. 6~8　　C. 5~10　　D. 6~10

14. 发展磷酸原系统的训练，运动时间应控制在（　　）s。

A. 5~8　　B. 6~8　　C. 5~10　　D. 6~10

15. 磷酸原供能系统间歇训练中间歇时间应根据（　　）恢复的半时反应来决定。

A. ATP　　B. CP

C. 高能磷酸化合物　　D. 肌糖原

16. 最高乳酸训练运动强度为大强度运动，运动时间为（　　）min，间歇休息为（　　）min。

A. 1~2，3~4　　B. 2~3，3~4

C. 1~2，3~5　　D. 2~3，3~5

17. 血乳酸在（　　）mmol/L 是最大无氧代谢训练的敏感范围，范围大小与运动水平有关。

A. 10~12　　B. 12~16　　C. 12~18　　D. 12~20

18. 在利用高原环境进行有氧代谢训练时要（　　）。

A. 强度相对较低，量相对较小

B. 强度相对较低，量相对较大

C. 强度相对较高，量相对较小

D. 强度相对较高，量相对较大

19. 运动中补糖，多数采取饮用含糖饮料的方法，应（　　）饮用。

A. 大量少次　　B. 少量少次

C. 大量多次　　D. 少量多次

20. 补糖时，果糖应与（　　）联合使用。

A. 葡萄糖　　B. 低聚糖

C. 半乳糖　　D. 淀粉类食物

21. 出汗可引起肾血流量和肾小球滤过率（　　），肾小管重吸收钠离子和水（　　），尿排泄量（　　）。

A. 下降，下降，增强　　B. 下降，增强，下降

C. 增强，下降，增强　　D. 增强，增强，下降

22. 运动时，机体的脱水阈为（　　）mL/h。

A. 100　　B. 150　　C. 200　　D. 275

23. 运动饮料应该是（　　），饮料中含有的钠盐一般（　　）汗液中的钠盐含量。

A. 低渗，低于　　B. 等渗，低于

C. 等渗，高于　　D. 低渗，高于

24. （　　）是人体重要的游离氨基酸库。

A. 心肌　　B. 肝　　C. 骨骼肌　　D. 肾

25. 骨骼肌作为人体最大组织，约占体重的（　　）

A. 30%　　B. 40%　　C. 50%　　D. 60%

26. 补充蛋白质时，最佳的补充形式是（　　）。

A. 完全蛋白质　　B. 游离氨基酸

C. 乳清蛋白　　D. 蛋白质水解产物

27. 下列维生素中属于水溶性的是（　　）。

A. 维生素 A　　B. 维生素 E

C. 维生素 C　　D. 维生素 D

28. 在生物氧化过程中起着递氢体作用，与运动员有氧和无氧耐力有关的是（　　）。

A. 维生素 B_1　　B. 维生素 B_2

C. 维生素 PP　　D. 维生素 C

29. 体液中的缓冲体系中以（　　）缓冲对最为重要。

A. $NaHCO_3/H_2CO_3$　　B. $KHCO_3/H_2CO_3$

C. Na_2HPO_4/NaH_2PO_4　　D. K_2HPO_4/KH_2PO_4

30. 钠是（　　）中阳离子的主要成分。

A. 细胞内液　　B. 细胞外液

C. 细胞液　　D. 体液

31. 钾是（　　）中阳离子的主要成分。

A. 细胞内液　　B. 细胞外液

C. 细胞液　　D. 体液

32.（　　）是细胞外液中阴离子的主要成分。

A. OH^-　B. HCO_3^-　C. CO_3^{2-}　D. Cl^-

33. 参与氧和二氧化碳的运输及酸碱平衡的调节的是（　　）。

A. Zn^{2+}　B. Fe^{2+}　C. Cu^{2+}　D. P

34.（　　）是多种酶的组成成分和激活剂，调节体内各种代谢。

A. Zn^{2+}　B. Fe^{2+}　C. Cu^{2+}　D. P

35.（　　）是很多金属酶的辅助因子，参与多种代谢反应。

A. Zn^{2+}　B. Fe^{2+}　C. Cu^{2+}　D. P

（五）多选题

1. 个体无氧代谢运动能力高时（　　　　）。

A. 肌肉质量高　　B. 肌纤维横截面积大

C. 快肌纤维的百分组成高　　D. 慢肌纤维的百分组成高

2. 短时间全力运动时的能量主要来源于（　　　）。

A. ATP　B. CP　C. 肌糖原　D. 肝糖原

3. 影响个体有氧代谢运动能力的有（　　　）。

A. 肺摄取氧，血液转运氧和肌肉利用氧能力

B. 肌糖原储量

C. 脂肪的动员

D. 游离脂肪酸的转运和利用

4. 肌肉利用氧的能力取决于下列哪些因素（　　　　）。

A. 肌肉微血管密度　　B. 肌红蛋白含量

C. 线粒体有氧代谢酶活性　　D. 线粒体数目和体积

5. 高原世居者具有（　　　　）特点。

A. RBC 增多　　B. 血细胞压积增高

C. 全血黏度增高　　D. 红细胞电泳时间缩短

6. 为了提高磷酸原代谢能力，采用重复训练法时，最大强度练习时间应

掌握在10秒内，这是由（ ）决定的。

A. 磷酸原供能系统的特点　　B. 物质代谢

C. 能量代谢　　D. 维持最大输出功率供能时间

7. 下列运动项目中，以磷酸原供能为主的有（ ）。

A. 400 m跑　　B. 跳跃　　C. 投掷　　D. 举重

8. 在发展磷酸原系统供能能力的训练中，练习间歇时间和组间间歇时间是根据（ ）决定的。

A. ATP-CP反应时间　　B. ATP-CP恢复时间

C. ATP-CP利用率　　D. ATP-CP的半时反应

9. 提高糖酵解供能能力的训练，目前常用（ ）。

A. 最大速度间歇训练　　B. 最高乳酸训练

C. 最大强度重复训练　　D. 乳酸耐受力训练

10. 发展机体有氧代谢能力要求对心血管要有足够的负荷量，以提高（ ）能力。

A. 摄取氧　　B. 转运氧　　C. 消耗氧　　D. 利用氧

11. 有氧代谢运动与无氧代谢运动相比（ ）。

A. 输出功率高　　B. 运动时间延长

C. 能源物质储备较多　　D. 消耗相对较少

12. 通过一定强度的持续耐力训练，机体会发生哪些有效的适应性变化（ ）。

A. 肌肉中肌红蛋白含量升高

B. 糖原储量增加

C. 骨骼肌线粒体体积增大、数目不变

D. 有氧代谢能力提高

13. 利用高原环境进行有氧代谢训练时，应注意（ ）。

A. 高度要适宜，2 000~2 500 m最佳

B. 强度相对较低

C. 量相对较小

D. 从平原到高原训练的时间最少要3周

14. 运动时出汗量依赖于（ ）。

A. 运动强度　　B. 运动时间

C. 体表面积　　D. 环境温度

15. 大量出汗会导致（ ）丢失。

A. 细胞内液　　B. 细胞外液

C. 血细胞　　D. 电解质

16. 合理补液可使运动过程（　　）。

A. 心率减少　　B. 血浆容量升高

C. 血浆容量降低　　D. 体温降低

17. 一种理想的运动饮料必须（　　）。

A. 含有适当的糖浓度　　B. 最佳的糖组合

C. 少数可转运的糖　　D. 合理的渗透压浓度

18. 谷氨酰胺的作用有（　　）。

A. 一种很有效的促分解代谢剂

B. 强有力的胰岛素分泌刺激剂

C. 增强免疫力

D. 促进肌酸增加

19. 运动时维生素需要量增加的原因有（　　）。

A. 运动时加速了物质能量代谢过程，加快了各组织更新

B. 系统训练引起线粒体数量和体积增大

C. 系统训练可引起酶和功能蛋白质数量增多

D. 激烈运动加速脂溶性维生素从汗、尿排出

20. 下列哪些物质体内缺乏时易引起疲劳（　　）。

A. 维生素 B_1　　B. 维生素 B_2

C. 维生素 B_6　　D. 维生素 B_{12}

21. 下列物质中可以作为自由基及各类活性氧的清除剂的是（　　）。

A. 维生素 A　　B. 维生素 B

C. 维生素 C　　D. 维生素 E

22. 下列情况中哪些可引起神经肌肉兴奋性下降（　　）。

A. 血 K^+过低时　　B. 血 Ca^{2+}升高时

C. 血中游离钙升高时　　D. 血 Mg^{2+}、H^+浓度升高时

23. 党参、黄芪、三七等单味中药能增强机体抗自由基的能力，并能使体内的（　　）活性增加。

A. SOD　　B. GR　　C. GSH-Px　　D. CAT

24. 食用碱性饮料提高运动成绩的条件是（　　）。

A. 强度大于 85%最大强度

B. 强度大于 90%最大强度

C. 距离为 800~1 000 m 的径赛

D. 距离为 1 000~1 500 m 的径赛

（六）简述题

1. 简述影响有氧代谢运动能力的生化因素有哪些。
2. 简述提高代谢能力的训练方法有哪些。
3. 短跑训练中为何采用 10 s 的全力跑，而休息间歇不少于 30 s。
4. 最大强度的间歇训练的原则有哪些？
5. 采用何种训练方法可以提高 100 m 游泳运动员的供能能力，为什么？
6. 什么是乳酸阈训练？试述其能够发展有氧代谢能力的原因。
7. 简述补糖的意义。
8. 简述补充蛋白质和氨基酸的意义。
9. 电解质的生物学功能有哪些？

（七）论述题

1. 试述影响无氧代谢运动能力的因素有哪些？
2. 为什么高原训练可以使机体的有氧代谢能力提高？
3. 补糖及补液的方法有哪些？

（八）综合分析题

1. 为什么在 100 m 比赛中，有些队员在前 30 m 跑（前半程）不分上下，而在后半程却出现较大的差异；有的运动员能以较快的速率到达终点，而有的运动员则以较慢的速率到达终点。试分析产生差异的原因。

2. 试分析 1 500 m 跑运动员在运动中肌肉供能的特点。

四、参考答案

（一）名词解释

1. 乳酸阈训练指在耐力训练时常采用乳酸阈强度训练，即其强度要以乳酸阈强度（4 mmol/L）为训练负荷，虽然不同的人个体乳酸阈也略有不同，但耐力训练中，血乳酸达到 4 mmol/L 时的稳定状态的浓度是适合的。

2. 持续性耐力训练是指在相对较长的时间里，用较稳定的中等强度，不间歇地连续进行练习的方法，是提高有氧代谢供能能力的一种有效训练方法。

3. 糖原负荷法即在赛前一周内逐渐减少运动量，直至赛前一天休息，同时逐渐增加膳食中糖的含量至总热量的 70%，或在赛前 1～4 h 补糖 1～5 g/kg 体重。

4. 完全蛋白质是含必需氨基酸种类齐全、比例适当的一类蛋白质，如乳清蛋白，卵清蛋白。

5. 体液中的无机电解质构成的渗透压为晶体渗透压，对于细胞内外水分的转移和物质交换起着十分重要的作用。

6. 高原训练法是指运动员利用高原自然的低氧、低气压环境进行强化训练，从而提高运动能力的一种训练方法。

（二）填空题

1. 有氧代谢能力，无氧代谢能力，磷酸原系统，糖酵解系统，有氧代谢供能系统

2. 肌纤维类型，横截面积

3. H^+

4. CP 分解

5. 肌糖原

6. 肺摄取氧能力，血液转运氧能力，每分心输出量

7. 每分心输出量，有氧代谢酶活性

8. 9%，5%

9. RBC，浓，黏，聚

10. 磷酸原系统

11. 无氧-低乳酸，最大强度重复训练

12. 次与次，组与组

13. 磷酸原，糖酵解，无氧代谢能力

14. 超量负荷，1~1.5，4~5

15. 间歇训练，乳酸阈训练，持续耐力训练，高原训练

16. 80%~85%

17. 个体乳酸阈

18. 4 mmol/L，12 mmol/L

19. 肌糖原，肝糖原

20. 训练前，训练中，训练后

21. 糖，电解质

22. 氨基酸，二肽，三肽

23. 7.35~7.45

24. 维生素 A

25. 骨骼，牙齿

26. 下丘脑-垂体-性腺

（三）判断题

1. × 2. √ 3. × 4. √ 5. × 6. × 7. √ 8. × 9. √ 10. ×

11. √ 12. × 13. × 14. √ 15. × 16. √ 17. × 18. √ 19. × 20. √
21. √ 22. × 23. × 24. √ 25. × 26. √ 27. √ 28. × 29. √ 30. ×

(四) 单选题

1. A 2. D 3. A 4. C 5. C 6. C 7. B 8. D 9. B 10. D
11. C 12. C 13. C 14. C 15. B 16. C 17. D 18. B 19. D 20. A
21. B 22. D 23. A 24. C 25. B 26. D 27. C 28. C 29. A 30. B
31. A 32. D 33. B 34. A 35. C

(五) 多选题

1. ABC 2. ABC 3. ABCD 4. ABCD 5. ABC 6. AD 7. BCD
8. BD 9. BD 10. ABD 11. BC 12. ABD 13. ABD 14. ABCD
15. ABD 16. BD 17. ABD 18. BCD 19. ABC 20. AB 21. ACD
22. ABD 23. ACD 24. BC

(六) 简述题

1. ① 肌肉的结构和机能。机体的有氧代谢能力与肌纤维类型的百分组成和其氧化供能能力有着密切的关系，慢肌（即Ⅰ型肌纤维）百分组成越高，有氧代谢能力越强。② 最大转运氧的能力。机体的最大转运氧的能力与肺摄取氧能力、血液转运氧能力有关。③ 肌肉利用氧的能力。④ 遗传的影响。⑤ 训练的影响。⑥ 高原和高原训练的影响。

2. 不同的运动项目、不同的训练水平、不同专项素质，其训练的方法和要求不同。① 磷酸原代谢能力的训练包括最大强度的间歇训练和最大强度重复训练。② 糖酵解代谢能力的训练包括最高乳酸的间歇训练和乳酸耐受力的间歇训练。③ 有氧代谢能力的训练包括有氧代谢的间歇训练、乳酸阈训练、持续性耐力训练和高原训练。

3. 短跑是以磷酸原系统供能为主的运动项目，所以要提高短跑的运动成绩，练习就要以发展磷酸原供能系统为主，磷酸原系统的训练可采用最大速度或是最大强度的间歇训练。运动时间应控制在 5~10 s，休息间歇应为 30 s 左右。练习时间掌握在 10 s 以内，是由磷酸原供能系统的特点和维持最大输出功率的供能时间所决定的，10 s 以内能量的供应几乎全部来源于磷酸原供能。休息时间应根据磷酸原的半时反应来决定，ATP-CP 的半时反应约为 30 s。在 10 s 全力跑后，肌肉中 ATP、CP 消耗达到最大，休息 30 s 秒后则可以达到较好的恢复。

4. 最大强度的间歇训练可采用无氧-低乳酸的训练方法，原则是：① 最大速度或最大力量练习，时间不超过 10 s。② 每次练习的休息间歇不低于

30 s，根据运动员的训练水平休息间歇可选范围是 30～90 s。③ 成组练习后，组间休息间歇可选范围是 2～3 min，通常在 4～5 min。

5. 100 m 游泳是以糖酵解系统供能为主的运动项目，所以要提高 100 m 游泳运动员的供能能力就要提高糖酵解系统的供能能力，可以采用最高乳酸训练和乳酸耐受力训练的方法，最高乳酸训练通常采用间歇训练法，乳酸耐受力训练通常采用超量负荷的方法。它们的目的都是在训练中，通过调整间歇休息的时间和运动与休息的比例来提高乳酸生成量，从而提高糖酵解供能能力。在运动时，乳酸积累会导致机体疲劳或机能衰减，影响运动能力。但大量积累乳酸可刺激机体对酸性物质的缓冲和适应，从而提高糖酵解供能能力。

6. 在耐力训练时常采用乳酸阈强度训练，即其强度要以乳酸阈强度（4 mmol/L）为训练负荷。在耐力训练中，运动强度要使身体达到一个适当的刺激，虽然不同的人其个体乳酸阈不同，但耐力训练中，血乳酸达到 4 mmol/L 时的稳定状态的浓度是适合的。在进行乳酸阈训练时，当在完成相近速度训练时血乳酸积累减少，则要再增加速度，使练习时的血乳酸又稍高于无氧阈，从而不断提高身体的适应能力。由于运动员的最大无氧耐受乳酸浓度为 12 mmol/L，所以 4 mmol/L 血乳酸浓度刺激不是高强度，而是提高有氧代谢的适宜强度，以这样的强度运动，机体不会产生酸血症，故能在长时间内进行练习。因此，乳酸阈训练是提高有氧氧化供能能力的负荷强度，可以发展有氧代谢能力。

7. 运动前或赛前补糖旨在优化肌肉和肝糖原储备，维持运动时血糖稳定，保障 1 h 内快速运动能力和长时间运动末期的冲刺力。同时避免引起运动中胃肠不适和血浆胰岛素浓度上升，其上升有时会引起易感人群反射性低血糖。赛前保持高水平的肌糖原可使运动员提高抗疲劳能力。

持续中等强度运动中摄入糖、增加糖储备可以显著改善糖代谢环境、提高运动能力，保持血糖浓度、维持高的糖氧化速率，同时能节省肝糖原、减少蛋白质消耗。所以，运动中补糖有利于能量平衡和氮平衡。

运动后补糖可以帮助机体尽快缓解疲劳和促进体力恢复；加快肝糖原和肌糖原的合成与储存。

8. 蛋白质对人体运动的生理作用体现在以下几点。

① 帮助受损伤的组织快速修复和再生。

② 对许多代谢过程如体液平衡、酸碱平衡、营养素输送等起调节作用。

③ 促进肌肉蛋白质合成，增强力量。

④ 提高饱腹感，帮助减重。

⑤ 当糖原储存大量消耗时，有助于提高运动持久力。

⑥ 促进抗体、补体和白细胞的形成，提高免疫机能。

氨基酸对人体运动中的作用表现为三点，氨基酸分解代谢可以直接参与供能，补充三羧酸循环的代谢中间产物，以及进行糖异生起维持运动中血糖水平的作用。

9. 人体内的矿物质一般都是以离子状态存在，因此称为电解质，它包括宏量元素和微量元素。体内电解质维持一定的浓度是完成各种生理功能的重要因素之一。其生物学功能表现为：① 维持体液的渗透压。② 维持体液的酸碱平衡。③ 维持神经肌肉的兴奋性。④ 维持酶的正常活性。

（七）论述题

1. 人体无氧代谢能力包括磷酸原供能能力和糖酵解供能能力，它不仅受个体先天因素和后天因素的影响，而且存在明显的个体差异，表现为年龄、性别和训练水平差异。多种因素影响个体的无氧代谢能力。① 肌肉的结构和机能。肌肉中肌纤维类型和横截面积直接影响收缩时无氧功率输出，表现为快肌纤维百分比越高和快肌纤维横截面积越大，维持最大功率输出的时间相对越长。② 能源物质的含量。短时间全力运动时的能量主要来源于高能磷酸化合物（ATP，CP）和肌糖原。但无氧运动时肌糖原的储量不是个体无氧运动能力的决定因素，而 ATP、CP 贮量是短时间无氧运动能力的限制因素之一。③ 代谢产物的堆积。在局部肌糖原储备充足情况下，肌内 H^+堆积是影响无氧运动能力的主要限制因素。④ 代谢途径的效率。无氧运动时 ATP 生成速率也依赖于 CP 和糖原分解的代谢能力。⑤ 氧的转运和利用。⑥ 遗传的影响。⑦ 训练的影响。

2. 人在高原环境对缺氧可以产生适应，而在高原上同时进行运动训练获得的适应，更有利于使人体呼吸和心血管系统功能得到增强，如有利于提高运动员的血红蛋白含量和心血管系统功能，能提高人体运动时氧的利用率和肌肉的耐酸能力等。高原训练对有氧代谢能力的提高有积极作用，其机制可能是高原训练可改善心脏功能及提高 RBC 和 Hb 水平，有利于氧的传送；同时，红细胞内 2，3 二磷酸甘油酸（2，3-DPG）浓度增加及骨骼肌毛细血管数量和形态的改善，有利于氧的释放和弥散，从而导致机体的最大摄氧量增加。另外，高原训练可使骨骼肌线粒体氧化酶活性升高，导致机体利用氧的能力及氧化磷酸化能力增加，以上综合作用使机体的有氧代谢能力得到提高。

3. 补糖和补液都分为三个阶段：运动前、运动中和运动后。

(1) 补糖的三个阶段：① 运动前补糖。运动前可在大运动量前数日内增加膳食中碳水化合物至总能量的 60%~70%（或 10 g/kg），也可采用改良的糖原负荷法（即在赛前一周内逐渐减少运动量、直至赛前一天休息，同时逐渐增加膳食中的含量至总热量的 70%）；或在赛前 1~4 h 补糖 1~5 g/kg（赛前 1 h 补糖时宜采用液态糖）。② 运动中补糖。运动中每隔 30~60 min 补充含糖饮料或容易吸收的含糖食物，补糖量一般为 20~60 g/h，最多不超过 1 g/min，多数采取饮用含糖饮料的方法，少量多次饮用；也可以在运动中使用易消化的含糖食物（如面包、蛋糕）等。③ 运动后补糖。运动后开始补糖的时间越早越好。理想的时间是在运动后即刻、前 2 h 以及每隔 1~2 h 连续补糖。运动后 6 h 以内，肌肉中糖原合成酶含量高，可使存入肌肉的糖达到最大量，补糖效果佳。运动后补糖量为 0. 75~1. 0 g/kg，24 h 内补糖总量达到 9~16 g/ kg。

（2）补液的三个阶段：① 运动前补液。补充的饮料中可含有一定量的电解质和糖。补充的量应根据具体情况而定。如在运动前 2 h 可以饮用 400~600 mL含电解质和糖的运动饮料。也可在运动前 15~20 min 补液 400~700 mL，要少量多次摄入，每次 100~200 mL，分 2~4 次饮入。不要在短时间内大量饮水，否则会造成恶心和排尿，对运动训练或比赛不利。② 运动中补液。补液的量根据出汗量的多少而定。在一般情况下，补液的总量不超过 800 mL/h。运动中补液必须少量多次进行，可以每隔 15~20 min，补液 150~300 mL。运动中的补液量一般为失汗量的 50%~70%。一般情况下，如果运动时间不超过 60 min，补充纯水即可。如果长于 60 min，则应补充含电解质和糖的运动饮料。③ 运动后补液。剧烈运动后及时纠正脱水和补充能量可加速机能恢复。有效地恢复运动中丢失的体液应包括液体的总量和电解质两部分。运动后补液要遵循少量多次的原则，切忌暴饮。应补充含电解质的运动饮料，饮料中还可以含糖，以促进血容量的恢复。运动后的体液恢复以摄取含糖-电解质饮料效果最佳，饮料的糖含量可为 5%~10%，钠盐含量 30~40 mg 当量，以获得快速复水，不可只饮用白水。运动中丢失的体液应该在次日晨得到基本恢复，监测运动员的体重可了解复水的程度。

（八）综合分析题

1. 分析思路

① 分析 100 m 比赛的运动项目特点（包括运动时间、运动强度）。

② 分析 100 m 跑过程中参与供能的主要供能系统及各供能系统的特点。

③ 分析 100 m 跑各供能系统产生、转移和利用能量的影响因素。

④ 最后归纳出产生该问题的原因所在。

2. 分析思路

① 分析 1 500 m 跑运动项目特点（包括运动时间、运动强度）。

② 分析 1 500 m 跑运动过程中主要的供能系统（依据运动时间和运动强

度）。

③ 分析 1 500 m 跑运动过程中各供能系统参与供能的时间先后顺序及供能时间及供能特点。

④ 最后归纳出 1 500 m 跑运动员在运动中各供能系统是如何供能的。

（沈阳体育学院　常　波）

12 第十二章　运动适应的分子调控

一、学习要点

本章简要介绍了 DNA 双螺旋结构模型、DNA 自我复制、RNA 生物合成及功能，以及真核生物基因表达的过程，在分子水平阐述了运动适应的分子调控机制，以及与运动关系较密切的细胞信号转导通路。

（一）分子生物学基础

DNA 双螺旋结构是核酸的二级结构。双螺旋的骨架由戊糖和磷酸基构成，两股链之间的碱基互补配对。DNA 作为生物遗传信息复制的模板和基因转录的模板。一个亲代 DNA 分子变成两个子代分子，每个子代分子双链中一条来自亲代分子，一条是新合成的互补链，这种复制方式称为半保留复制。DNA 的遗传信息需通过转录和翻译而得到表达，通过转录在 RNA 聚合酶催化下合成细胞内各种 RNA（mRNA、rRNA、tRNA），转录的 RNA 产物通常要经过一系列加工和修饰才能成为成熟的 RNA 分子。根据 mRNA 核酸链上每 3 个核苷酸决定一种氨基酸的规则，合成出具有特定氨基酸顺序的蛋白质。

基因是合成一种功能蛋白或 RNA 分子所必需的全部 DNA 序列。基因组是一特定生物体的整套（单倍体）遗传物质的总和，基因组的大小用全部 DNA 的碱基对总数表示。生物的全部遗传信息都是以基因的形式贮存在细胞内的 DNA（或 RNA）分子中。随着生物个体的生长发育，编码于基因中的遗传信息被解码成蛋白质分子，决定细胞表型和生物性状的整个过程称为基因表达。对基因表达的调节和控制就称为基因表达调控。基因表达调控可以发生在遗传信息传递过程的各个水平上。包括：① DNA 水平的调控。② 转录水平调控，转录调控是基因表达调控中最重要、最复杂的一个环节。③ 翻译水平的调控。

（二）运动适应的分子事件

长期有氧运动引起肌纤维类型转化、线粒体增殖、毛细血管增生以及代谢向有氧氧化转变；抗阻运动引起肌肉蛋白质合成增加、心肌肥大，无氧代谢能力增强。这些适应性变化均由细胞信号转导调控。基因多态性（polymorphism）是指在一个生物群体中，同时和经常存在两种或多种不连续的变异型或基因型（genotype）或等位基因（allele）。同一基因的不同变异型与其运动能力存在相关性。与杰出耐力有关的基因包括：mtDNA、血管紧张转移酶 ACE、过氧化物酶体增殖物激活受体 PPAR-γ、PPAR-γ 辅激活因子 PGC-1α、肌酸激酶 CKMM、肾上腺素能 α 受体（ADRA2A）、Na-K-ATPase a_2等基因。这些基因在优秀耐力运动员与普通人之间存在基因多态性差异。与肌肉力量有关的基因包括：肌肉生长抑制素（GDF-8）、维生素 D 受体（VDR）、肌肉生长抑制因子 Myostatin、睫状神经营养因子 CNTF、胰岛素样生长因子结合蛋白3、肌动蛋白 ACTN3 等。这些基因在优秀力量运动员与普通人之间存在基因多态性差异。

（三）运动适应的分子调控

细胞信号转导是机体应答运动应激、产生结构与功能适应的细胞内调控机制。机体在运动应激时会产生代谢和神经内分泌变化，引起各种化学物质浓度的变化，该物质可能作为信息分子以内分泌、旁分泌或自分泌的方式作用于细胞，经细胞信号转导，将信息送达细胞核，选择性启动基因表达。细胞间信息物质是指由细胞分泌的调节靶细胞生命活动的化学物质，又称为第一信使。在细胞内传递细胞调控信号的化学物质称为细胞内信息物质，又称为第二信使。另外还有被称作第三信使的物质负责细胞核内外信息的传递，是一类可与靶基因特异序列结合的核蛋白，能调节基因转录。与运动适应的分子调控密切相关的细胞信号转导通路有：MAPK、AMPK、PI3K/Akt、mTOR、CaMK 以及胰岛素信号通路。各信号转导通路之间存在“对话”机制，相互协调，共同调控细胞对运动的应答反应。

二、学习难点

1. 真核生物基因表达的调控机制。
2. 与运动适应密切相关的细胞信号转导通路及其交互作用。
3. 线粒体基因多态性与有氧运动能力的可塑性。

三、习题

（一）名词解释

1. 基因
2. 基因组
3. 翻译
4. 转录
5. 第二信使
6. 第三信使
7. G 蛋白
8. 半保留复制
9. 人类基因组计划
10. 转录因子
11. 顺式作用元件
12. 反式作用因子

13. 蛋白激酶

14. 线粒体

15. 细胞信号转导

(二) 填空题

1. 蛋白质的生物合成是以________为模板，以________为原料直接供体，以________为合成场所。

2. 生物界共有________个密码子，其中________个为氨基酸编码，起始密码子为________；终止密码子为________、________、________。

3. 蛋白质中可进行磷酸化修饰的氨基酸残基主要为________、________、________。

4. DNA 双螺旋结构模型是________和________于________年提出的。

5. 核酸的基本结构单位是________，其中含有________、________、________三种成分。

6. RNA 分子的主要类型有________、________和________三种。

7. 两类核酸在细胞中的分布不同，DNA 主要位于________中，RNA 主要位于________、________、________中。

8. DNA 双螺旋的两股链的顺序是________关系。

9. 体内的嘌呤主要有________和________；嘧啶碱主要有________，________和________。

10. ________ RNA 分子指导蛋白质合成，________ RNA 分子用作蛋白质合成中活化氨基酸的载体。

11. mRNA 在细胞内是以________为模板合成的，又是________合成的模板。

12. 维持 DNA 双螺旋结构稳定的主要因素是________和________。

13. 常见的环化核苷酸有________和________，其作用是________。

14. 核酸完全水解的产物是________、________和碱基。其中碱基又可分为________碱和________碱。

15. RNA 聚合酶沿 DNA 模板________方向移动，RNA 合成方向是________。

16. RNA 生物合成中，RNA 聚合酶的活性需要________模板，原料是________、________、________、________。

17. DNA 分为编码区和非编码区，编码区又分为________和________，一般由________控制遗传和蛋白质的合成。

18. 在同一条核苷酸链上起调控基因作用、不编码蛋白质的核酸序列称为________。

19. 分泌到细胞外后只能作用于邻近细胞的信号分子称为________信号。

20. ________是一个能量感受器，在运动时，它可以感受骨骼肌中增高的AMP/ATP而被激活，调节骨骼肌的代谢。

（三）判断题

1. 细胞核DNA分子是单链盘绕而成的螺旋结构。（　　）

2. DNA分子由两条方向为5'→3'的多核苷酸链平行排列而成。（　　）

3. 每一种氨基酸都有两种以上密码子。（　　）

4. DNA双螺旋结构中，G与C形成3个氢键配对。（　　）

5. DNA双螺旋结构中，A与T形成3个氢键配对。（　　）

6. DNA作为遗传信息的载体，仅存于细胞核。（　　）

7. RNA存在于细胞质、细胞核和线粒体。（　　）

8. DNA双螺旋结构中，A与U形成2个氢键配对。（　　）

9. DNA双螺旋结构属于左手螺旋结构。（　　）

10. 疏水力和碱基维系DNA双螺旋结构的稳定。（　　）

11. 线粒体DNA是闭环双链结构。（　　）

12. 决定氨基酸编码顺序的DNA序列称作外显子。（　　）

13. DNA半保留复制完成后，形成两个子代DNA分子，一个就是原来的，另一个是新复制的，所以叫做DNA半保留复制。（　　）

14. 转录是以DNA单链为模板的，转录时DNA双链暂时解开。（　　）

15. 转录时RNA合成的方向是5'→3'，RNA链与模板链反向平行。（　　）

16. 蛋白质生物合成的直接模板也可能是tRNA。（　　）

17. rRNA负责将氨基酸搬运到mRNA链上进行组装。（　　）

18. 顺式作用元件是调控基因转录的转录因子。（　　）

19. 反式作用因子的本质是蛋白质。（　　）

20. 顺式作用元件是DNA双链上能调控基因转录的特定序列，一般不参与编码。（　　）

21. 机体不同细胞含有相同的遗传信息，但在不同时间不同组织的表达存在差异。（　　）

22. 氧化型肌纤维含有较多DNA分子。（　　）

23. 力量训练使Ⅰ型肌纤维选择性表达显著上调。（　　）

24. 耐力训练使Ⅰ型肌纤维选择性表达显著上调。（　　）

25. 核酸决定蛋白质合成的遗传信息。（　　）

26. DNA是体内遗传物质，它是合成蛋白质的直接模板。（　　）

27. 转录因子在细胞信号转导中发挥第三信使的作用。(　　)

(四) 单选题

1. 基因表达的产物（　　）。

A. 是 DNA　　B. 是 RNA

C. 是蛋白质　　D. 大多是蛋白质，有些是 RNA

2. 真核基因表达调控的意义是（　　）。

A. 调节代谢，适应环境

B. 调节代谢，维持生长

C. 调节代谢，适应环境，维持生长，发育与分化

D. 维持生长，发育与分化

3. 根据目前认识，对大多数基因表达调控的基本环节是（　　）。

A. 发生在复制水平　　B. 发生在转录水平

C. 发生在转录后　　D. 发生在翻译水平

4. 顺式作用元件是指下述的（　　）。

A. 非编码序列　　B. 具有调节功能的 DNA 序列

C. 5’侧翼序列　　D. 3’侧翼序列

5. 分子生物学阶段的最重要标志是（　　）。

A. 创立细胞学说　　B. 达尔文生物进化论

C. 提出 DNA 双螺旋结构模型　　D. 孟德尔定律

6. 不能合成蛋白质的细胞器是（　　）。

A. 线粒体　　B. 叶绿体　　C. 高尔基体　　D. 核糖体

7. 蛋白质合成所需能量来自（　　）。

A. ATP　　B. GTP　　C. ATP、GTP　　D. CTP

8. tRNA 的作用是（　　）。

A. 将一个氨基酸连接到另一个氨基酸上

B. 把氨基酸带到 mRNA 位置上

C. 将 mRNA 接到核糖体上

D. 增加氨基酸的有效浓度

9. DNA 以半保留方式复制，如果一个具有放射性标记的双链 DNA 分子，在无放射性标记的环境中经过两轮复制。其产物分子的放射性情况如何？(　　)

A. 其中一半没有放射性

B. 都有放射性

C. 半数分子的两条链都有放射性

D. 都不含放射性

10. 关于 DNA 指导下的 RNA 合成，下列论述除了哪一项都是正确的？(　　)

A. 只有存在 DNA 时，RNA 聚合酶才能催化磷酸二酯键的形成。

B. 在合成过程中，RNA 聚合酶需要一个引物。

C. RNA 链的延长方向是 5'→3'。

D. 在多数情况下，只有一条 DNA 链作为模板。

11. 有关转录的错误描述是（　　）。

A. 只有在 DNA 存在时，RNA 聚合酶方可催化 RNA 合成

B. 需要 NTP 做原料

C. RNA 链的延伸方向是 3'→5'

D. RNA 的碱基需要与 DNA 互补

12. 下列哪一种核苷酸不是组成 DNA 的核苷酸？（　　）

A. 腺嘌呤核苷酸（A）　　B. 鸟嘌呤核苷酸（G）

C. 胞嘧啶核苷酸（C）　　D. 尿嘧啶核苷酸（U）

13. RNA 中不含有下列的哪种碱基？（　　）

A. T　　B. C　　C. G　　D. A

14. RNA 不存在于（　　）。

A. 细胞核　　B. 线粒体　　C. 细胞质　　D. 细胞膜

15. 下列哪个过程不属于 DNA 半保留复制的环节（　　）。

A. DNA 双链解开　　B. RNA 引物的合成

C. 转录后加工　　D. 切除引物、填补缺口

16. 人类体细胞具有（　　）对染色体。

A. 1　　B. 22　　C. 23　　D. 46

17. 下列与杰出肌肉力量有关的基因是（　　）。

A. 线粒体 DNA　　B. 睫状神经营养因子

C. 肌酸激酶　　D. 血管紧张转移酶 ACE

18. 下列说法哪项是正确的（　　）。

A. 遗传的基本生物学单位是分子

B. 基因的功能有遗传与变异两个方面

C. 复制、转录、修复体现了变异

D. 基因突变和重排体现了遗传

19. 关于核糖核酸（RNA）与脱氧核糖核酸（DNA）特点的论述，下列哪项不正确？（　　）

A. RNA 为单链，DNA 为双链
B. RNA 的分子一般要比 DNA 长
C. RNA 含核糖，而 DNA 含脱氧核糖
D. 在 RNA 中，尿嘧啶（U）代替胸腺嘧啶（U 与 A 配对）

20. 转换突变是（　　）。
A. 一嘌呤代替一嘌呤，或一嘧啶代替另一嘧啶
B. 一嘌呤为一嘧啶代替，或反之
C. 两者均是
D. 两者均不是

21. 颠换突变是（　　）。
A. 一嘌呤代替一嘌呤，或一嘧啶代替另一嘧啶
B. 一嘌呤为一嘧啶代替，或反之
C. 两者均是
D. 两者均不是

22. 性染色体在男性为（　　）。
A. Y　　B. XX　　C. XY　　D. YY

23. 下列与杰出耐力有关的基因是（　　）。
A. 维生素 D 受体　　B. Myostatin
C. 睫状神经营养因子　　D. 血管紧张转移酶 ACE

24. 线粒体 DNA 是环状的双螺旋结构，外链叫重链，内链叫轻链。它们均有编码功能，其基因表达产物有（　　）。
A. mtDNA 可编码全身的蛋白质
B. 能编码糖代谢酶
C. 编码呼吸链中所有的酶
D. 编码呼吸链中 13 个亚基

25. 当 DNA 复制时，5'-TAGA-3'序列将产生下列哪一种互补链？（　　）
A. 5'-TCTA-3'　　B. 5'-ATCT-3'
C. 5'-UCUA-3'　　D. 5'-AUCU-3'

26. Waston-Crick 的 DNA 结构模型表示（　　）。
A. 一个三链结构　　B. 两方向相反的双螺旋结构
C. 碱基间以非共价键相连　　D. 磷酸主干位于 DNA 螺旋的里面

27. 转运氨基酸的 RNA 是（　　）。
A. rRNA　　B. mRNA　　C. tRNA　　D. hnRNA

28. DNA 复制过程中，维持 DNA 解链状态，避免酶解的是（　　）。

A. DNA 连接酶　　B. DNA 引物
C. DNA 结合蛋白　　D. DNA 聚合酶 I

29. DNA 复制的一般原则为（　　）。
A. 半保留复制　　B. 全保留复制
C. 不保留复制　　D. 没有一般原则

30. 脱氧核糖核酸和核糖核酸间不一样的碱基为（　　）。
A. A　　B. C　　C. G　　D. T

31. 关于“基因表达”的概念叙述错误的是（　　）。
A. 其过程总是经历基因转录及翻译的过程
B. 某些基因表达经历基因转录及翻译等过程
C. 某些基因表达产物是蛋白质分子
D. 某些基因表达产物不是蛋白质分子

32. 下列不能确定属于基因表达阶段特异性的是，一个基因在（　　）。
A. 分化的骨骼肌细胞表达，在未分化的心肌细胞不表达
B. 分化的骨骼肌细胞不表达，在未分化的骨骼肌细胞表达
C. 分化的骨骼肌细胞表达，在未分化的骨骼肌细胞不表达
D. 胚胎发育过程表达，在出生后不表达

33. 高原训练诱导缺氧反应基因转录增加，缺氧诱导因子（HIF-1）是一种（　　）。
A. 反式作用因子　　B. 顺式作用元件
C. 第二信使　　D. 基因序列

34. 下列不属于第二信使的是（　　）。
A. 环腺苷酸　　B. 三磷酸肌醇
C. 胰岛素　　D. 钙离子

35. NO 气体分子在细胞信号转导中作为（　　）发挥效应。
A. 第一信使　　B. 第二信使
C. 第三信使　　D. 转录因子

（五）多选题

1. 基因表达产物（　　　）。
A. 可以是 DNA　　B. 可以是 tRNA
C. 可以是 mRNA　　D. 可以是 rRNA
E. 可以是蛋白质

2. 基因的组织特异性表达可表现为（　　　）。
A. 在同一组织不同基因表达不同

B. 在不同组织同一基因表达不同
C. 在不同组织不同基因表达不同
D. 在同一组织不同基因表达相同
E. 在不同组织同一基因表达相同

3. 根据目前认识，基因表达调控可以发生在（　　　　）。
A. 复制水平　　B. 转录水平　　C. 转录起始　　D. 翻译水平
E. 翻译后水平

4. 细胞信号转导通路中，经常作为第二信使分子发挥效应的是（　　　　）。
A. 环腺苷酸　　B. 三磷酸肌醇
C. 胰岛素　　D. 钙离子
E. 花生四烯酸

5. 真核基因表达调控特点是（　　　　）。
A. 正性调节占主导　　B. 负性调节占主导
C. 转录与翻译分隔进行　　D. 转录与翻译耦联进行
E. 伴有染色体结构变化

6. 基因表达规律性可表现为（　　　　）。
A. 阶段特异性　　B. 组织特异性
C. 细胞特异性　　D. 时间特异性
E. 空间特异性

7. 蛋白质生物合成中的终止密码是（　　　　）。
A. UAA　　B. UAU　　C. UAC　　D. UAG
E. UGA

8. 下列哪些核苷酸是组成 DNA 的核苷酸（　　　　）。
A. 腺嘌呤核苷酸（A）　　B. 鸟嘌呤核苷酸（G）
C. 胞嘧啶核苷酸（C）　　D. 尿嘧啶核苷酸（U）
E. 胸腺嘧啶核苷酸（T）

9. RNA 中含有下列的哪种碱基？（　　　　）
A. T　　B. C　　C. G　　D. A
E. U

10. RNA 存在于（　　　　）。
A. 细胞核　　B. 线粒体　　C. 细胞质　　D. 细胞膜

11. 下列哪些过程属于 DNA 半保留复制的环节（　　　　）。
A. DNA 双链解开　　B. RNA 引物的合成
C. 转录后加工　　D. 切除引物、填补缺口

E. DNA 链延长

12. 管家基因的表达（　　　　）。

A. 水平一般较高
B. 受环境影响较小
C. 易受环境影响
D. 阶段特异性不明显
E. 阶段特异性明显

13. 力量训练诱导的生化效果有（　　　　）。

A. Ⅱ型肌纤维选择性表达增加
B. Ⅰ型肌纤维选择性表达增加
C. 线粒体基因表达增加
D. PFK 活性增加
E. 肌糖原含量增加

14. 决定编码蛋白质序列的遗传信息（　　　　）。

A. 存在于单链 DNA 序列上
B. 存在于双链 DNA 序列上
C. 其表达需要 DNA 双链解旋
D. 其表达需要 DNA 的高级构象
E. 其表达不需要反式作用因子

15. 耐力训练诱导的生化效果有（　　　　）。

A. Ⅱ型肌纤维选择性表达增加
B. Ⅰ型肌纤维选择性表达增加
C. 线粒体基因表达增加
D. 骨骼肌横截面积增加
E. 肌糖原含量增加

16. 机体抗氧化酶系统包括（　　　　）。

A. 谷胱甘肽
B. 谷胱甘肽过氧化物酶
C. 超氧化物歧化酶
D. 过氧化氢酶
E. 细胞色素氧化酶

17. 关于 PI3-K/Akt 信号转导通路的正确描述是（　　　　）。

A. PI3-K 是重要的蛋白激酶
B. Akt 是重要的蛋白激酶
C. PI3-K 信号转导通路受生长因子和激素的调节
D. PI3-K 信号转导通路调节糖原利用、细胞生长

E. PI3-K 信号转导通路调节骨骼肌蛋白质合成

18. 肌肉收缩后，ATP/AMP 或 CP/C 比值下降，诱导 AMPK 激活，促进（　　　）。

A. 葡萄糖转入细胞　　B. GluT4mRNA 表达增加

C. 肝糖原合成增加　　D. 脂肪酸氧化增强

E. 脂肪酸合成增加

19. 与运动关系较密切的细胞信号转导通路或关键激酶有（　　　）。

A. MAPK　B. AMPK　C. mTOR　D. PI3K/Akt

E. 胰岛素信号通路

20. 细胞信号转导过程需经过的环节是（　　　）。

A. 特定细胞释放信息物质

B. 信息物质到达靶细胞

C. 信息物质与靶细胞的特异受体结合

D. 受体对信号进行转换并启动细胞内信号系统

E. 靶细胞产生生物应答

（六）简述题

1. 简述 DNA 双螺旋结构模型的基本特点。
2. 简述真核生物基因表达的过程。
3. 简述 DNA 半保留复制的过程。
4. RNA 的生物功能有哪些？
5. 举例说明顺式作用元件与反式作用因子的基因调控模式。
6. 简述细胞信号转导的一般过程。
7. 肌肉在耐力训练与力量训练后在分子水平上的表现有何差异？

（七）论述题

1. ACE 基因与耐力素质的关系如何？
2. 运动对 AMPK 信号转导通路有何影响？
3. 试述运动与胰岛素信号通路的关系。

（八）综合分析题

【锻炼可清除血液中对大脑有害的物质】瑞典卡罗林斯卡研究所的研究人员证实，运动锻炼可引起骨骼肌发生改变，清除压力过程中累积的一种对大脑有害的血液物质。研究人员 Mia Lindskog 说：“在神经生物学方面，实际上我们仍然并不了解抑郁症是什么。我们的研究描绘了这一谜题中的另一块拼图。我们提供了一种解释，即锻炼身体引起的保护性生化改变阻止了压力过程中大脑受损”。众所周知，骨骼肌中的 PGC-1α 蛋白随锻炼而增加，介导了有益的肌肉调节。骨骼肌高水平表达 PGC-1α 的转基因小鼠显示许多肌肉获得良好锻炼的特征，即便它们根本没有锻炼。将这些转基因小鼠和野生型的对照小鼠暴露于一种噪音、闪光灯和不规律昼夜节律颠倒的压力环境中，在经历压力 5 周后，野生型小鼠形成了抑郁行为，而转基因小鼠则没有任何的抑郁症状。研究人员发现，肌肉 PGC-1α 水平较高的小鼠也具有较高水平的 KAT 酶。KATs 将压力过程中形成的一种物质犬尿氨酸（kynurenine）转化为一种无法从血液传送至大脑的物质犬尿酸（kynurenic acid）。当给予正常小鼠犬尿氨酸时，它们显示抑郁行为，而肌肉 PGC-1α 水平升高的小鼠则不受影响。这项研究有可能为抑郁症治疗开创了一个新的药理法则：尝试去影响骨骼肌的功能，而非直接将大脑视作靶目标。骨骼肌似乎发挥了一种解毒作用，当它激活时，可以保护大脑免于损伤及出现相关的精神疾病。

【科学家发现锻炼也能健脑】哈佛大学医学院的一个研究小组发现，当人们的肌肉进行锻炼时，肌细胞在产出维持大脑健康的分子。在锻炼中，肌细胞能增加一种名为 FNDC5 的蛋白质的产量，而这种蛋白质的一个片段（鸢尾素）会被剪切下，并释放到血流中。研究人员怀疑，FNDC5 是运动为大脑带来益处的原因，因为它能够提升脑源性神经营养因子（BDNF）的水平，BDNF 对于维持神经元健康和生长十分重要。这些功能对延缓阿尔茨海默氏症和帕金森氏症等神经疾病至关重要。科学家让部分小鼠进行了转轮跑动训练。转轮训练组小鼠与对照组小鼠相比，大脑海马中的 FNDC5 更多。该研究小组还证实，FNDC5 和 PGC-1α 并非只存在于肌肉中，也存在于大脑中；PGC-1α 水平的提高，能增加 FNDC5 的数量。

根据上述材料并查阅文献，联系本章的细胞信号转导和运动适应理论，进一步阐述 PGC-1α 对神经系统的生理作用，以及骨骼肌与脑之间的细胞信号“对话”机制，说明“锻炼健脑”的科学理论。

四、参考答案

（一）名词解释

1. 基因：基因是合成一种功能蛋白或 RNA 分子所必需的全部 DNA 序列。

2. 基因组：基因组是一特定生物体的整套（单倍体）遗传物质的总和，基因组的大小用全部 DNA 的碱基对总数表示。

3. 翻译：根据 mRNA 核酸链上每 3 个核苷酸决定一种氨基酸的规则，合成出具有特定氨基酸顺序的蛋白质，该过程称为翻译。

4. 转录：是以 DNA 单链为模板，NTP 为原料，在 DNA 依赖的 RNA 聚合酶催化下合成 RNA 链的过程。

5. 第二信使：细胞信号转导过程中，受体在识别相应配体并与之结合后，需要细胞内一种物质将获得信息增强、分化、整合并传递给效应机制才能发挥其特定的生理效应，该物质称为第二信使。

6. 第三信使：细胞信号转导过程中，负责细胞核内外信息的传递、可与靶基因特异序列结合并调节基因转录的核蛋白。

7. G 蛋白：又称 GTP 结合蛋白，存在于细胞外膜内表面，为生物信息转导过程中关键的中介体，可以决定信号传输通路何时打开。

8. 半保留复制：一个亲代 DNA 分子变成两个子代分子，每个子代分子双链中一条来自亲代分子，一条是新合成的互补链，这种复制方式称为半保留复制。

9. 人类基因组计划：人类基因组计划旨在阐明人类基因组 30 亿个碱基对的序列，发现所有人类基因并搞清其在染色体上的位置，破译人类全部遗传信息，是人类第一次在分子水平上全面的认识自我。

10. 转录因子：转录因子是转录起始过程中 RNA 聚合酶所需的辅助因子。真核生物基因在无转录因子时处于不表达状态，RNA 聚合酶自身无法启动基因转录，只有当转录因子（蛋白质）结合在其识别的 DNA 序列上后，基因才开始表达。

11. 顺式作用元件：指的是在同一条核苷酸链上起调控基因作用的核酸序列，常不编码蛋白质合成。

12. 反式作用因子：可通过结合顺式作用元件而调节基因转录活性的蛋白质，又称之为转录因子。

13. 蛋白激酶：是一类磷酸转移酶，其作用是将 ATP 的 γ 磷酸基转移到底物特定的氨基酸残基上，使蛋白质磷酸化，通过磷酸化调节蛋白质的活性。

14. 线粒体：是一种存在于大多数细胞中的由两层膜包被的细胞器，是细胞中制造能量的结构，是细胞进行有氧呼吸的主要场所。

15. 细胞信号转导：是指细胞外因子通过与受体（膜受体或核受体）结合，引发细胞内的一系列生物化学反应以及蛋白间相互作用，直至细胞生理反应所需基因开始表达、各种生物学效应形成的过程。

（二）填空题

1. mRNA，氨酰-tRNA，核糖体

2. 64，61，AUG，UAA，UAG，UGA

3. 丝氨酸，苏氨酸，酪氨酸

4. 沃森（J. D. Watson），克里克（F. H. C. Crick），1953 年

5. 核苷酸，环状戊糖、碱基、磷酸

6. mRNA，rRNA，tRNA
7. 细胞核，细胞质，细胞核，线粒体
8. 反向平行
9. 腺嘌呤，鸟嘌呤，胞嘧啶，胸腺嘧啶，尿嘧啶
10. m，t
11. DNA，蛋白质
12. 疏水力，氢键
13. 环腺苷酸，环鸟苷酸，作为第二信使激活蛋白激酶
14. 核糖，磷酸，嘌呤，嘧啶
15. 3'→5'，5'→3'
16. DNA，ATP，GTP，CTP，UTP
17. 外显子，内含子，外显子
18. 顺式作用元件（或顺式调控元件）
19. 旁分泌
20. AMPK

（三）判断题

1. × 2. × 3. × 4. √ 5. × 6. × 7. √ 8. × 9. × 10. √
11. √ 12. × 13. × 14. √ 15. √ 16. × 17. × 18. × 19. √ 20. √
21. √ 22. √ 23. × 24. √ 25. √ 26. × 27. √

（四）单选题

1. D 2. C 3. B 4. B 5. C 6. C 7. C 8. B 9. A 10. B
11. C 12. D 13. A 14. D 15. C 16. C 17. B 18. B 19. B 20. A
21. B 22. C 23. D 24. D 25. A 26. B 27. C 28. C 29. A 30. D
31. A 32. A 33. A 34. C 35. A

（五）多选题

1. BCDE 2. BC 3. ABCDE 4. ABDE 5. ACE 6. ABCDE 7. ADE
8. ABCE 9. BCDE 10. ABC 11. ABDE 12. ABD 13. ADE 14. BC
15. BCE 16. ABCD 17. BCDE 18. ABD 19. ABCDE 20. ABCDE

（六）简述题

1. DNA 双螺旋结构是核酸的二级结构。双螺旋的骨架由糖和磷酸基构成，两股链之间的碱基互补配对。结构要点：（1）DNA 分子是由两条反向平行的多核苷酸长链组成，一条链的方向是 5'→3'；另一条链的方向是 3'→5'，这两条链围绕着同一个中心轴盘旋成螺旋状结构，好像是一个螺旋形的梯子。

（2）两条多核苷酸链上的碱基，都按照碱基配对规律（或称碱基互补规律）结合成对，通过三个氢键使 C 与 G 配对，通过两个氢键使 A 与 T 配对。（3）DNA双链是右手螺旋结构。（4）疏水力和氢键维系 DNA 双螺旋结构的稳定。

2. 贮存于 DNA 的遗传信息需通过转录和翻译而得到表达。通过转录在 RNA 聚合酶催化下合成细胞内各种 RNA（mRNA、rRNA、tRNA），转录的 RNA 产物通常要经过一系列加工和修饰才能成为成熟的 RNA 分子，然后转移至核外。mRNA 上的三个相邻核苷酸组成一个密码子，代表某种氨基酸、肽链合成的起始或终止信号。根据 mRNA 核酸链上每 3 个核苷酸决定一种氨基酸的规则，再在核糖体上合成出具有特定氨基酸顺序的蛋白质。

3. DNA 半保留复制的过程主要包括以下几个步骤。（1）解旋提供准确模板：在 ATP 供能、解旋酶的作用下，DNA 分子两条多脱氧核苷酸链配对的碱基从氢键处断裂，部分双螺旋链解旋为两条平行双链，此过程叫解旋。（2）合成互补子链：从上述解开的两条多脱氧核苷酸链为模板，在酶的作用下，以周围环境中游离的脱氧核苷酸为原料，按照碱基互补配对原则，合成两条与母链互补的子链。（3）子母链结合形成新 DNA 分子：在 DNA 聚合酶的作用下，随着解旋过程的进行，新合成的子链不断地延伸，同时每条子链与其对应的母链互相盘绕成螺旋结构，形成新的 DNA 分子，这样一个 DNA 分子就形成两个完全相同的 DNA 分子。在这种复制方式中，所形成的两个子代 DNA 分子中，一条单链是新合成的，另外一条是来自原来的 DNA 分子（亲代 DNA 分子），故称为半保留复制。

4. RNA 分子主要分三种类型，即 mRNA、rRNA 和 tRNA。它们都是由 DNA 转录而成，但是在蛋白质合成中具有不同的功能。mRNA 是蛋白质生物合成的直接模板。由 mRNA 指导蛋白质合成的过程叫翻译。mRNA 的核苷酸排列顺序决定了蛋白质中氨基酸的排列顺序。tRNA 具有搬运氨基酸的作用，氨基酸是合成蛋白质的原料。tRNA 能按照 mRNA 链上密码的编排把各种相应的氨基酸搬运到核糖体上。rRNA 可与蛋白质结合形成核糖体，后者是蛋白质合成的场所。

5. 顺式作用元件指的是在同一条核苷酸链上起调控基因作用的核酸序列，常不编码蛋白质合成。反式作用因子则指的是对不同核酸链上的基因表达起到调控作用的蛋白，编码该蛋白的基因与其识别结合作用的核酸链不是同一链。真核生物在转录水平的调控主要是通过反式作用因子、顺式作用元件和 RNA 聚合酶的相互作用来完成的，主要是反式作用因子结合顺式作用元件后影响转录起始复合物的形成过程。举例：低氧诱导因子（HIF）作为反式作用因子与红细胞生成素（EPO）基因上游顺式作用元件结合，从而启动缺氧状态下EPO基因的转录。

6. 细胞信号转导过程需经过的环节是：特定细胞释放信息物质，信息物质经扩散或血液循环到达靶细胞，信息物质与靶细胞的特异受体结合，受体对信号进行转换并启动细胞内信号系统，靶细胞产生生物应答。

7. 肌肉在力量训练后Ⅱ型肌纤维基因表达增加，CP、肌糖原含量增加，CK、MK、PFK活性增加，骨骼肌无机盐密度增加，蛋白质合成增加，卫星细胞增殖、分化，心肌肥大。肌肉在耐力训练后Ⅰ型肌纤维基因表达增加，线粒体增殖，有氧代谢相关酶活性增加，血红蛋白、肌红蛋白增高，肌糖原、肝糖原储量增加，糖异生合成糖能力加强，肌肉毛细血管显著增生。

（七）论述题

1. 耐力素质为多因子的复杂表型，受到多基因控制，涉及耐力素质的基因有血管紧张素转化酶（ACE）、肌肉组织特异性磷酸肌酸激酶（CKMM）、肾上腺素能α受体（ADRA2A）、钠泵基因以及线粒体基因（mt DNA）等。

ACE基因位于17q23染色体区域，全长21 kb，含26个外显子和25个内含子，在第16号内含子以一段287 bp的重复序列为标记构成基因的插入/缺失（I/D）多态。Montgomery为首的研究小组最先报道了33名英国优秀登山运动员的ACE/ID与1 906名健康男性对照的研究结果，发现登山运动员与常人不论在基因型频率还是等位基因频率上均有显著差异，且登山运动员多为ACE-Ⅱ纯合子，而少见DD纯合子，尤其曾登上海拔8 000 m高度的运动员中无1例为DD纯合子，有趣的是，前5名最优秀的运动员均为ACE-Ⅱ纯合子。尽管目前多数研究认为优秀耐力运动员ACE-Ⅰ等位基因的频率显著高于常人，但仍存在争议，分析争议的可能原因：1）表型微小的差异可能造成关联结果的明显差异。优秀耐力作为运动素质表型，在不同运动项目可能就存有差异。分析认为单个运动项目的基因多态关联分析可能会更可靠。2）运动员经过长期不同环境和不同方式的训练，其基因与环境的相互影响和作用也是不可忽视的因素。

2. 腺苷酸活化蛋白激酶（AMPK）作为能量代谢变化的感受器，能够被运动中ATP/AMP的比值变化所激活。许多研究表明AMPK与运动关系密切：一方面运动能够对AMPK的活性、磷酸化以及基因和蛋白表达等产生多种影响；另一方面AMPK自身的变化，特别是一些重要位点的突变也会对运动能力产生深刻影响。运动时AMPK作为核心蛋白激酶广泛参与葡萄糖转运、脂肪酸氧化、基因表达和蛋白质合成的信号调控。急性运动和长期运动适应都能增加AMPK亚基的表达和磷酸化水平，促进骨骼肌GLUT4向细胞膜转位。敲除 AMPK 的 β 亚基（β1，β2）会严重损害小鼠的运动能力以及骨骼肌线粒体生物发生，同时损害运动引起的葡萄糖摄取，表明 AMPK 在运动诱导线粒体生物发生和葡萄糖摄取中发挥极为重要的信号转导作用。

3. 胰岛素信号转导通路包括胰岛素受体、受体底物（IRS）、葡萄糖转运蛋白（GLUT4）、PI3K 等信号介导分子。胰岛素受体是一种酪氨酸蛋白激酶，能激活多种下游蛋白，调控细胞的葡萄糖转运、糖代谢、脂代谢、蛋白质合成、增殖分化等生理过程。运动适应与胰岛素信号通路关系非常密切，运动与胰岛素抵抗、肥胖、糖尿病的相关研究一直是运动分子生物学的研究热点。研究发现，IRS-1 的 Tyr 磷酸化及其下游 PI3K/Akt 信号在急性运动引起的肌肉损伤中被抑制，进而导致 GLUT4 向细胞膜转位抑制。同时发现，急性运动引起骨骼肌氧化应激增加以及 IRS-1 蛋白氧化修饰。这表明剧烈运动引起葡萄糖摄取障碍与胰岛素信号转导受阻以及 IRS-1 蛋白氧化修饰增加有关。长期运动适应是增加骨骼肌 GLUT4 表达的有力刺激因子，AMPK 与 CaMKII 是调节 GLUT4 表达的重要激酶。这在一定程度上增加了骨骼肌对胰岛素的敏感性以及葡萄糖的利用，增加了肌糖原储备。运动改善 2 型糖尿病、肥胖等代谢性疾病都与胰岛素信号通路激活、外周组织胰岛素敏感性增加有关。

（八）综合分析题

分析思路：

（1）运用分子生物学基础知识并查阅文献，了解 PGC-1α 基因结构、表达和生理功能。

（2）查阅文献，分析运动对机体各组织 PGC-1α 表达的影响。

（3）查阅文献，分析神经系统相关疾病与能量代谢、线粒体功能之间的关系。

（4）综述运动诱导 PGC-1α 表达与神经元之间的细胞信号转导通路。

（华东师范大学　丁树哲）

郑重声明

高等教育出版社依法对本书享有专有出版权。任何未经许可的复制、销售行为均违反《中华人民共和国著作权法》，其行为人将承担相应的民事责任和行政责任；构成犯罪的，将被依法追究刑事责任。为了维护市场秩序，保护读者的合法权益，避免读者误用盗版书造成不良后果，我社将配合行政执法部门和司法机关对违法犯罪的单位和个人进行严厉打击。社会各界人士如发现上述侵权行为，希望及时举报，我社将奖励举报有功人员。

反盗版举报电话 （010）58581999 58582371 58582488

反盗版举报传真 （010）82086060

反盗版举报邮箱 dd@hep.com.cn

通信地址 北京市西城区德外大街4号

高等教育出版社法律事务与版权管理部

邮政编码 100120